古典文獻研究輯刊

三九編

潘美月・杜潔祥 主編

第 9 冊

續經義考・春秋之部
（第六冊）

周懷文 著

國家圖書館出版品預行編目資料

續經義考‧春秋之部（第六冊）／周懷文 著 -- 初版 -- 新北市：
花木蘭文化事業有限公司，2024〔民113〕
目 8+224 面；19×26 公分
（古典文獻研究輯刊 三九編；第 9 冊）
ISBN 978-626-344-929-9（精裝）
1.CST：春秋（經書）2.CST：研究考訂
011.08   113009705

ISBN-978-626-344-929-9

9 786263 449299

古典文獻研究輯刊
三九編　第 九 冊   ISBN：978-626-344-929-9

續經義考‧春秋之部
（第六冊）

作　　者　周懷文
主　　編　潘美月、杜潔祥
總 編 輯　杜潔祥
副總編輯　楊嘉樂
編輯主任　許郁翎
編　　輯　潘玟靜、蔡正宣　美術編輯　陳逸婷
出　　版　花木蘭文化事業有限公司
發 行 人　高小娟
聯絡地址　235 新北市中和區中安街七二號十三樓
　　　　　電話：02-2923-1455 ／傳真：02-2923-1400
網　　址　http://www.huamulan.tw 信箱 service@huamulans.com
印　　刷　普羅文化出版廣告事業
初　　版　2024 年 9 月
定　　價　三九編 65 冊（精裝）新台幣 175,000 元
版權所有‧請勿翻印

續經義考・春秋之部
（第六冊）

周懷文 著

Q

亓恕 春秋三傳集要 一卷 佚

◎道光《阜陽縣志》卷十二《人物志》二《文苑》：中年尤邃經學，著有《周禮節鈔》一卷、《春秋三傳集要》一卷，未經刊行。

◎亓恕，字如心，別號筠州。安徽阜陽人。歲貢。少貧力學，精敏不群。著有《周禮節鈔》一卷、《春秋三傳集要》一卷。

齊召南 陳浩等 春秋公羊傳注疏考證 二十八卷 存

四庫本

國圖藏道光九年（1829）廣東學海堂刻本（一卷。版心題齊侍郎公羊傳注疏考證）

國圖藏咸豐十一年（1861）增刻廣東學海堂道光九年（1829）刻本（一卷）

國圖藏光緒十六年（1890）湖南船山書局刻本（一卷）

國圖藏光緒十七年（1891）上海鴻寶齋石印本（一卷）

◎進呈春秋公羊注疏考證後序（乾隆八年十月進）〔註1〕：侍讀臣召南謹言：按〔註2〕《公羊疏》不知撰人姓名，其文與孔穎達《春秋正義》、楊士勛《穀梁疏》體式稍殊，發明甚少。國子監刊本較他經最多訛脫失次，經傳及注尚賴陸氏《釋文》可以考正，而疏所引《春秋》說，若《演孔圖》《元命包》《文耀鈎》

〔註1〕又見於齊召南《寶綸堂文鈔》卷三。
〔註2〕齊召南《寶綸堂文鈔》卷三《進呈春秋公羊注疏考證後序》「侍讀臣召南謹言按」作「臣謹案」。

《運斗樞》《感精符》《合誠圖考異郵》《保乾圖》《漢含孳》《佐助期》《握誠圖》《潛潭巴》《說題辭》之屬，其書不傳久矣，無可取證。竊嘗以為《公羊》一家厥初極盛，閱世久而愈微，言《春秋》者往往譏其妄誕不經。斯非《公羊》之過，何休注《公羊》之過也。夫漢世《春秋》之學獨尊《公羊》，微論鄒、夾二家不足比並，即石渠議而《穀梁》興、《長義》上而《左氏》顯，師法授受，備有源流，然一則僅立學官，一則終缺博士，總覽四百年中朝廷詔令所垂、士大夫奏議封章所引，乃至決事斷獄、定律据經、陰陽五行之占、世運五德之說，蓋莫不以《公羊》為宗，是豈無所自哉？漢承秦後，道術散亡。至孝武慨然表章六經，每得大儒董仲舒以申其論，丞相公孫弘以揚其風，於是商高所口述〔註3〕、平／地／敢／壽所世傳、胡毋生所筆錄〔註4〕者，著在令甲，炳若日星。雖前此有張蒼、賈誼傳古文之《左傳》，不能與並道齊鑣；同時有江公傳魯學之《穀梁》，亦不能與分門角立。固其勢然也。成、哀以降，偽讖繁興，洎乎東京，七緯遂與六經爭耀，而《公羊》一家又最號為善讖緯，時俗所尚，通人莫悟其非，此何休《解詁》之作所以縱橫惑溺於緯書邪說，觸類引伸至於閉戶覃思經十七年而始成也。夫有傳所以釋經，經或得傳而反晦；有注所以解傳，傳乃因注而益紛。豈所稱羽翼聖言、闡明道教者乎？後儒評三傳短長者多矣，若專論《公羊》，則傳之於經也功尚足以掩其過，惟注之於傳也但見過不見功。何則？《公羊》經師之學，精於求例而不知史文，得於傳聞而不核事實，又其視聖人過高，測聖人褒貶進退之意過遠過密，故論紀元、解閏月、稱祭仲、贊宋襄、予子反、賢叔術、衛輒可拒父、子胥當復讎、秦伯罃〔註5〕為穆公、齊仲孫即慶父、紀因嫁女得侯、滕以朝桓黜爵、鄭詹甚佞、石惡惡人、宋以內娶三世無大夫、仲孫何忌魏曼多以譏二名去其一字，皆與事理不合，然於君臣大義、忠逆大防固已十得六七焉，故曰功足以掩其過也。何休以〔註6〕黜周王魯為漢立制，變文從質，例月例時，爵列三等，區分三世，既不能執經以匡傳，又加之助傳以誣經。其最甚者，傳所本無，亦為說以誣傳。遇卒葬則深文〔註7〕周內，遇災異則穿鑿指陳，疑鬼疑神，不可究詰。傳文簡略，兼多闕

〔註3〕齊召南《寶綸堂文鈔》卷三《進呈春秋公羊注疏考證後序》「述」作「授」。
〔註4〕齊召南《寶綸堂文鈔》卷三《進呈春秋公羊注疏考證後序》「錄」作「述」。
〔註5〕齊召南《寶綸堂文鈔》卷三《進呈春秋公羊注疏考證後序》「罃」作「瑩」。
〔註6〕齊召南《寶綸堂文鈔》卷三《進呈春秋公羊注疏考證後序》「以」作「於」。
〔註7〕齊召南《寶綸堂文鈔》卷三《進呈春秋公羊注疏考證後序》「深文」作「憑空」。

疑，即有過當，要不至若是之妄誕不經也，故曰但見過不見功也。魏晉以後，說《公羊》者益稀，王愆期父子、孔舒元所注久已散佚，而休之《解詁》竟得自名一家，垂於千古。非經傳實賴休注以彰明，乃休注之幸託經傳以不朽耳。今奉敕校勘，於是書尤加詳審，凡書局所有各本罔不讐對，正其脫訛；其無可證據者，有疑皆闕，存說於後，不敢輕於改移；至如史傳所引、儒先所論，有足為是傳發明者，亦節錄以備考證〔註8〕云。臣召南謹識。

◎吳茂雲、鄭偉榮編著《台州古籍存佚錄》卷四《經部五・春秋類》：《春秋公羊傳注疏考證》一卷，清天台齊召南撰。

◎齊召南（1703～1768），字次風，號瓊臺，晚號息園。浙江天台縣城龍門坦人。自幼穎敏，博學強記，尤精輿地之學。雍正七年（1729）舉為副榜。十一年（1733）薦鴻博。乾隆元年（1736），為翰林院庶吉士，授檢討。二年（1737）參修《大清一統志》。四年（1739）充武英殿校勘經史官、《明鑒綱目》纂修官。六年（1741），撰《外藩書》成。八年（1743）擢中允，署日講起居注官，遷侍讀。十二年（1747）晉侍讀學士，充《續文獻通考》副總裁。十三年（1748）陞內閣學士，命上書房行走，遷禮部右侍郎，並任皇子宏瞻師傅。十四年（1749）墮馬致疾，堅請辭歸，講學著述，嘗掌教杭州敷文書院。著有《水道提綱》二十八卷、《史漢功臣侯第考》一卷、《歷代帝王年表》十三卷、《後漢公卿表》一卷、《宋史目錄》、《寶綸堂集》、《寶綸堂集古錄》、《寶綸堂文鈔詩鈔》、《齊太史移居集》、《瓊臺集》諸書。

◎陳浩（1695～1772），字紫瀾，號未齋，室名生香書屋，故自稱生香老人。直隸昌平（今屬北京）人。雍正二年（1724）進士，官至詹事府詹事。精賞鑒。又著有《生香書屋詩集》七卷（附《恩光集》三卷）、《生香書屋文集》四卷。

齊召南 陳浩等 春秋穀梁傳注疏考證 二十卷 存

四庫本

上海藏乾隆五十八年（1793）留餘堂刻本（四卷）

國圖藏道光九年（1829）廣東學海堂刻本（一卷。版心題齊侍郎穀梁傳注疏考證）

〔註8〕齊召南《寶綸堂文鈔》卷三《進呈春秋公羊注疏考證後序》無「以備考證」四字。

國圖藏咸豐十一年（1861）增刻廣東學海堂道光九年（1829）刻本（一卷）

國圖藏光緒十四年（1888）上海書局石印本

國圖藏光緒十六年（1890）湖南船山書局刻本（一卷）

國圖藏光緒十七年（1891）上海鴻寶齋石印本（一卷）

◎後序〔註9〕：檢討臣齊召南謹言：按《穀梁》一書，文清義約，與《左氏》《公羊》竝為聖經羽翼。自石渠大議，博士聿興，五家遞傳，訓詁滋廣。晉范甯《集解》出，遂與何休、杜預鼎立，竝垂後世，言《穀梁》者未有外於范注者也鄭康成論三傳得失，獨稱《穀梁》長於經；王通論諸家注解，獨稱范甯有志《春秋》，證聖經而誚眾傳，豈溢美哉！唐楊士勛疏雖稍膚淺，然於范注多所匡正，如桓十七年葬蔡桓侯，疏謂三傳無文，各以意說；莊二十三年祭叔來聘，注謂祭叔是名，疏不全依；三十一年齊侯來獻戎捷，疏兩載別注及徐邈之說；僖元年公子友獲莒挐，疏譏注〔註10〕不信經；傳四年許男新臣卒，疏〔註11〕謂范氏之注上下多違；哀十二年用田賦，疏〔註12〕引孟子以糾范注，較之《左氏》《公羊》義疏曲為杜、何偏護者不同。蓋《穀梁》晚出，得監《左氏》《公羊》之失，范甯又承諸儒之後，於是非為稍公，宋晁說之已嘗論及。惟士勛平易近理，刊削繁言曲說〔註13〕，較各經疏家亦為文清義約，顧未有稱之也者〔註14〕。士勛以後，諸儒解《穀梁》者益稀。監本所刊注疏二十卷，目次亦非當時之舊，而字句訛脫，比諸經為尤甚。臣與原詹事臣陳浩等奉敕校刊，再三条攷，辨其舛訛，補其脫漏，錄成考證若干條。其無他書可證、別本可據者，槩從其舊，以志闕疑。臣召南謹識。

〔註9〕 又見於齊召南《寶綸堂文鈔》卷三，題《進呈春秋穀梁注疏考證後序》（乾隆八年五月代）。

〔註10〕「疏譏注」齊召南《進呈春秋穀梁注疏考證後序》作「譏范氏」。

〔註11〕「疏」齊召南《進呈春秋穀梁注疏考證後序》作「直」。

〔註12〕「疏」字齊召南《進呈春秋穀梁注疏考證後序》無。

〔註13〕「刊削繁言曲說」齊召南《進呈春秋穀梁注疏考證後序》作「刊落曲說」。

〔註14〕 齊召南《進呈春秋穀梁注疏考證後序》此下至末作：近世學《春秋》家以胡傳為圭臬，即《左氏》亦僅以文辭習之，不求其釋經之義、發傳之由，況《公羊》《穀梁》乎？況《公羊》《穀梁》之注疏乎？然三傳具在學官，終如三辰上麗乾象，不可誣也。《穀梁》一家所恃以存者，僅賴有注疏發明。而監本舛謬最甚，如莊十三年經文脫「及其大夫仇牧」六字、十四年「會於鄄」經文脫「宋公衛侯」四字，又如桓公一卷全脫陸氏《釋文》，其餘別風淮雨、三豕渡河之類不可勝言，從前館閣所藏亦少善本，豈非以絕學孤經時所罕尚，故校對不精乎哉？今奉敕重刊，廣蒐各本相校，是正文字，其他無書可證者概志闕疑。所有考證，類次附編各卷之末。恭繕寫進呈睿覽。臣等無任戰汗屏營之至！

◎吳茂雲、鄭偉榮編著《台州古籍存佚錄》卷四《經部五・春秋類》：《春秋穀梁傳注疏考注》一卷，清天台齊召南撰。

齊召南 陳浩等 春秋左傳注疏考證 六十卷 存

四庫本

國圖藏道光九年（1829）廣東學海堂刻本（版心題齊侍郎左傳注疏考證。二卷）

國圖藏咸豐十一年（1861）增刻廣東學海堂道光九年（1829）刻本（二卷）

同治十年（1871）廣東書局刻本

國圖藏光緒十六年（1890）湖南船山書局刻本（三卷）

國圖藏光緒十七年（1891）上海鴻寶齋石印本（一卷）

◎同治十年（1871）廣東書局刻本目錄：春秋正義序考證。春秋左傳注疏目錄。春秋三傳注解傳述人。春秋左傳序考證。春秋左傳原目考證。各卷考證。春秋左氏傳注疏考證跋語。校刊春秋左氏傳注疏職名。左傳後序。

◎後序〔註15〕：原詹事臣陳浩〔註16〕謹言：按〔註17〕傳《春秋》者三家，《左氏》立學官最後，然傳世久且益盛，迥非《公羊》《穀梁》所能及。蓋作傳者親見策書，熟知掌故，說經雖略而事實甚詳，為例無多而史文該洽，自惠公生隱桓下迄獲麟之後趙魏韓分晉以前，三百年中列國之世系遠近、王霸之先後盛衰、公卿士大夫之行事善惡言論是非、會盟征伐之得失成敗，有本有原，瞭如指掌，學《春秋》者非此不足以識其顛末。夫豈師弟子口相講授，更歷數世始著簡編，事涉傳聞、義多穿鑿者所可同日語哉！自漢及晉，二傳寖微。杜預博極羣書，自云左癖，以其生平精力萃於經傳。又承劉歆、賈逵、潁容、許淑、服虔諸儒後，尋端究緒，舍短取長，分傳附經，為之集解。大而天官地理，細而名物典文，罔〔註18〕勿剖析淵微，敷暢旨趣，是以學《左氏》者稱邱明為夫子素臣，即稱元凱為邱明功臣。雖偏私黨護間有瑕疵，如崔靈恩／衛冀隆所難、劉炫所規，然亦猶夫范升摘左氏之違、何休祖李育之議，朽壞一撮曾不足以輕重泰〔註19〕山。此唐初詔孔穎達等撰疏專用《左傳》杜注以解《春秋》，配

〔註15〕又見於齊召南《寶綸堂文鈔》卷三，題《進呈春秋左傳注疏考證後序》（乾隆八年五月）。同治十年（1871）廣東書局刻本題作《春秋左傳注疏考證跋語》。

〔註16〕「原詹事臣陳浩」《進呈春秋左傳注疏考證後序》作「臣」。

〔註17〕《進呈春秋左傳注疏考證後序》「按」字無。

〔註18〕「罔」《進呈春秋左傳注疏考證後序》作「靡」。

〔註19〕「泰」《進呈春秋左傳注疏考證後序》作「太」。

《周易》《尚書》《毛詩》《禮記》而為五經者也。是書文〔註20〕既浩繁，國子監本相承訛舛〔註21〕，經傳字畫多有異同，杜注亦時脫落〔註22〕，《釋文》〔註23〕及疏尤附麗失次，烏焉亥豕，沿襲〔註24〕紛綸。今〔註25〕奉敕校刊，謹用〔註26〕石經及舊本訂正〔註27〕疏所徵引，載籍各以本書校改〔註28〕。若〔註29〕其書今世所無，字句即有〔註30〕可疑，但于卷末著之〔註31〕，仍從舊本，不敢強改，志慎也〔註32〕。至如先儒論〔註33〕經有關於《左氏》短長〔註34〕、補注有裨於杜氏訓釋、他書引用有足與孔疏相發明者，亦採〔註35〕附卷末，以備一經之考証。臣浩謹識〔註36〕。

◎校刊春秋左氏傳注疏職名：原任詹事臣陳浩、少詹事陳朱良裘、檢討臣齊召南、檢討陳唐進賢、編修臣汪嘉穎、舉人臣方廷棟、拔貢生臣廖名揚、優貢生臣王男奉敕校刊。

◎楊晨《台州經籍略‧補錄‧經部》：（齊氏）召南《尚書／禮記／左傳／公羊／穀梁注疏攷證》。

◎吳茂雲、鄭偉榮編著《台州古籍存佚錄》卷四《經部五‧春秋類》：《春秋左傳注疏考證》二卷，清天台齊召南撰。有六卷本，見於阮元輯《皇清經解》中。另有《十三經注疏考證》，清抄本，紹興圖書館、寧波鎮海文保所有藏。

〔註20〕「文」《進呈春秋左傳注疏考證後序》作「卷帙」。
〔註21〕「訛舛」《進呈春秋左傳注疏考證後序》作「雕刻，訛舛滋廣」。
〔註22〕「脫落」《進呈春秋左傳注疏考證後序》作「遺脫」。
〔註23〕「《釋文》」《進呈春秋左傳注疏考證後序》作「陸氏《釋文》」。
〔註24〕「沿襲」《進呈春秋左傳注疏考證後序》作「觸目」。
〔註25〕「今」《進呈春秋左傳注疏考證後序》作「今幸」。
〔註26〕「謹用」《進呈春秋左傳注疏考證後序》作「臣等謹將」。
〔註27〕「訂正」《進呈春秋左傳注疏考證後序》作「是正」。
〔註28〕「校改」《進呈春秋左傳注疏考證後序》作「校之」。
〔註29〕《進呈春秋左傳注疏考證後序》「若」字無。
〔註30〕「有」《進呈春秋左傳注疏考證後序》作「涉」。
〔註31〕《進呈春秋左傳注疏考證後序》「但于卷末著之」六字無。
〔註32〕「不敢強改，志慎也」《進呈春秋左傳注疏考證後序》作「不敢稍為更易，以志慎也」。
〔註33〕「論」《進呈春秋左傳注疏考證後序》作「說」。
〔註34〕「短長」《進呈春秋左傳注疏考證後序》作「長短」。
〔註35〕「採」《進呈春秋左傳注疏考證後序》作「隨事各」。
〔註36〕「臣浩謹識」《進呈春秋左傳注疏考證後序》作「恭錄敬呈御覽，臣等無任戰汗屏營之至」。

齊世南 左傳便覽 十六卷 佚

◎吳茂雲、鄭偉榮編著《台州古籍存佚錄》卷四《經部五・春秋類》：《左氏便覽》十六卷，清天台齊世南撰，書未見。

◎齊世南，字英風，號蓀圃。天台（今浙江天台）人。齊召南弟。乾隆二十六年（1749）進士。官寧波府教授。秩滿罷歸。歸後自號哦松居士。工詩文，學貫經史。卒年八十餘。著有《易經要覽》十二卷、《左傳便覽》十六卷、《尚書集解》六卷、《詩經便覽》七卷、《儀禮約編》四卷、《禮記摘錄》十卷、《周禮圖說》六卷、《通鑒批釋》一百二十卷、《明州紀略》一卷、《開巖志略》三卷、《蟬鳴集》五卷、《自怡草》四卷、《玉芝堂詩文稿》。

齊圖南 左氏彙編 佚

◎吳茂雲、鄭偉榮編著《台州古籍存佚錄》卷四《經部五・春秋類》：《左氏彙編》，卷數不詳，清天台齊圖南撰，書未見。

◎齊圖南，字培風，號鯤池，晚號萱圃。天台（今浙江天台）人。齊召南三弟。歲貢生。著有《尚書通解》、《詩經合參》、《禮經自得》、《左氏彙編》、《左傳典則》不分卷、《廿一史約錄》、《唐書要覽》四卷、《鳴鶴堂詩集匯編》十一卷、《鳴鶴堂集杜詩鈔》二卷、《野見集》十六卷、《遺珍集》、《皆夢齋時文》一卷、《皆夢齋雜著》一卷、《木屑編》一卷、《雜著》一卷。

齊圖南 左傳典則 不分卷 存

天台文管會藏稿本（清陳立樹跋）

齊先覺 春秋類辨 佚

◎民國《台州府志》卷一百二十《人物傳》二十一《文苑》五：著有《禮記辨疏》、《春秋類辨》、《五經要解》（《採訪冊》）、《耕圃稿》。

◎吳茂雲、鄭偉榮編著《台州古籍存佚錄》卷四《經部五・春秋類》：《春秋類辨》，卷數不詳，清天台齊先覺撰，書未見。

◎齊先覺，字任斯，號耕圃。天台（今浙江天台）人。乾隆三十九年（1774）舉人。著有《禮記辨疏》《春秋類辨》《五經要解》《耕圃稿》，乾隆二年時續修齊鼎撰《天台齊氏族譜》。

齊以禮 春秋三傳異同條辨 佚

◎民國《重修泰安縣志》卷十一《藝文志・著述》:《春秋三傳異同條辨》,清齊以禮撰。

◎齊以禮,山東泰安人。道光三年(1823)歲貢。著有《春秋三傳異同條辨》。

齊周南 春秋傳質疑 六卷 附錄一卷 存

天台文管會藏稿本(清齊召南批校)

人大藏王文炳校抄齊周南稿本

湖北藏 1931 年浙江圖書館鉛印退庵叢書本

◎一名《春秋三傳質疑》。

◎楊晨《台州經籍略・補錄・經部》:(齊氏)周南《春秋傳質疑》。

◎雷夢水《販書偶記續編》卷二《經部・春秋總義類》:《春秋傳質疑》六卷(清天台齊周南撰。民國辛未暮春蜆盦鉛字排印本)。

◎吳茂雲、鄭偉榮編著《台州古籍存佚錄》卷四《經部五・春秋類》:《春秋三傳質疑》五卷,清天台齊周南撰,四明姜炳章序,今未見。

◎齊周南,字首風,號河洲。天台(今浙江天台)人。與弟召南五人共業曹源書屋,學行為諸弟率。乾隆六年(1741)舉人。入都,與周長發、杭世駿、張鵬翀、胡天游輩唱酬甚相得。三上春官不第,大學士任蘭枝素稔周南,會主中書試,欲為之地,周南引嫌歸。外舅張貞品宰湖北蘄水,挾與偕,值修漕廠舍,吏緣為奸,周南為剔積弊,革陋規,貞品深器之。十六年(1751)歲大祲,撰狀介大憲請賑,得俞旨,民賴以甦。選慈谿教諭,弟子執經請業者無虛晷,以老乞休。卒年九十一。著有《春秋傳質疑》五卷、《綱目質疑》四卷、《瑞竹堂稿》、《東野吟》。

齊祖望 春秋四傳偶筆 一卷 佚

◎四庫提要「《勉菴說經》十卷(直隸總督採進本)」條:是書凡《讀易辨疑》三卷、《尚書一得錄》一卷、《詩序參朱》一卷、《說禮正誤》三卷、《春秋四傳偶筆》一卷,《續筆》一卷。大概《易》則辨程、朱之誤,《書》則正蔡氏之譌,《詩》多遵《小序》而攻朱註,《禮》則正陳氏之失,《春秋》則糾駁胡《傳》,而《左氏》、《公》、《穀》亦互有是非。然率以臆斷,不能根據古義,

元元本本，以正宋儒之失也〔註37〕。

◎齊祖望（1645～1703），字望子，號勉庵。直隸雞澤（今河北邯鄲）店上鄉東柳村人。康熙九年（1670）進士，康熙十八年（1679）任湖廣荊州府巴東縣令，後任南安府知府。著有《讀易辯疑》三卷、《尚書一得錄》一卷、《詩序參朱》一卷、《說禮正誤》三卷、《春秋四傳偶筆》一卷、《春秋四傳續筆》一卷，合稱《勉庵說經》十卷。又著《素心堂集》、《增補洗冤錄》等，與修《康熙字典》、《雞澤縣志》、《巴東縣志》。

錢保塘 春秋疑年錄 一卷 存

國圖、北師大藏光緒二十一年（1895）海寧錢氏清風室刻清風室叢刊本（與辨名小記合印）

◎孫殿起《販書偶記》卷二：《春秋疑年錄》一卷，附《辨名小記》一卷，海寧錢保塘撰。光緒乙未清風室刊。

◎錢保塘（1833～1897），字鐵江，號蘭伯。海寧路仲人。咸豐九年（1859）舉人。同治七年（1868）奉詔以教習赴川，主尊經書院。光緒五年（1879）任清溪知縣。八年（1882）調任定遠縣令。十四年（1888）年補大足縣，十九年（1893）官什邡知縣，後加知府銜。著有《春秋疑年錄》一卷、《辨名小記》一卷、《乾道臨安志札記》、《歷代名人生卒錄》、《光緒輿地韻編》、《錢氏考古錄》、《涪州石魚題刻》一卷、《龍脊石題刻》一卷、《吳越雜事詩錄》三卷、《清風室文鈔》十二卷、《清風室詩鈔》五卷等。

錢炳 春秋經傳集解疑參 二十卷 存

吉林社科院、蘇州藏雍正二年（1724）靜觀巢刻本

◎錢炳，浙江上虞人。監生，例封修在職郎。著有《春秋經傳集解疑參》二十卷，參纂《上虞通明錢氏宗譜》八卷首一卷。

錢大法 讀左參解 一卷 存

上海、吉林大學、吉林社科院藏光緒十年（1884）太倉錢氏刻本

◎錢大法，字守之。鎮洋（今江蘇太倉）人。錢鍾瑛父。光緒四年（1878）貢生。候選訓導。曾旅居武昌授讀十年，多所造就。潛心經學，深研《春秋

〔註37〕「不能根據古義元元本本以正宋儒之失也」，《庫書提要》作「不能原原本本根據古義也」。

左氏傳》，吳靜安《春秋左氏傳舊注疏證續》嘗加採信。著有《讀左參解》一卷。

錢大昕 左傳評 三卷 存

國圖藏乾隆四十年（1775）潮陽縣衙刻本

◎錢大昕（1728～1804），字曉徵，又字及之，號辛楣，晚年自署竹汀居士、潛研老人。嘉定（今屬上海）人。乾隆七年（1742）問學曹桂發，中秀才。乾隆十四年（1749）入學蘇州紫陽書院。乾隆十六年（1751）春御賜舉人，任內閣中書。乾隆十九年（1754）中進士，擢翰林院侍講學士。三十四年（1769）入直上書房，與修《熱河志》、《音韻述微》、《續文獻通考》、《續通志》、《一統志》及《天球圖》諸書。後為詹事府少詹事，提督廣東學政。乾隆四十年（1775）居喪歸里，引疾不仕，潛心著述課徒，歷主鍾山、婁東、紫陽書院講席。著有《讀易錄》一卷、《演易》一卷、《二十二史考異》、《唐書史臣表》、《宋遼金元四史朔閏考》、《宋學士年表》、《元史氏族表》、《元史藝文志》、《元詩記事》、《三史拾遺》、《諸史拾遺》、《潛研堂金石文跋尾》、《三統術衍》、《四史朔閏考》、《十駕齋養新錄》、《潛研堂文集》。

錢國祥 春秋定義 不分卷 存

上海藏稿本

◎錢國祥，字乙生，號二笙。吳縣（今江蘇蘇州）人。錢辰子。廩貢生。光緒候選訓導，授徒自給。曾任京師同文館教員。著有《春秋定義》不分卷、《字㳠》二卷、《說郵》、《蘇州府長元吳三邑諸生譜》（一名《國朝三邑諸生譜》）九卷、《式古堂文稿》、《式古堂時文》，嘗參與同治十一年（1872）邗小巧玲瓏王氏重刊線裝木刻本《孝經易知》校字，又嘗校《各國交涉便法論》。

錢基博 春秋約纂 存

文聽閣圖書有限公司 2008 年民國時期經學叢書第三輯影印本

華中師範大學出版社 2011 年錢基博集・經學論稿本

◎錢基博（1887～1957），字子泉，別號潛廬。江蘇無錫人。1913 年任無錫縣立一小學文史地教員。1918 年任無錫縣立圖書館館長。歷任吳江麗則女子中學、江蘇省立第三師範學校（現無錫高等師範學校）、上海聖約翰大學國文、北京清華大學、南京中央大學（今南京大學）、無錫國學專修學校（今蘇

州大學）、光華大學、浙江大學、湖南藍田國立師範學院（今湖南師範大學）、南嶽抗日幹部訓練班、武漢華中大學（今華中師範大學）教職。又著有《周易解題及其讀法》一卷、《周易志》、《春秋約纂》、《四書解題及其讀法》、《經學通志》、《古籍舉要》、《文史通義解題及其讀法》、《版本通義》、《現代中國文學史》、《駢文通義》、《老子解題及其讀法》、《孫子章句訓義》等。

錢俊選 春秋左傳地名考 十二卷 存

南京藏清抄本（汪成勛、沈欽韓跋）

◎錢俊選，字宗企，號嘯樓。江蘇金匱（今無錫）人。諸生。著有《春秋左傳地名考》十二卷、《嘯樓文稿》二卷、《嘯樓詞》。

錢綺 左傳札記 七卷 存

國圖、北大、浙大、中科院、湖北、南開藏咸豐七年（1857）錢氏鈍研廬刻本

◎一名《左札》。

◎左札附石經札序：元和錢子文秀才，曩隸余正誼講席。余移紫陽，君亦從而易焉。但知其文之醇雅、人之修飭，而未知生平於考訂之學甚深究也。丁未夏，出《左札》一編相質，有總札，有條札，急加披閱，持論允當，甚足啟發我心。其總札內辨宋儒夏時冠周月，以為《春秋》係國史，斷用周正，固昔賢所嘗論及，而君獨詳。其云：經書春王正月，《左氏》釋之曰周正月，一語破的，似預料後世聚訟而截其流者。又引昭十七年傳梓慎之言，尤皎然明白。惟虞他記載或偶歧異。案《逸周書・周月解》云：「夏數得天，百王所同。殷周雖改正以垂三統，至於敬授人時、巡守蒸享，猶自夏焉。」君未之引，兼得此證，可見諸經紀時候之用夏正，原通乎民俗，並行不悖。若隱三年夏四月取溫之麥，秋又取成周之禾，杜注訓取為芟踐，恐轉啟主夏正者之議。余謂此傳也，非經也。傳述事與經差兩月，往往而有，是不足以為難也。條札內如晉以僖侯廢司徒，杜云廢為中軍，義本非，君據《史記・留侯世家》「張良為韓申徒」，《漢書》作「司徒」，韓為晉後，晉改司徒為申徒，而韓仍其舊。此說正合。觀傳下文「宋以武公廢司空」，杜云：「武公名司空，廢為司城」，二者例同，何杜解各異？孔氏《正義》知杜之誤，因不釋中軍，而於「先君獻武廢二山」引《晉語》魯人以其鄉對，謂猶司徒司空，雖歷世多而不復故名也。然則

司徒為申徒、司空為司城，晉易上字、宋易下字，二名不偏諱也。王符《潛夫論》曰：「沛公使張良與韓信略定韓地，拜良為韓信都。信都者司徒也，俗音不正曰信都，後作傳者不知信都何，因彊妄生意，以為此乃代王為信都也。」案符以信都為俗音，亦未然。古屈申字本作信，《易・繫辭》「尺蠖之屈以求信也」可證。司申雙聲、都徒疊韻，乃由來通音假借之法。故司徒以官為氏，或作申屠，漢有申屠嘉、申屠蟠是已。雖然，此猶其易曉者。總札又舉《禮記・郊特牲》「諸侯不敢祖天子」，謂禮經定於漢儒，未必盡合三代之制。引襄十二年傳「吳子壽夢卒，臨於周廟，禮也」，杜以為文王廟；昭十八年「鄭火，徙宗祏於周廟」，杜以為厲王廟。案杜注或可駁，而《左氏》本文明云魯為諸姬，臨於周廟為邢凡、蔣茅，祚祭臨於周公之廟，分割至悉。且鄭之火也必祖廟，距火近恐及，而周廟別一地，故可徙宗祏。倘非厲王之廟，將徙於何所？《正義》又引哀二年蒯瞶禱云：「敢昭告皇祖文王，衛亦立文王廟。」魯衛有大功德，王命立之，是其正也，鄭祖厲王亦然。其無功德，非王命而自立者，則為非禮。夫周公有功德，並賜天子禮樂，故魯為宗國，原不與他國同。即康叔為開國時佐命，非尋常可比，厲王則已歷數世，并不稱有道，而立周廟何？豈桓公與子武公相繼為周司徒，周人賢之，為賦《緇衣》，遂邀王命與？蓋嘗反覆推求，王子始封，不得無祭祀之禮，無周廟，將禴祠烝嘗四時俱赴周京，僕僕道途，何由理國事？竊意王子就封，祭出王，凡國皆然，然惟始封之君一代。逮其既薨，繼世者自立廟，奉始封之君為太祖，閱五世乃備二昭二穆，而太祖之位不改，所謂別子為祖也。至於周廟則有其舉之莫敢廢，要不敢以所出之王為祖。而名之曰周廟，示周之所立。如豐有文王廟、洛邑有文武廟之類，以別於國之祖廟，此即《郊特牲》「諸侯不敢祖天子」之義也。據此，則顧亭林《日知錄》云：「此廟也，非祖也，始封之君謂之祖」，語亦正通。若蒯瞶之禱非以文王為太祖廟，特禱祀之辭，不稱祖而將何稱？余并疑宋祖帝乙，雖二王之後，顧與鄭祖厲王連言，或亦先立帝乙之廟如周廟，及繼世而奉微子為太祖，但無明文可據耳。《禮記》下文云「大夫不敢祖諸侯」，而公廟之設於私家，非禮也，由三桓始也，鄭注：「魯以周公之故立文王廟，三家見而僭焉。」案記專指大夫，未言諸侯，當以諸侯本有出王之廟，而大夫近在本國，宜與祭，於公不得私立，出公之廟立之則為僭。乃《正義》又援莊二十八年傳「凡邑有宗廟先君之主曰都」，謂公子為大夫所食采地，亦自立所出宗廟，而復申之曰：「其立先公廟，準禮公子，得祖先君，公孫不得祖諸侯」，是即余前所云「諸侯之事而

非屬大夫」。晉遷新田，而桓莊廟猶在曲沃，故曰曲沃君之宗，雖係別邑，亦晉君，非大夫也。果如《正義》之言，則三桓不得云僭，惟《周禮‧春官》都宗人「掌都祭祀之禮，凡都祭祀致福於國」，鄭注：「王子弟則立其祖王之廟」，似祖王之廟王朝卿士或有之，王朝卿士食采略與諸侯等，孟子所云「天子之卿受地視侯也」。然鄭又云：「祭祀，王皆賜禽焉，來致福，則帥而以造祭僕」，蓋事皆掌於都宗人，是其祭仍朝廷自領之，非王子弟所主。況侯國公子為大夫，安得於所食采地亦立出公之廟，實孔氏之謬也。統而觀之，《周禮》《禮記》《左傳》逮諸儒論說，屢經紬繹，仍恐參錯。今抒己見，終不敢肊決，姑存疑以俟達識。條札內又因孔子之先得氏多不可解，而引《史記‧孔子世家》「其先宋人也，曰孔防叔，防叔生伯夏，伯夏生叔梁紇」，獨不及孔父，疑之誠是也。據《家語》，孔父嘉始以孔為氏，則推原世系，斷無不稱孔父之理。且防叔已為魯人，乃上紀宋人，突云孔防叔，似防叔始得氏者，何史公昧昧若是！余謂孔字下必有脫文，案《史記》一書錢竹汀少詹《攷異》摘其踳駁者不一而足，近梁氏玉繩復有《志疑》之作。即以《世家》論，於孔子去魯返魯年歲每多舛互，既有舛互，安必無遺脫？則謂為脫文，殆非無稽。而他家皆未及，亦闕事也。《家語》言孔文後尚有兩代，曰木金父、曰睪夷，然後至防叔。《潛夫論‧志氏姓》同，惟睪夷作祁父為異。江慎修曰：「祁父蓋即睪夷之字也」，竊意此處當作「宋人也，曰孔父嘉。嘉生木金父，金父生睪夷，睪夷生防叔」云云，庶幾補史公疏漏。至於奔魯之始，《潛夫論》以為防叔，此本於《世本》，而《商頌》及《左》《穀》桓元二疏、《禮‧儒行》、《孝經疏》、《家語本姓》、《唐書世系表》皆沿而不察，梁氏謂華督之難，孔氏應即出奔，奚待三世而後適魯。惟杜注昭七年傳云：「孔父嘉為宋督所殺，其子奔魯」最為明確，蘇氏《古史》、《路史後紀》、胡氏任《孔子編年》並從之，如此於情事方合。且《潛夫論》又云：「木金父降為士，故曰滅於宋」，此亦非也。士雖降於大夫，而孟子論周室班爵祿，上士、中士、下士與君、卿、大夫共列六等，焉得云滅？惟木金父奔魯，已非宋人，乃可云滅於宋，此則正可為木金父即奔魯之證。然《潛夫論》指為防叔者，殆因金父、睪夷避難流離初至魯，魯人未知，迨防叔為防邑大夫，始與朝列，溯其源實自宋來，遂以奔魯屬之防叔耶？援是闡明，而君所云未解者，亦可備一解矣。余喜君讀書勤愨，聊舉數端，不惜繁瑣，用相輔翼。其餘徵引前儒及近代諸家之說，或是或否，皆出己意斷制，足見能自尋間，不徒依附。而於歲星之超辰、分野之次舍亦多推及。君別箸《鈍研卮言》一編，象緯

坤輿，尤徵精覈，知此道夙所究心。是札尚為未定之本，增積久倍益曠充，更烏可量。末附《石經札》二卷。余嘗覯漢魏殘字暨孟蜀所刻偶存數紙，獨唐開成石經頗完好，樹諸西安學宮。適門下士灘縣劉次白撫軍任陝臬，時屬購全拓，竟捆載至蘇，欲整理而無暇。有此札參稽板本，凡補碑、磨改、旁添，一一讎勘，極臻細密。其尤堪誦將伯助予之詩也夫！道光二十有七年秋八月，涇蘭坡朱琦序於吳門紫陽書院。

　　◎自序：綺少承庭訓，初讀《左氏春秋》，先子手自繕寫一部，以經文冠於當篇之首，俾合屬辭比事本恉。密行細楷，日書數葉，書或不暇，必於燈下補之，目為之昏，弗郵也。字有岐異，擇善而從，講授時遇杜解未安，參考孔疏及諸家之說。課餘則貫穿後先，究論其人事之得失。每謂古今政事文章，《左氏》包括已盡，漢以後紀事、纂言兩家莫能越其範圍。當時提命雖詳，未皇箸錄。綺年稍長，於此經遂有當陽之癖。繼獲開成石經，摘其勝於版刻者數十科。自後課授生徒，每有心得，輒於書眉條記，合而錄之，積條成卷，此札之所由名也。迨林文忠公撫吳，甄隸正誼書院，肄業時山長為涇縣宮贊朱蘭坡夫子，耆儒碩望，經術閎深，謁見時詢及時文之外涉獵何書，時綺方搜羅勝國軼事，遂以闡明史對。師曰習史不如習經，即習史亦宜究心馬、班，足為文章根柢。綺退而私念曰：「夫子殆有以教我矣。左氏書實即經中之史。」遂專意卒業是經，就前所錄本深思博考，續有所得，歲時益之，十餘年積有四卷。歲丁未，蘭坡師已移主紫陽講席，錄以求正，師欣然作序，洋洋二千餘言，褒其是，補其略，正其失，并望其增積括充，且畀以所著《小萬卷齋詩文集》。此序旋刻入續集中。綺書迄今又越十年，纍次增易，定為七卷。其論非一事、事非一時者曰總札；專解一辭、專析一疑者曰條札；以唐石經與今本究其異同、辨其汩亂曰《石經札》，各分上下卷；又集塾中諸課本正其訛舛，別為一卷坿於後。統名為《左傳札記》。其中為序所論及者，仍舊槀以存其真，弗敢改易。殺青既竟，半生心力實頓於斯。惜乎師自戊申歸宛陵，皋比甫離，梁木旋壞；而先子亦僅見初槀，曾為指易數字，俱不獲睹其成書，更為訂定。回首淵原所自，能勿泫然！先子諱上一字輩行十，下一字左金右全，字南三，號春圃，吳庠文學，自婁關遷居浦莊故里，學行為儒林推重。晚年隱居樂道，怡情詩酒，有陶元亮風。壽八十有四。所存詩曰《春圃唫草》。弱冠游川中，箸有《蜀行述略》。古人成書，類有自序遡其世澤，是書仰承先志，尤不敢不謹述厓略云。咸豐七年丁巳冬十月，元和錢綺自序於鈍研廬。

◎《左傳札記》鑒定參校爵里姓氏：

先達鑒定：宮贊涇縣朱蘭坡老夫子、中堂常熟翁二銘老夫子、侍讀陽湖趙伯厚老夫子、刺史長洲宋于庭先生、宮允吳縣馮景亭先生。

同學參校：吳縣徐子蘭（名養浩）、元和顏鄂卿（名寶恩）、元和顧仰潛（名鳳翯）、長洲汪書舲（名洺）、長洲汪仲嘉（名溥）、元和趙馥厂（名思燮）、吳縣馬朵荃（名奎）、元和蔡穀生（名傳藻）、吳縣項雨峯（名寶琳）。

◎後識：先君箸《左傳札記》七卷，成書閱有年矣。丁巳秋，同門戚友伙助付梓，時先君已病，然猶手錄副本，親事校讎。不肖樹恩等請代其勞，則曰：「自書自校乃更精當，吾雖衰，為之不覺疲也。」嗚呼，孰知刊未竟，而先君已逝！逝逾半載而甫克告厥成功。先君之精力蓋半耗於此書，而又不得親見此書之行世，思之痛心，尚忍言哉，尚忍言哉！樹恩等苦次昏亂，續事鉛黃，知不少金根之誤。倘博雅君子惠而教正之，則感甚。先君湛於經史，兼精歷算，箸書未刊者有《南明書》二十六卷、《四書管見》一卷、《鈍研廬文集》一卷《詩集》一卷、《集唐穿珠集》二卷、《蘇城暑景表》一卷、《自訂年譜》一卷，餘不具述。別有傳。咸豐八年十月不肖男朝棟、樹恩、國柱謹識。

◎摘錄卷一《總札》首：

《左傳》之作，漢儒相傳為左邱明，其時代則司馬遷、劉歆、班固皆以為與孔子同時，然不明言為孔子弟子。惟杜預序以為受經於仲尼，而朱子則謂楚左史倚相之後，郝仲輿則謂出三晉辭人之手。以今攷之，趙襄子卒於周威烈王元年，而傳已稱其謚，且屢言齊陳氏、晉三家得國之徵，必及見三家分晉、田何襄齊者。三晉之命侯在威烈王二十三年，去獲麟七十八年；田齊之命侯在安王十六年，去獲麟九十五年，其人必非與孔子同時。王應麟以為田齊、三晉之徵非左氏原本，亦屬懸揣。要之，左氏雖非孔子弟子，必為魯史官而受學於孔門諸賢者。蓋《春秋》藏於魯太史氏，未必遠播楚與三晉，況聖學之傳多在齊魯，其為魯人無疑。古者星曆卜筮悉與史官聯職，傳於天象鬼神怪異夢卜言之特詳，其為史官又無疑。其續經至孔子卒，以示尊聖。又多述夫子論斷，若克己復禮、出門如賓承事如祭之為仁，皆能證為古語，必實聞孔門緒論。於子貢、季路、冉有諸賢亦時寓尊崇之意，其為受學於孔門弟子又無疑。惟左邱明之名見於《論語》，孔子稱名相比，其人似在孔子之前。若云別一左邱明，不應左邱僻姓而兩人同名。《國語》與傳亦似非一手。太史公謂「左邱失明，厥有《國語》」，後人遂有盲左之號，不知本名明而失

明乎，抑因失明而名明乎，殊不可解。總之古人著書非如後人之自署姓名，作傳者是否為左邱明，蓋不可知，而書之名《左氏傳》必相傳無訛。經師避聖諱省一字之說亦不確。古者左史記動右史記言，作傳者殆世為左史之官者與？

《左氏》《公羊》《穀梁》三家雖同名為傳，而其體迴別。《左氏》詳於記事，史體也，司馬氏列傳因之。《公》《穀》重在解經，訓詁體也，毛氏《詩故訓傳》因之。《春秋》為記事之書，《左氏》詳其顛末，則善惡益顯，故較二傳為優。後世荀悅之《漢紀》、袁宏之《後漢紀》、司馬溫公之《通鑑》，專仿《左傳》者也。王通之《元經》、朱子之《通鑑綱目》，則兼仿經傳者也。史家不外紀傳、編年兩體，《左傳》一書實為編年諸史之祖。

◎摘錄卷五《石經札》上首：

唐石刻十二經立於文宗開成二年丁巳，今在西安府學。摹拓者少，故較唐代他碑特為完善。而立碑後有覆勘脩改，有妄人增改，有後梁補碑，有明人補字。補碑因梁時石有亡失，補刊足之，比唐碑略小。補字因嘉靖乙卯地震，碑多倒損，諸生王堯惠等按缺處補寫，別立小石於碑下，以便裝冊時綴入。石經之勝於版本有數端焉：版本書傳世至北宋而止，石經則在版刻未興以前，於經典全文為最古，一也。版本遇字形相近，每易混淆；石經則大書深刻，剖別明顯，二也。版本或有修改，原文遂不可知；石刻雖經磨礱，原字仍隱約可辨，足以參稽得失，三也。又況經生慎書，儒官詳校，勒為定本，尤非版刻所能及。石經在明以前不甚著，至本朝則考校者多。如顧亭林徵君《金石文字記》、朱竹垞檢討《經義考》，皆僅據裝冊本，其所訾詆，實非原本之咎。其後錢竹汀少詹《金石文跋尾》、王述菴少司寇《金石萃編》、阮文達公《十三經校勘記》，咸能表明石經善處，然猶不無扁略。綺得未裝散碑，尚存唐刻真面目，因以《左傳》全碑兼取宋高宗御書石經殘本與版本互核，證其是非，《萃編》《校勘記》有誤，亦辨明之，不敢如沖遠之曲護當陽也。

一、校中各條依石經標句，石本顯誤及後人妄改者則以版本標句。其有各注疏本誤而《集解》諸本不誤者，《校勘記》已詳，不贅及。

一、石經依杜氏分三十卷，凡六十七碑。每卷跨兩三碑，碑分七層，逐層接讀。經傳每年提行，首標經字傳字。一年中事，連寫不分篇段。每行十字，若僅九字，則其初必有衍字；若十一字，則其初必有脫字。審其痕跡，詳其文義，一一表出。若不能辨其衍脫何字，則不著。

一、石經遇虎、淵、世、民、豫、適、誦、純、恆、湛等字皆避諱闕筆；偏旁如虢、虓等字亦闕筆，其餘棄作棄、氓作畎、泄紲等字改從曳、葉堞等字改從棄、慇泯等字改從氏。

一、石經未刻時，先有張參《五經文字》鐫於木，書寫石經，悉遵其式。其中用正體而不從俗體者，如旅不作斾；積不作頹；聃不作聃；汰不作汰；躡不作矗；讎不作讐；暉不作暉；衷不作衰；訴不作訴；尪不作尫；妯不作妯；災薔等字俱有短畫，不混從巛；朝服勝愈等字應從舟者皆用點，不混從日月之月、骨肉之月；庚唐商及言示等偏旁字應作古上文者，皆用畫，不混用點。間有不合正體者，乃當時經典通俗字，《五經文字》已辨明之。

◎摘錄卷七附《校塾課本誤字》首：

諸經中《左傳》文最縣，各本尤多互異。阮相國《校勘記》集唐石經、各宋本及明刊各注疏本以校南宋十行本，至為詳備；而於里塾課本概置不論。竊意俗本為童蒙誦習，蹖駁相沿，先入為主，尤害學者。前既輯《石經札》二卷存唐本之舊，復就家中所有諸本互相讎對，識其繆舛，以便隨本改正。其字體鄙俗易知，及筆畫小誤不勝毛舉者略之，誤之多者舉一以概其餘。祇訂經傳，未暇及注。見雖淺陋，於初學似為切要。

備校諸本目錄：

唐石經（式詳前札。校中遇義可兩通之字，仍以此本為定）。

宋石經（高宗御書，在杭州府學。格式字體各經不同。此經楷書差小，每碑四層，每層四十餘行，每行十八字。逐層接讀，不跨碑。亂後殘毀。此經佚十五碑，存四十七碑，斷者二碑，文多曼漶，不及唐刻之完具。其足證唐刻者，已見前札。或唐刻缺而此本猶存，則以此本為定）。

明翻岳本（原本為南宋相臺岳氏荊溪家塾所刊，世稱無比。九經明代翻刻凡有四本，此本為嘉靖翻，異同處與《校勘記》所舉岳氏原本悉合。字體精審，為翻刻中善本。明季所刻《集解》本雖大半出自岳本，然訛文俗體轉相滋益，此本依杜氏分三十卷，經傳每年提行，不分篇段。如欲重梓，分卷、提行、字體悉當依此。今標目稱明翻岳本，以存其實；而校中則省稱岳本）。

惠校明監本（明萬曆中國子監刊，經注疏分六十卷。惠微君棟以石經、南宋本校之，而蔣賓嵋大令寅朱書手錄，閒有墨筆攷證，語亦惠氏原文。賓嵋有說則稱寅按。今但列惠校，而監本誤字已詳《校勘記》，不贅舉）。

凌本（明萬曆中凌稚隆輯諸家注及評語，間闖己意。分七十卷，名曰《春秋左氏傳注評測義》）。

毛刻集解本（明崇禎中毛晉刊。分卷、行欵悉同岳本，惟格上行間附入鍾惺評語，傳文加圈點，為陋本之祖。誤字亦多，遠遜岳本。今標目稱毛刻集解本，以別於毛刻注疏本，而校中則省稱毛本）。

靖江本（明靖江王府刊。不分卷，無注，經頂格，傳低一格。俱每年提行，每事分段圈隔。字極細密，上格附釋音，傳世甚少。今所據乃殘本，昭公十九年後缺）。

秦本（明崇禎中秦璞刊。經傳分十七卷，無注。細字仿靖江本。近有翻刻。今所據乃原本）。

葛本（明崇禎中葛鼏、金蟠同刊。分三十卷。經頂送，每事提行；傳低一格，每段提行。專存杜注，其版為何義門學士重校修改，後附顧亭林《杜解補正》。今所據即修改本）。

馮本（康熙中馮李驊、陸浩同編。卷同葛本。杜注外益以孔疏及《補正》等說。上方輯錄諸家評語及己說，多過本書，名曰《左繡》。坊間翻刻非一，今所據乃華川書屋原本）。

姚本（乾隆中姚培謙輯。卷同馮本。於杜注外亦有增益，地名皆釋以今時郡縣。名曰《春秋左傳杜注增輯》，後人加刻紅字評語。今所據乃初印未加評之本）。

合注李本（不知何人所輯。有明末王道焜、趙如源序。書分五十卷，以宋林堯叟《句解》與杜注並列，有時先林後杜，甚為繆妄。世俗無識，惟陋是趨，風行特甚。此本乃順治中芥子園李氏所刊。注作註，俗字）。

合注原本（格式同李本，誤處亦相類。乃乾隆中刊本，以後翻刻大氐以此為祖）。

合注翻本（此為近年翻刻新本，字體更多譌繆。合注里塾通行，坊間翻版尤多，故以三本校之，其誤已略盡校中。遇獨誤者別以李本，原本、翻本相同則總稱合注本）。

◎葉昌熾《奇觚廎文集》卷上《錢子欣經畲堂詩賸序》（代）：君世居城西浦莊，從父映江先生邃於經學，著有《左札》及《鈍研厄言》。君從問故，潛心漢唐義疏，露鈔雪纂，終身無閒。

◎孫殿起《販書偶記》卷二：《左傳札記》七卷，元和錢綺撰。咸豐丁巳鈍研廬刊。第六卷附《石經札記補遺》。

◎王欣夫《蛾術軒篋存善本書錄・辛壬稿》卷一：

《左傳札記》七卷（六冊），清元和錢綺撰。清咸豐丁巳錢氏鈍研廬刊本。

綺字子文，號映江。諸生。家居浦莊，幼即嗜學，好搜羅南明軼事，撰《南明書》三十六卷。及肄業正誼書院，山長朱蘭坡諭以習史不如習經。念《左氏》一書，實即經中之史，遂專心於此，有當陽之癖。積數十年，彙次增易，定為《左傳札記》七卷。其論非一事事非一時者曰總札，專解一辭專析一疑者曰條札，以唐《開成石經》與今本究其異同辨其汩亂曰石經札，各分上下二卷。又集塾中諸課本，正其訛舛，別為一卷，附於後。蘭坡於道光二十七年序其初稿，謂持論允當，甚足啟發我心，并與商榷若干事。及咸豐七年，有定稿，蘭坡已不及見矣。其書長於校勘，精於訓詁，審察詞氣，斬得其真，咸豁然怡然。其於天文曆數推論尤精，則映江固長於疇人之術也。其校唐石經也，據未裝散本，於亭林、竹垞、蘭泉、芸臺諸家之誤多所是正，蓋猶未見嚴鐵橋校文。及後得之，歎其審密周備，為補遺若干條附於末。嘗引鐵橋之言曰：「斯文未喪，來者難誣。校文之作，固非得已」，謂「嚴君之自任可謂重矣。夫儒生著述，必能有功斯文，有益來者，使其所作為天下不可少之書，乃為立言不朽。然斯文之有功與否，在我猶可自知。來者之能受益與否，在我不能預必。真賞難期，俗情趨陋。故古今來有無益之書而流傳永久者，亦有有益之書而湮沒弗彰者。石經之立，尚為名儒所不肯窺，而名儒習氣，古今一軌。嚴君固已明言之，則余與嚴君之作，其能料來者之肯窺不肯窺乎！」可謂慨乎言之。迄今鐵橋書，賴板歸吳氏兩罍軒後，印本較多，人尚易窺，而映江書刻成於咸豐八年十月，越兩年板片及印成者悉遭兵燹，傳本希若星鳳。潘鄶侯錫爵以治左氏學名家者，於咸豐九年跋沈欽韓《左傳補注》已歎為未見。先師曹叔彥先生於少年時曾一見之，後求之六十年未能得，則雖有肯窺者而終不得一窺者矣。豈徒真賞難期俗情趨陋而已哉！此本為其姪榮高所藏，全書朱筆圈點，即出其手。榮高字子欣，諸生，受業於映江。習漢儒之學，篤嗜著述，星纂露鈔，積稿厚數尺。王頌蔚為撰傳，葉昌熾為序《經畬堂詩集》，交推重之。而遺稿飄零，已無一存，猶不及映江此帙之得登北京圖書館善本書目也。

有「吳郡橫山陽人錢榮高號子欣所藏經籍」朱文方印、「紫馨僊館珍藏」朱文方印、「浦莊經畬堂錢氏藏書」白文方印。

◎上海古籍出版社 2015 年《續修四庫全書總目提要‧春秋類》「《左傳札記》七卷」：是書前有道光二十七年（1847）朱珔序、咸豐七年（1857）錢綺自序，末有錢綺子樹恩等題識。是書七卷，據自序稱，其所論非一事，事非一時者，曰《總札》，如辨宋儒夏時冠周月，舉《禮記‧郊特牲》「諸侯不敢祖天

子」，謂《禮》經定於漢儒，未必盡合三代之制等。專解一辭，專析一疑者，曰《條札》，如論晉以僖侯廢司徒，解孔子之先得氏之源流等。以唐石經與今本究其異同，辨其汩亂，凡補碑、磨改、旁添，一一校對，曰《石經札》。各分上下卷，凡六卷。又集塾中諸刻本，正其訛舛，別附於後，為第七卷。其說持論允當，極臻細密，援引前儒及近代諸家之說，對錯正誤皆能出己意斷制，大旨宗賈、服，於歲星之超辰、分野之次舍亦多推及。此本據中國科學院圖書館藏清咸豐八年錢氏鈍研廬刻本影印。（潘華穎）

◎錢綺（1798～1858），字映江，又字子文，號竺生、鈍硯、鈍研居士。元和（今江蘇蘇州）人。諸生。著有《左札》七卷、《四書管見》一卷、《南明書》二十六卷、《東都事略校勘記》一卷、《鈍硯廬文集》一卷、《鈍研廬詩集》一卷、《鈍研卮言》、《集唐穿珠集》二卷、《蘇城昜景表》一卷、《自訂年譜》一卷。

錢綺 石經札補遺 一卷 存

國圖、北大、浙大、中科院、湖北、南開藏咸豐七年（1857）錢氏鈍研廬刻本

◎卷首題：據嚴可均校文補。

◎自跋：余作《左傳石經札》，稟已累易，寫定後復得烏程嚴可均所纂《石經校文》十卷，審密周備，歎其先得我心。因取其《左傳校文》對勘，更將碑本復核一過，以補遺漏。於嚴氏所未審者，間為舉正如《校勘記》之例，非敢訾議前人，冀不失實事求是之義。嚴氏於修改增補人代言之最確。嚴云：「石經書丹未刻，時有曠格、擠格以改者，蓋鄭覃校定；有隨刻隨改及磨改字迹文詣並佳者，蓋唐元度覆正；有文詣兩通而字迹稍拙者，蓋韓泉詳定；若初刻詣長而磨改繆戾，字迹又下下者，乃張自牧勘定。」嚴氏之說如此。石刻十二經之後，附刻張參《五經文字》三卷、唐元度《九經字樣》一卷，《五經文字》碑末有署名兩行云：「乾符三年孫毛詩博士自牧以家本重校勘定，七月十八日紀（初刻書字，後改），刻字人魚宗會」，嚴氏論之云：「此冊字寫刻俱下下，與各經之旁增者、磨改字之濫惡者、不磨而遽改者、補碑字之避梁諱闕筆者，反覆觀之，竟出一手，則自牧所勘定不獨《五經文字》，各經實皆勘定。今人以旁增字指名王堯惠，或謂北宋人旁添，皆非也。自牧稱孫不署姓，蓋即張參之孫。自牧於傳記無聞。據此題名，當是僖宗時為博士，而後入朱梁者。觀《五

經文字》改刻處點畫紕繆，百無一是，妄稱勘定，實類病狂。至各經勘定亦紕
繆相等，蓋唐末人學識如是。余嘗疑《舊唐書》謂『石經立後數十年，名儒以
為蕪累，不冐窺之』，名儒不知何許人。乃今得之，蓋唐末名儒不必陸、孔之
徒，如自牧輩，即名儒矣。彼時荒經已甚，石經立後求一冐窺之者而不得，自
牧冐窺之且惜其蕪累而勘定之，而其勘定竟如是也，唐末名儒大略可覩矣。夫
蕪累者，猶顧氏所謂謬戾，名儒習氣，古今一軌，斯文未喪，來者難誣。余作
校文，詎得已也！」嚴氏鄙薄唐末，遂以亭林之一端偶誤與自牧等倫，未免過
當。而其指旁增、磨改、補碑俱出自牧手，實為確論，故備錄其辭以定從來未
定之案。亂經之賊，未有主名，漏網九百年，一旦究得，足快人心。蓋自牧改
補字迹惡劣，有《五經文字》末之署名可對筆迹，文誼舛謬亦與所勘《五經文
字》臭味相同，則署名即其供狀矣。至嚴氏斷其始為唐博士而後入朱梁，亦確
當。朱梁極亂之世，更有何人冐窺石經？惟自牧既曾於唐末勘定《五經文字》，
其人必毅然以正經籍自任。適梁時移碑入城，石有亡失，則補碑之書非其人莫
屬。既立補碑，因得乘便以磨改諸經增注繆字。其磨改增注，何以決其在補碑
時而不在勘定《五經文字》時？蓋自牧以《五經文字》為乃祖之書，妄稱有家
本可據，故敢輒改（序例中張參名皆改作糸，祖之名且不識，何論家本）。至於石
經則文宗御定，自牧雖妄，究未敢公然肆筆。幸值朱梁易代，無所顧忌，得以
遂其平生之願。情迹顯然，不難懸決。然此猶非實證也，請更以兩事證之：補
碑於梁諱成城信字皆闕筆，而於唐諱虎民等字亦仍闕筆，此先仕唐而後入梁之
確證也；《左傳》每碑皆有磨改增注字，而補碑獨無，蓋自牧以唐碑蕪累而己
之所補絕無蕪累也，此又補碑與增改出自牧一手之確證也。若以增改為出北宋
或明人手，何以於補碑獨不磨改增注乎？得此數證，嚴氏之說益無可疑。嗟
乎！石經之立，為有唐不刊大典，而一厄於張自牧，再厄於嘉靖地震。其厄而
尚存者，不愈當彰明而保守之哉！余更竊有感焉：嚴氏言唐宋荒經已甚，故莫
冐窺石經，自牧遂起而淆之。唐自貞觀中命儒臣撰諸經《義疏》，經學昌明，
遠邁六代文宗。當唐之叔世，猶能立石刊經，垂範後世。其表章聖學，不可謂
不至矣。然其一代取士之制，專重帖括詩賦，故沿及末流，詞人間有而實學絕
無。如自牧者，詞章既非所長，反假治經之名以藏其拙，是與非究無人能知，
因得奮其私臆，汩亂羣經。此雖風會使然，而亦由開國立法不善，荒經之弊，
實有自來。則一朝定制，不可不慎之於先也。嚴氏又言斯文未喪，來者難誣，
《校文》之作，固非得已。嚴君之自任可謂重矣！夫儒生著述，必能有功斯文

有益來者，使其所作為天下不可少之書，乃為立言不朽。然斯文之有功與否，在我猶可自知；來者之能受益與否，在我不能預。必真賞難期、俗情趨陋，故古今來有無益之書而流傳永久者，亦有有益之書而湮滅弗彰者。石經之立，尚為名儒所不肖窺，而名儒習氣，古今一軌。嚴君固已明言之，則余與嚴君之作，其能料來者之肖窺不肖窺乎！咸豐六年丙辰夏四月鈍硯居士錢綺自跋。距嚴書之成歲在丁巳，余以是歲生，適甲子一周。上距立石經之開成二年丁巳，則甲子十七周矣。

婿金厚奎校字。

錢仁起 左史公穀秦漢八大家評疏 佚

◎道光《續修桐城縣志》卷之十六《人物志·文苑》：著有《四書簡一正解》《周易萃論》《家禮補遺》《左史公穀秦漢八大家評疏》《陰符道德經別注》各若干卷。

◎錢仁起，字班郎，號緘齋。安徽桐城人，寄籍懷寧。增生。治《易經》潛心理窟，為文樸茂，律身尚禮節，言笑不苟。著有《周易萃論》《家禮補遺》《左史公穀秦漢八大家評疏》《四書簡一正解》《陰符道德經別注》。

錢謙益 讀左傳札記 不分卷 存

故宮藏稿本

◎錢謙益（1582～1664），字受之，號牧齋，晚號蒙叟，東澗老人，學者稱虞山先生。江蘇常熟人。萬曆三十八年（1610）進士。與吳偉業、龔鼎孳並稱江左三大家。後領袖東林。官至禮部侍郎、南明禮部尚書，入清為禮部侍郎。著有《列朝詩集》、《列朝詩集小傳》、《國初群雄事略》、《明史稿》、《有學集》、《初學集》一百一十卷、《投筆集》一卷、《吾炙集》、《牧齋詩鈔》、《金剛心經注疏》、《楞嚴經蒙鈔》、《大佛頂首楞嚴經疏解蒙鈔目錄後記》、《錢牧齋先生尺牘》、《讀杜小箋》等，輯《明詩選》《重編義勇武安王集》《石田先生詩鈔》，箋註《杜工部集》二十卷附錄一卷年譜一卷。

錢時俊 春秋胡傳翼 三十卷 存

日本內閣文庫、北大、山東、常熟藏萬曆三十九年（1611）刻本

美國芝加哥大學藏明刻清印本

◎卷首載本書凡例、胡傳凡例、春秋正經音訓、杜預左氏傳序、何休公羊傳序、范寧穀梁傳序、程子傳序、胡氏傳序。

◎春秋胡傳翼序：六經，聖人治世之書也。《春秋》獨佐以刑賞，二百四十二年行事，凜然萬世袞鉞焉。漢興，治《春秋》者，自江都、瑕丘劉公子而下，亡慮數十家。左氏、公、穀，並先後行世。大要業擅崇門，訓詁成癖，大義蓋闕如也。嗣後王安石亂以新說，《春秋》至不得列學官，三傳亦稍稍廢格。康侯氏於經術擯棄之餘，潛心闡繹，會宣尼之微旨，招三傳之緒言，折衷康成、元凱、伊川諸家之渺說，匯輯成傳。其議論比勘，即不無太過，總之褒貶予奪，不離筆削宗旨，所謂史外傳心者，非耶？國家以經術取士，奉康侯如功令，句櫛字梳，幾無逗漏。第是經旨微而約、緒博而該，經生家童習白紛，涉其涯略，甚有不知《大全》為何種書者。嘗考孔子作《春秋》，大概仍魯舊史，然且徧求百二十國寶書，又如周因老聃觀書柱下，歸而載之於筆。作者之不易，蓋如斯也。後世學者，株守臆說，竊竊然得一先生之言曰《春秋》，《春烋》在是，政如管窺蠡測，奚當于大方者哉？使君錢先生，業世青緗，《春秋》家夙稱龍象。茲取《大全》一書，陶汰而斟酌之。上自三傳，下迄諸子百家，繁蕪者芟，精覈者存。他如外傳及箋疏，與《胡傳》相發明者，亦附見錯出，令人開卷洞了。其於康侯，如車之輔、如鳥之翮，真可相御而行者矣。不佞少治易，於《春秋》家言獨有深嗜。治承乏楚、閩，時獲與諸名家商榷疑義，輒津津有合也。歸來夙好不忘，遂以是經課孫兒輩。每欲一洗剿襲之陋，為窮經指南。適錢先生《胡傳翼》成，徵序於余。余竊觀之，微顯闡幽，廣大悉備。宣尼千百載以上心事，恍然旦暮遇之。方今經術大明，其以治《春秋》名家者，又不啻如董如劉。若而輩更得先生為之表章，諸儒之大成既集，不刊之令典斯完，鄉所稱訓詁之癖與夫株守剿襲者，曠然發矇振聵，則是編寧止翼傳，真可翼經！《春秋》一日不泯，先生羽翼之功未有艾也。後之誦法先生者，其必以余為知言。時萬曆辛亥孟夏吉旦，錢唐金學魯書。

◎胡傳翼序：余邑侍御錢汝瞻先生以《詩經》名家，而長公用章好《春秋》，又以《春秋》起家矣。頃被命視榷武林，行清能高特聞，而居恒閉衙齋，讀《春秋》，不異經生時也。憶余從用章同硯席治《春秋》，未嘗不切磋究之，而用章獨攻苦，博雅自命。每謂余曰：「《春秋》取士本康侯，顯矣。《春秋》化工也，故程叔子曰觀百物然後見化工之神。左氏識國史備事詞，公、穀多精裁。諸家饒義疏，即康侯亦曷嘗不淵源熔冶，而《大全》一書，則文皇帝所以廣屬學官

者，又非不犁然具也。經生家苦瀚灝，一切庋置而枯守其康侯，安在屬辭比事乎？屬辭則經緯錯綜，比事則牽合傅會，如獄吏抱成牘、舍律例，傳一人之爰書，而下上其手，亦見其迫窘詰屈，而證佐幾窮哉！且也，縱橫貫穿，商略典據，吾落其材而取其實，用以經世華國，鼓吹休明。其言文，其行遠，豈有外焉？有味乎！『《春秋》三傳束高閣，獨抱遺經窮終始』，蓋譏之也。夫欲窮終始，則惡能束三傳？今獨不得牴牾康侯，如會稽之《私考》、新安之《屬辭》等書，盍故刪訂《大全》，蒐精簡要，以翼康侯、便承學？庶幾佐化工於備物乎！」余謝不敏，而心領之。日承乏浙閩兩闈間，往往以此求士，蓋周旋罔墜，用章教也。頃辱函其所輯《胡傳翼》眎余曰：「是僅脫稿武林公署者。二十年相訂之素盟，豈他人所得敘乎？」余喜而卒業，用章真信人。且歎其精勤之久，至居官視梱，而心手不置也。世之說者曰無田甫田，吾百函併發，安暇討論潤色為？而且鍼膏肓、起廢疾、發墨守，有童習而白紛爾。嗟乎！捷收之與奢願，詎不霄淵哉！自捷收者眾，而士習人心日趨簡陋，父以教子、師以教弟，誰復窮經？自喜者，是書成，其助申功令以嘉惠後學，寧有既哉？昔吾鄉桑先生說《詩》，欲令匡生解頤。今用章說《春秋》，豈惟翼《胡傳》，而又知錢氏之治經，不沾沾一家名矣。敬序用章之攻苦與不忘素盟者如此。時萬曆辛亥清和，友人翁憲祥兆隆譔。

　　◎春秋胡傳翼序：余姪水部用章氏輯《春秋胡傳翼》成，不佞讀而歎曰：嗟乎！經學之不明，未有甚於《春秋》者也。他經以經為經，而《春秋》以傳為經；它經之傳，傳經為傳，而《春秋》則人自為傳，大官賣餅之相稽也、棄疾膏肓之遞勝也，柳子厚所謂黨枯竹、護朽骨以至於傷夷詆悖者，自炎漢洎胡元而未有底也。明興，乃始布侯於文定，海內靡然從之，數十年來，輇材卓詭之士，能以意出入紫陽之傳注，而無敢操戈胡氏者，不佞則時時掩卷三嘆也。五家之說，鄒、夾既亡，左氏親為國史，受經仲尼，其視高貴一再傳之門人所見所聞所傳聞，區以別矣。范武子謂左失也誣，夫岱陰濟之屬負茲也、季姬之擇配也，誣孰甚焉？左無是也。於《左氏》則核者誣之，於二氏則誣者核之，此則胡之失也。仲尼之所削者不可見矣；其所筆者具在，據事直書，內不敢易史書，外不敢革赴告；而一字褒貶，口喣天憲，亦可以令吳楚之僭王者乎？此又胡之失也。元年之元也，鼎銘先之矣；五等諸侯之稱公也，儀禮先之矣。由此推之，凡所謂一字一句傳義比例者，非棄灰之刑，則畫蛇之足也。此又胡之失也。昔之《春秋》以三傳為經，今之《春秋》以胡氏一家言為經。昔之晦，

晦于畫一，株守蔓附，不為章明其說，後世必有以介甫之新說代以秦之虐焰者，此不佞所以掩卷三嘆也。雖然，胡氏之書躓矣，正君臣、畫夷夏，自靖康陸沉，而我明再闢，持世之大義備焉。昔人誤書舉燭而楚國治，況功令在是，童而習之，用以郛眾說、斷國論，不猶賢于說鈴書肆乎哉？且夫欲遡傳而明經也，猶之遡胡而明諸傳也。今之學者射題如覆、拾句如瀋，胡氏之堂奧茫乎未窺，安望遡而上之。用章之為是編也，豈惟胡氏功臣，抑亦導明經者之先路哉！抑余聞古之明經者，邵公成神、元凱成癖，彼皆以窮年畢世肆力崇門，近世趙恒先生著《錄疑》，以續塞耳，三年而發之聾矣。余少不自量，欲網羅百家，推明孔氏筆削之旨，未三載而以懶廢，令余得深湛如用章，豈遂遜古人哉？姑書之以志余愧而已。辛亥夏四月，錢謙益受之父書于婁江舟中。

◎朱彝尊序《經義考》本〔註38〕：吾姪水部用章氏輯《春秋胡傳翼》成，不佞讀而歎曰：嗟乎！經學之不明，未有甚於《春秋》者也。他經以經為經，而《春秋》以傳為經；它經之傳，傳經為傳，而《春秋》則人自為傳，自漢洎元，未有底也。明興，乃始布侯於文定，海內靡然從之，無敢操戈者。於《左氏》則核者誣之，於二氏則誣者核之，此則胡之失也。仲尼之所削者不可見矣；其所筆者具在，據事直書，內不敢易史書，外不敢革赴告；而一字褒貶，口銜天憲，亦可以令吳楚之僭王者乎？此又胡之失也。元年之元也，鼎銘先之矣；五等諸侯之稱公也，儀禮先之矣。由此推之，凡所謂一字一句傳義比例者，非棄灰之刑，則畫蛇之足也。此又胡之失也。昔之《春秋》以三傳為經，今之《春秋》以胡氏一家言為經。雖然，胡氏之書大義備焉，況功令在是，童而習之，用以郛眾說、斷國論，不猶賢於說鈴書肆乎哉？用章之為是編也，豈惟胡氏功臣，抑亦導明經者之先路也。近世趙恒先生著《錄疑》以續塞耳，三年而發之聾矣。余少不自量，欲網羅百家，推明孔氏筆削之旨，未三載而以懶廢，令余得深湛如用章，豈遂遜古人哉？姑書之以志余愧而已。

◎錢謙益《牧齋雜著》所收丁祖蔭輯《牧齋集補・春秋胡傳翼序》〔註39〕：六經，聖人治世之書也。《春秋》獨佐以刑賞，二百四十二年行事，凜然萬世衰鉞焉。漢興，治《春秋》者，自江都、瑕丘劉公子而下，亡慮數十家。左氏、公、穀，並先後行世。大要業擅崇門，訓詁成癖，大義蓋闕如也。嗣後王安石亂以新說，《春秋》至不得列學官，三傳亦稍稍廢格。康侯氏於經術擯

〔註38〕錄自朱彝尊《經義考》卷二百六《春秋》類。
〔註39〕丁祖蔭《牧齋集補・春秋胡傳翼序》。

棄之餘，潛心闡繹，會宣尼之微言，招三傳之緒言，折衷康成、元凱、伊川諸家之渺說，匯輯成傳。其議論比勘，即不無太過，總之褒貶予奪，不離筆削宗旨，所謂史外傳心者，非耶？國家以經術取士，奉康侯如功令，句櫛字梳，幾無逗漏。第是經旨微而約、緒博而該，經生家童習白紛，涉其涯涘，甚有不知《大全》為何種書者。嘗考孔子作《春秋》，大概仍魯舊史，然且遍求百二十國寶書，又如周因老聃觀書柱下，歸而載之於筆。作者之不易，蓋如斯也。後世學者，株守臆說，竊竊然得一先生之言，曰春秋《春秋》在是。政如管窺蠡測，奚當於大方者哉？使君錢先生，業世青緗，《春秋》家夙稱龍象。茲取《大全》一書，陶汰而斟酌之。上自三傳，下迄諸子百家，繁蕪者芟，精覈者存。他如外傳及箋疏，與《胡傳》相發明者，亦附見錯出，令人開卷洞了。其於康侯，如車之輔、如鳥之翮，真可相御而行者矣。不佞少治易，於《春秋》家言獨有深嗜。迨承乏楚、閩，時獲與諸名家商榷疑義，輒津津有合也。歸來夙好不忘，遂以是經課孫兒輩。每欲一洗剿襲之陋，為窮經指南，適錢先生《胡傳翼》成，徵序於余。余竊觀之，微顯闡幽，廣大悉備。宣尼千百載以上心事，恍然旦暮遇之。方今經術大明，其以治《春秋》名家者，又不啻如董如劉。若而輩更得先生為之表章，諸儒之大成，功令在是，童而習之，用以衷眾說、斷國論，不猶賢於諸說鈐書肆乎哉？且夫欲遡傳而明經也，猶之遡胡而明諸傳也。今之學者，射題如覆，拾句如沈。胡氏之堂奧，茫乎未窺，安望遡而上之。用章之為是編也，豈惟胡氏功臣，抑亦導明經者之先路也。近世趙恒先生著《錄疑》，以續塞耳，三年而發之聾矣。余少不自量，欲網羅百家，推明孔氏筆削之旨，未三載而以懶廢，令余得深湛如用章，豈遂遜古人哉？姑書之以志余愧而已。辛亥夏四月，錢謙益受之父書於婁江舟中。

◎春秋胡傳翼凡例：

一、胡氏作傳，雖出創獲，而發明源委，多本之先儒。非文定不能集諸家大成，非諸家後先傳註，亦何以翼成不刊之典傳於來者，故是編總命之曰《胡傳翼》云。

一、國朝制科宗胡氏，故是編以《胡傳》為主，凡三傳、諸子百家與《胡傳》相發明者，悉為採錄。

一、胡氏發傳，或係敦庸命討大綱周魯齊晉秦楚大故，或係人心淳駁世道升降霸業興替，吃緊關鍵處，所採錄諸家倍詳，他如崩薨卒葬之類則略之。

一、《春秋》事實悉本左氏，其後公、穀二子各擄奧義，遂與左氏並列為三。今取其正傳不悖胡氏者，與夫事足採用者，俱單行大書，繫于正經之下，而仍冠以「左傳」「公羊」「穀梁」等字。其餘諸子百家則以註疏字冠之，俱雙行細書，繫《胡傳》下，示統于一。

一、《左傳》事之顛末，或見于經年之前或見于經年之後，至一事而相距數年者，前後錯出，殊不便觀。是編撮其始終，各互見于正傳之上下，仍冠以「互見」二字，俱單行大書，而以細書識其年月，令斷義明而敘事不紊。其有左氏文義前後與經文不相蒙，而事卻與傳別，經傳照應為張本歸束者，提出另錄，亦單行大書而以「別見」二字冠之。

一、左氏文字有經文不經見、胡氏不援引，而議論詞令敘事絕佳，足備採用者，不可不載。第以雙行細書別之，仍冠以「附錄」二字。

一、《左傳》文字古奧，間有未易曉暢者，茲以釋文標于卷上，以便覽觀。惟與經文不關切，并一切附錄諸傳，俱不註釋。

一、「丘明失明，厥有《國語》」，實為左氏外傳。凡經中事實有內傳未詳而外傳詳者，特為採錄，冠以《國語》二字，繫正經之下。其外傳與經文無涉，或內傳已詳而文字佳絕，可為抽英振藻助者，俱附錄之，惟隱公以前諸語附麗無從者不載。

一、比事屬詞，《春秋》教也，胡主斷而以左氏為案。業是經者引伸觸類，于是有即始要終、援甲偶乙、因彼推此，凡斯類者，非紊稽左氏不明，即左氏傳文，非究觀其源委亦不備。茲于採錄《左傳》之上，特為標出（每行四字，別于釋文）。

一、文定凡例為條十有三，今仍《胡傳》，錄于篇首。其綱領以下詳載《胡傳》者不具錄。間有存錄者，于凡例本條下註「仍錄」二字明之。

右凡例為條有十，循是以推，則不佞所為殫心劌意于斯編者也。蓋胡氏之傳經也，反覆于尼父之志行與言而折衷之，故其立論一軌于正。而昭代宗之，然而旁搜博採，成一家言，以羽翼聖經，不可謂非諸子氏之力也。今其文具在，因而攷詳略之大凡，綜是非之極致，則皆有可得而論者。夫隱桓之際，去西周未遠，世風樸略，記載未煩，即左氏以艷富稱，其文詞概見，曾不足當成襄以後之什一也。獨胡氏發例之始，故其傳經較詳，而于惡盟與會尤數數然致意。子曰：「大道之行，丘未之逮也，而有志焉」，豈謂是與？惟時王跡熄矣，侯度尚存，列國猶知忌器之戒，其陰陽齊魯間以逞奸行私者，

則無如鄭莊盟石門而黨合矣、參盟瓦屋而齊陽尊宋衛陰固鄭矣。十年會防，而以王命號召列國，伯者之挾天子令諸侯昉于此。凡皆莊之為也，弟可竄，國可入，君可逐，土田可易而王肩可射，跡其行事，狡獪狠賊，漫不知忌，而獨惴惴于楚，相與周章變色，為鄧之會，又何其怯歟，莊真小人之雄，未聞君子之大道者也。天道好還，身沒未幾，反而中其嗣，忽、儀、亹、突之爭，禍慘于其叔矣。隱之弒羈于讓桓，宋之亂成于會稷，階之為厲，而自是篡逆者國有，此尤世之極變乎越哉？！王之為王也，咺之賵業已拂經，浸假而聘，逆德之桓是賞所甚惡也，寵奸納侮，將羣不逞之徒何憚焉。繻葛一戰，無復上下，迨救衛無功，王命不行，誰為收拾人心者？則惟是強有力者思竊其權，而紛糾之大變從此起矣。夷氛始燃，伯圖肇建，齊桓識明主也，而管子天下才也，度不能俛焉，隨人後先，故創為此前未有之事，後來者羶慕其雄長，尤而效之，于是乎朝聘會盟征伐轉相熾盛，而諸子氏仰闚先聖衮鉞之精微，人持其說，家置其喙，務贊游夏之所不能，極深研幾幾無剩意。而胡氏酌其純正者，斷以己見，孰為功、孰為罪、孰為功罪相準，亦履歷如指掌然。蓋天下之春春多故者，伯為之也。有伯則無王，然既已無王矣，且得無伯乎？故曰罪之魁、功之首。齊桓之糾合也，始基于北杏，經營圖回者垂二十年，迨幽之盟而鄭始同。以力若彼，用謀若此，蓋成伯若是之難也。是無異故，王甫降而為伯，人心尚疑，疑故不得不飾道義以揜其功利，于以提挈眾心而役使之。而召陵、首止、葵丘非其大端與？首止寧周，葵丘明禁，桓志存乎尊王，故足尚耳。楚掩王南服，日夜弄兵于樞紐之鄭，桓起而攘之，攘其僭王者也。且又以不戰帖之，厥功最高，其春秋所僅見乎？！伯之中，桓庶幾近王，然而非其質矣。驕于侵陳，怠于救黃，衰于救徐，則龍蛇見血，本來意露，所謂難乎有恆者，此耳。宋襄之執于盂、敗于泓，秦穆之屢挫于晉，而僅僅伯西戎未哉？其為伯矣，《秦誓》一篇，君子於穆取節，然拜賜、焚舟，貳過已甚，以語于日月之更，未也。繼齊桓而盛者，其晉文乎？文始入而示義、示信、示禮，有伯者規模次第焉。惜乎說禮樂敦詩書之元帥不克竟其施，而先軫諸臣純以詭謀詐力佐之，攜黨激怒，一戰勝楚，奚貴哉！勞踐土、狩河陽、盟翟泉，天威咫尺之謂何？文蓋非桓匹也。文沒而襄嗣，墨衰即戎，難乎其為子矣。而藉以不墜箕裘，視盟齊之孝，不啻過之。若乃靈、成、景、厲之晉，則皆所謂有伯名無伯實者也。其最失，一者少西之逆不討，而遺義于楚。邲戰而師衂，竟令南海之夷居然參五伯之列，不可為長嘆息哉！

主盟于蜀，結成于西門，即鄢陵倖勝，亦何益于成敗之數乎？悼有君子之資，而薈、絳二子佐以息民，駕楚之謀，聲施爛然，何論城濮，彼召陵且遜績矣。惜乎邢丘委政而啟溴梁之專，善道通吳而釀黃池之橫。平、昭闇弱，諸卿貳偷，而宋向戍以誣道蔽諸侯，倡為弭兵之約，楚屈建乘是以交見請，而趙武諸人俛首從之。夫楚惟不得諸侯耳，故屢肆屢戰，一旦以諸侯授之，安得不大逞哉！因是有申之會，而伯權乃在弒君代立之楚圍。圍弒而棄疾立，無極煽禍，武胥奔吳，因是有栢舉之戰，而伯功又在弒僚代立之吳光。吁，變至此極矣！不寧唯是，堂堂中華，舉動紕繆。周王也，魯宗國而晉盟主也，是聖人所惓惓屬意者也。王也而毀其室矣，視頹、帶之際又甚矣。稠父喪勞，定且無正，揆厥所自，則季氏世卿之以哉！僖特獎友之忠勤，世之以卿，而馴至遞專國柄，請略納會。行父已不友，若宣公有虞，成始弗戒，又況乎襄幼而宿強也。三軍之作，唯季舍，唯季宜，昭之及矣。平丘示威，召陵辭請，晉亦何以謝元老、厭友邦冢君之心耶！要之，人事乖張，亦繇天運否塞，不然，豈其歸三田、墮二邑，俄頃之化章章如是，而竟沮于女樂一餽，莫之救藥也？傷哉時事，無可以寄隻字襃者，麟感化而來應，遂絕筆于斯年。而文定于《春秋》之季發例都盡，亦往往有有經而無傳者矣。惟丘明氏立于定哀之間，編次耳目所見聞，蓋自成襄以降，遞加詳焉，幾令人應接不暇。今獨詳其傳經者，次則別見，以其于他經傳猶有係也。又次為附錄，附錄之與經、與《胡氏傳》了不相涉，而純以精采勝，故汰其十之七，存其什之三，蓋事文錯舉燦然不偏遺也。而正附各別，又犁然不相混也。要使覽觀者識所輕重焉，豈曰有功于康侯，抑亦于治經生家言者不無少補云爾。萬曆歲在辛亥夏四月，海虞後學錢時俊識于武林之水衡官舍。

◎黃虞稷《千頃堂書目》卷二：錢時俊《春秋胡傳翼》三十卷（常熟人，萬曆甲辰進士。萬曆辛亥序）。

◎《明史》卷九十六《志》第七十二《藝文》一《春秋》：錢時俊《春秋胡傳翼》三十卷。

◎錢時俊（1565～1634），字用章，號仍峰。海虞（今江蘇常熟）人。錢岱長子、錢謙益族侄、趙隆美婿、錢曾祖父。萬曆三十二年（1604）進士。授工部主事，歷掌杭州南關分司、夏鎮分司，泰昌元年（1620）由四川右參議遷湖廣按察副使、岳州道，所至以清惠聞，天啟四年（1624）劾歸。室名知止堂。著有《春秋胡傳翼》三十卷、《談藝》。

錢士馨 春秋志禮 八卷 佚

◎光緒《平湖縣志》卷十七《人物·列傳》三：著有《古文易》二卷、《周禮說》一卷、《周禮答疑》三卷、《冬官補亡》三卷、《儀禮說》一卷、《禮記申惑》一卷、《王制說》一卷、《月令說》一卷、《緇衣說》一卷、《中庸說》一卷、《春秋志禮》八卷、《續越絕書》二卷（朱《文苑》、高《文苑》、毛《文苑》）。

◎光緒《平湖縣志》卷二十三《經籍》：《春秋志禮》八卷（錢士馨。《經義考》。路《志》：是書分十志，而以禮志為首。朱彝尊曰：其綱為吉凶軍賓嘉，吉禮之目八：郊、望、雩、考、烝、嘗、禘、大事；凶禮之目五：喪、荒、弔、救災、襘；軍禮之目四：大閱、治兵、大蒐、狩；賓禮之目十一：朝周、朝魯、公如他國、外諸侯相朝、內大夫如周聘、列國聘周、諸國來聘、內大夫聘、列國諸侯相聘、周來聘、周聘諸國；嘉禮之目七：飲食、冠昏、賓射、燕饗、脤、膰、賀慶；錫命有三：曰周來錫命、周命列國、周命諸大夫。其一為雜記）。

◎許瑤光修，吳仰賢等纂光緒四年《光緒嘉興府志》卷五十八《列傳九·平湖縣》：生平工古文詞，兼精書畫。著有《古文易》、《周禮說》、《周禮答疑》、《冬官補亡》、《儀禮說》、《禮記申惑》、《王制／月令／緇衣／中庸》等《說》、《春秋志禮》、《續越絕書》（《浙江通志》。參《橋李詩繫》）。

◎許瑤光修，吳仰賢等纂光緒四年《光緒嘉興府志》卷八十《經籍一》：錢士馨《春秋志禮》八卷（《經義考》。朱彝尊曰：其綱為吉，凶，軍，賓，嘉。吉禮之目八：郊，望，雩，考，烝，嘗，禘，大事；凶禮之目五：喪，荒，弔，救災，襘；軍禮之目四：大閱，治兵，大蒐，狩；賓禮之目十一：朝周，朝魯，公如他國，外諸侯相朝，內大夫如周聘，列國聘周，諸國來聘，內大夫聘列國諸侯，諸侯相聘，周來聘，周聘諸國；嘉禮之目七：飲食，冠，昏，賓射，燕饗，脤膰，賀慶；錫命有三：曰周來錫命，周命列國，周命諸大夫；其一為雜記）。

◎錢士馨，字秨農。平湖（今浙江平湖）人。貢生。少讀書化城菴，研究經史，多所撰述。遇奇聞異義輒以硃墨標之，錄為別冊。或訝其多端寡要，應之曰：「記事纂言，此法最善。食稗者弗肥，書豈必全讀耶？」崇禎十五年（1642）遊南雍，見知於吳偉業。工古文詞，兼精書畫。著有《古文易》二卷、《周禮說》一卷、《周禮答疑》三卷、《冬官補亡》三卷、《儀禮說》一卷、《禮記申惑》一卷、《王制說》一卷、《月令說》一卷、《緇衣說》一卷、《春秋志禮》八卷、《中庸說》一卷、《續越絕書》二卷。

錢思元輯 春秋緯 佚

　　◎錢思元《吳門補乘》續編卷十《藝文》：錢思元：《兔園類記》十五冊，輯《易緯》、《書緯》、《詩緯》、《禮緯》、《春秋緯》、《論語緯》、《孝經緯》凡七種。《吳門軼記》。《吳門軼事》。《吳門紀事》。《止庵隨錄》。《止庵聞見錄》。《止庵日記》。《怡庵隨錄》。《嶺表錄異補葺》。《夷堅志補遺》。《怡雲小草》。《止庵詩文存稿》。

　　◎錢思元，字宗上，號止庵。吳縣（今江蘇蘇州）人。幼從沈德潛學詩。一意著述。著有《兔園類記》、《吳門軼記》、《吳門軼事》、《吳門紀事》、《止庵隨錄》、《止庵聞見錄》、《止庵日記》、《止庵詩文存稿》、《怡庵隨錄》、《怡雲小草》、《嶺表錄異補葺》、《夷堅志補遺》等。

錢塘 春秋三傳釋疑 十卷 佚

　　◎張之洞《書目答問》卷一《經部》：《春秋三傳異文釋》十三卷（李富孫。蔣光煦刻《別下齋叢書》本。錢塘《春秋三傳釋疑》十卷未刊）。

　　◎光緒《嘉定縣志》卷二十四《藝文志》一《經部》：《春秋左傳古義》六卷、《春秋三傳釋疑》十卷，錢唐著。

　　◎錢塘（1735～1790），或作錢唐，字學淵（岳原），一字禹美，號溉亭。嘉定（今屬上海）人。乾隆四十五年（1780）進士，官江寧府學教授。博涉經史，精心朗識，超逸軼羣倫。少錢大昕七歲，相與共學，又與大昕弟大昭及弟錢坫相切磋，為實事求是之學，九經小學、天文地理靡不綜貫，於聲音文字、律呂推步尤有神解。著有《錢氏爻辰論》一卷、《鄭氏爻辰補》五卷、《易緯稽覽圖考正》一卷、《春秋三傳釋疑》十卷、《律呂古誼》六卷、《史記三書釋疑》三卷、《泮宮雅樂釋律》四卷、《說文聲系》二十卷、《淮南天文訓補注》三卷、《述古編》四卷、《溉亭述古錄》二卷。

錢塘 春秋左傳古義 佚

　　◎光緒《嘉定縣志》卷二十四《藝文志》一《經部》：《春秋左傳古義》六卷、《春秋三傳釋疑》十卷，錢唐著。

錢維喬 春秋三書 佚

　　◎錢維喬（1785～1852），字樹參，一字季木，號曉林、石禪老人等。江蘇無錫人。道光元年（1821）舉人。官至湖北按察使。工詩文，善書法，亦能

畫山水花卉。著有《春秋三書》、《史漢筆記》、《竹初文鈔》六卷、《竹初詩鈔》十六卷、《乞食圖》二卷、《題詞考據》一卷、《竹初樂府兩種》四卷、《茶山文鈔》十二卷、《鸚鵡媒》二卷，與撰《鳴秋合籟》不分卷，與修乾隆《鄞縣志》三十卷首一卷、《石禪山人詩集》四卷補遺一卷等。

錢希祥 春秋體註 十四卷 存

光緒元年（1875）上海醉六堂石印本

光緒二十三年（1897）上海醉六堂石印本（各卷前題：好古齋塾課纂輯）

連雲港市博物館藏光緒七年（1881）周守墨齋刻新刻五經體註合解全集本（存卷一至五）

◎目錄：卷一隱公。卷二桓公。卷三莊公。卷四閔公。卷五僖公。卷六文公。卷七宣公。卷八成公。卷九襄公。卷十襄公。卷十一昭公。卷十二昭公。卷十三定公。卷十四哀公。

◎錢希祥，字再文。廣西鍾山人。著有《書經體註大全合參》六卷、《春秋體註》十四卷。

錢儀吉 穀梁說 四卷 佚

◎許瑤光修，吳仰賢等纂光緒四年《光緒嘉興府志》卷八十《經籍一》：錢儀吉《穀梁說》四卷（未刊）。

◎錢儀吉（1783～1850），初名逵吉，字衍石，一字藹人，號心壺（星湖、新梧）。嘉興府嘉興縣（今浙江嘉興南湖區）人。錢陳群曾孫、錢福胙子。嘉慶十三年（1808）進士，選庶吉士，授戶部主事，官至工科給事中。後因事降職，遂絕意仕進，主講廣東學海堂、河南大梁書院多年。其仙蝶藏書所藏書甚富。著有《穀梁說》四卷、《三國晉南北朝會要》、《補晉書兵志》、《衎石齋記事》正續集二十卷、《碑傳集》一百六十卷首二卷末二卷、《北郭集》四卷、《澄觀集》四卷、《定廬集》一卷、《衎石齋晚年詩稿》五卷、《颺山樓初集》六卷、《颺山樓駢文稿》、《衎石先生刻稿》一卷、《刻楮集》一卷、《旅逸小稿》二卷、《皇輿圖說》四十卷、《國朝獻徵集》、《黃初朝日辨》、《曆考》等，輯有《經苑》。

錢儀吉輯 春秋啖趙集傳纂例 十卷 存

道光咸豐大梁書院刻經苑本

◎唐陸淳原纂。

錢栴 左求 二卷 佚

　　◎孫殿起《販書偶記》卷二：《左求》二卷，明梅里錢栴撰。崇禎辛未刊。

　　◎錢栴（1597～1647），字彥林，號愚菴、檀子、豐村。嘉善（今浙江嘉興）人。錢士晉子，錢熙父，夏完淳岳丈。崇禎六年（1633）舉人。著有《左求》二卷、《史尚》四卷、《城守籌略》五卷、《吹簫草》、《白門集》。

乾隆 詠左傳 二十卷 存

　　御製全史詩〔註40〕本

　　◎御製全史詩卷十三至卷三十二目錄：卷十三鄭莊公克段。卷十四石碏諫寵州吁、臧僖伯諫觀魚、臧哀伯諫納郜鼎、楚武王侵隨、齊魯乾時之戰。卷十五齊魯長勺之戰、陳敬仲奔齊、神降于莘、晉假道于虞伐虢、齊桓公召陵之師。卷十六齊魯甯毋之盟、齊桓公拜胙、管仲辭上卿饗、秦汎舟之役、晉慶鄭諫遏秦糴、秦晉韓之戰。卷十七晉呂甥對秦伯、臧文仲諫焚巫尫、臧文仲論備邾、宋襄公泓之戰、齊姜諫晉公子重耳。卷十八晉公子重耳歸國、介之推不言祿、晉文公勤王、晉文公去原取信、齊伐魯北鄙。卷十九晉子犯示民義信禮、晉楚城濮之戰、燭之武說秦伯、秦蹇叔諫襲鄭、秦晉殽之戰。卷二十晉人賞胥臣、秦晉彭衙之戰、秦伯三用孟明、季文子諫納莒僕、宋人贖華元于鄭、王孫滿對楚子。卷二十一楚令尹蔿艾獵城沂、楚子縣陳、晉楚邲之戰、楚子伐蕭、晉解揚致其君命于宋。卷二十二齊魯鞌之戰、劉康公論成子受脤不敬、晉楚鄢陵之戰。卷二十三晉悼公復霸、晉祁奚舉善、魏絳戮揚干之僕。卷二十四魯穆叔三拜鹿鳴、晉公族穆子辭卿讓弟起、宋向戌辭晉與偪陽、季武子作三軍。卷二十五晉魏絳辭樂、晉士鞅論欒氏、宋子罕抶築者止謳、臧武仲譏季孫賞盜、祁奚請宥叔向、臧孫紇犯門斬關、聲子論刑賞。卷二十六宋向戌請賞、齊晏嬰辭邶殿、吳季札歷聘諸國、趙孟用絳縣老人、鄭子皮授子產政、鄭子產壞晉館垣。卷二十七子產不毀鄉校、子產止尹何為邑、晉楚虢之會、晉韓宣子聘魯、齊晏嬰不更近市之宅、楚子申之會、楚子伐吳執齊慶封。卷二十八鄭作邱賦、魯舍中軍、叔向責子產鑄刑書、孟僖子屬說與何忌於孔子、晉師曠論石言。卷二十九晏嬰不赴四族之召、楚子革以祈招之詩諫、子產不許宣子請環、鄭六卿賦詩餞韓宣子、郯子論官、閔子馬譏原氏不學。卷三十晏子論和同、子產論寬猛、

〔註40〕卷十三至卷二十二。各卷卷首題：兵部侍郎兼都察院右副都御使巡撫福建等處地方提督軍務臣張師誠奉敕註。

子太叔與趙簡子言禮、晏嬰論禮可為國、楚令尹子常誅費鄔。卷三十一晉趙鞅鑄刑鼎、申包胥如秦乞師、魯齊夾谷之會、孔于墮費、吳越檇李之戰、伍員諫許越成、齊魯清之戰、越子朝吳吳子胥諫不聽。卷三十二孔子不答田賦、子貢說吳釋衛、晉吳黃池之會。

◎摘錄卷首：

詠《左傳》(《史記十二諸侯表序》曰：「孔子西觀周室，論史記舊聞，興於魯而次《春秋》，上記隱，下至哀之獲麟，七十子之徒口受其傳指，為有所刺譏襃諱挹損之文辭，不可以書見也。魯君子左邱明懼弟子人人異端，各安其意，失其真，故因孔子史記，具論其語，成《左氏春秋》。」班固《漢書‧藝文志》曰：「《左氏》三十卷。」班固本註曰：「左邱明，魯太史。」孔穎達《春秋左傳序》正義曰：「沈氏云：《嚴氏春秋》引《觀周篇》云：孔子將修《春秋》，與左邱明乘如周觀書於周史，歸而修《春秋》之經，邱明為之傳，共為表裏。」《漢書‧劉歆傳》曰：「歆以為左邱明好惡與聖人同，親見夫子；而公、穀在七十子後，傳聞之與親見，其詳畧不同。」馬總《意林》引桓譚《新論》曰：「左氏經與傳猶衣之有表裏，相待而成。」陸德明《經典釋文序錄》引桓譚《新論》曰：「《左氏傳》遭戰國寢藏後百餘年，魯人穀梁赤作《春秋》，殘畧多有遺文。又有齊人公羊高緣經文作傳，彌失本義。」杜預《春秋左氏傳集解》序云：「左邱明受經於仲尼。」房喬等《晉書‧荀崧傳》，崧上疏曰：「孔子作《春秋》，左邱明、子夏造膝親受，無不精究。邱明退撰所聞而為之傳，其書善禮，多膏腴美辭，張本繼末以發明經意，信多奇偉。」欽定《四庫全書總目提要》曰：「自劉向、劉歆、桓譚、班固皆以《春秋傳》出左邱明，左邱明受經於孔子。魏晉以來，儒者更無異議。至唐趙匡始謂左氏非邱明，蓋欲攻傳之不合經，必先攻作傳之人非受經於孔子。與王相欲攻《毛詩》，先攻《毛詩》不傳於子夏，其智一也。宋元諸儒相繼並起，王安石有《春秋解》一卷，證左氏非邱明者十一事。陳振孫《書錄解題》謂出依託，今未見其書，不知十事者何據。其餘辨論，惟朱子謂『虞不臘矣』為秦人語，葉夢得謂記事終於智伯當為六國時人，似為近理。然考《史記‧秦本紀》稱惠文君十年始臘，張守節正義稱秦惠文王始效中國為之，明古有臘祭，秦至是始用，非至是始創朔。閻若璩《古文尚書疏證》亦駁此說曰：『史稱秦文公始有史以記事，秦宣公初志閏月，豈亦中國所無，待秦獨創哉？』則臘為秦禮之說未可據也。《左傳》載預斷禍福無不微驗，蓋不免從後傳合之。惟哀公九年稱趙氏其世有亂，後竟不然，是未見後事之證也。經止獲麟，而弟子續至孔子卒。傳載智伯之亡，殆亦後人所續。《史記‧司馬相如傳》中有揚雄之語，不能執是一事指司馬遷為後漢人也。則載及智伯之說不足疑也。今仍定為左邱明，

以袂眾惑。至其作傳之由，則劉知幾『躬為國史』之言，最為確論。疏稱『大事書於策』者，經之所書；『小事書於傳』者，傳之所載。觀晉史之書趙盾、齊史之書崔杼及宵殖，所謂『載在諸侯之籍』者，其文體皆與經合。《墨子》稱《周春秋》載杜伯、《燕春秋》載莊子儀、《宋春秋》載祏觀辜、《齊春秋》載王里國中里，覈其文體，皆與傳合。經傳同因國史而修，斯為顯證。知說經去傳，為舍近而求諸遠矣。《漢志》載《春秋古經》十二篇，《經》十一卷。注曰：『公羊、穀梁二家。』則左氏經文，不著於錄。然杜預《集解序》稱分經之年與傳之年相附，比其義類，各隨而解之。陸德明《經典釋文》曰：『舊夫子之經與丘明之傳各異，杜氏合而釋之』。則《左傳》又自有經。考《漢志》之文既曰《古經》十二篇矣，不應復云《經》十一卷。觀公、穀二傳皆十一卷，與《經》十一卷相配，知十一卷為二傳之經，故有是注。徐彥《公羊傳疏》曰『《左氏》先著竹帛，故漢儒謂之古學』，則所謂《古經》十二篇，即《左傳》之經，故謂之『古』，刻《漢書》者誤連二條為一耳。今以《左傳》經文與二傳校勘，皆《左氏》義長，知手錄之本確於口授之本也。』又曰：「《左氏》之義明，而後二百四十二年內善惡之跡一一有徵。後儒妄作聰明、以私臆談褒貶者，猶得據傳文以知其謬。則漢晉以來藉《左氏》以知經義，宋元以後更藉《左氏》以杜臆說矣。」）臣謹案，以《左氏傳》為詩，古來尠見。考王應麟《玉海》惟載宋真宗作《讀十一經詩》，有《春秋詩》三章、《公羊詩》三章、《穀梁詩》三章，然篇什寥寥，今已不傳。皇上典學宗經，尤熟《左氏傳》，盡卷不遺一字，於年月干支地名氏族罔弗一一如指諸掌。伏讀《味餘書室全集》，《御製文初集》涉《左氏》者有《民生在勤論》《讓禮之主論》《行無越思論》《參和為仁論》《祁奚舉讐舉子論》《子產不毀鄉校論》《宋襄公論》《原軫論》《鄧祁侯不殺楚子論》《春王正月說》《子文使子玉為令尹論》《善鈞從眾論》《文公閏月不告朔論》《能者養之以福論》《士會論晉鄭鑄刑書論》《勸賞而畏刑論》《善人在上則國無幸民論》《國之興也以福論》《以欲從人則可論》《晏嬰叔向語齊晉書論》諸篇，《味餘書室隨筆》論君道則魯宣成襄昭哀、齊桓莊景、晉獻惠文襄靈成厲悼平、鄭莊、宋襄、秦穆、楚莊；述女德則驪姬、齊姜、懷嬴；紀言則穆叔、王孫滿、北宮文子、晏嬰、子產、子太叔、閔子馬、伯宗、叔向、荀吳、成鱄；指事則魯初稅畝、作邱甲、作二軍、用田賦，衛賞繁縷曲縣，鄭據虎牢，楚能官人；獎賢則管仲、蹇叔、百里奚、蒍敖、申叔時、申生、原軫、三郤、趙武、韓起、魏絳、祁奚；懲惡則士蒍、里丕、呂郤、寺人披、趙盾、陽處父、欒書、中行偃、魏舒、子玉、潘黨、豎牛、陽虎、公子圍、崔杼、慶封、梁邱據、裔款、陳無宇、齊豹、邾庶其、

邾黑肱、鄅舒，咸折衷精義，予奪至公，而文思淵博，如萬斛泉源，隨地涌出。至夫發言為詩，則有《詠潁考叔》《晉文公問守原》《詠孟明》《詠鄭七子賦詩》《晏嬰辦和同》《民生在勤》《鑄鼎象物》《龍見而雩》《人心如面》《冬日可愛》《瑾瑜匿瑕》《師克在和》《錄左氏偶誌》諸篇，皆以《左氏》標題，追琢成章，昭回雲漢，固已上規赤制旁揖素臣。茲復幾餘摛藻，揚挖遺經，薈以百篇，列於全史，刱千古所未聞，洵一辭之莫贊。洪惟昭代右文，隆興煥炳，《欽定春秋傳說彙纂》《日講春秋解義》《御纂春秋直解》靡不釐訂是非，融會精要，一滌啖助、趙匡、孫復、胡安國等迂拘之臆說。戶誦家弦，奉為圭臬。伏讀列聖御集，聞發麟經，日星並燦，不啻文數萬而旨數千。謹就其中與皇上御詠相證者敬述之。世祖章皇帝御撰《資政要覽・父道章》言州吁好兵，教之不端；《懲忿章》言祁奚舉善，為其可嗣；《昭信章》言齊桓聽管仲之說，德顯而信著；《遷善章》言秦伯釋孟明之罪，滷累而矜瑕；《謹言章》言周襄卻請隧之妄、王孫折問鼎之姦，莫不藉為命以安邦、託立言而不朽。此皆發聖賢之壺奧，探筆削之精微，指事類情，是彝是訓者也。聖祖仁皇帝御集，《讀左氏春秋作》以為褒誅所以維王道，《寬嚴論》以為子產用猛為鄭言之，《序日講春秋解義》以為《春秋》者帝王經世之大法、史外傳心之要典，《序春秋傳說彙纂》以朱子「《春秋》明道正誼據實書事」之言為真有得，又古文評論《左傳》尤多：叔段州吁之禍，觀魚納鼎之規；季梁可以驗用賢，長勺可以眩兵法；召陵見君臣之義，甯母見父子之倫；戰韓明晉惠之曲，戰泓異文王之師；呂甥詞令妙使降心，重耳出亡貫穿本末；展喜犒齊諸侯猶畏名義，城濮敗楚兵家兼用陰謀；主客異形則燭武之書易入，老成違棄則蹇叔之諫難行；王官捷而霸功成，莒僕出而史詞重；問爵折強臣之氣，縣陳得納誨之方；鞌之戰驕致敗而和有功，鄢陵之戰急內憂而緩外患；晉悼釐其初政，祁奚忘其嫌疑；親親賢賢魏絳之法立，納叛賞盜，臧紇之旨嚴；請觀周樂而審聽入微，不毀鄭校而通幽達隱；止為邑以戒不學，鑄刑書以權時宜；孟僖知禮義之宗，師曠得進言之體；然丹見諷諫之意，郯子稱識大之賢；晏嬰之論裨廟謨，游吉之言包禮記；尚德失而晉刑淆，志氣頹而吳勢削；夾谷之會盛德所動，田賦之答要書不煩。此則炳耀丹青昭垂袞鉞，為六經禮教、為百世發矇者也。世宗憲皇帝御集，言天人合一之理莫大於誠，幽明感格之幾莫先於敬，而引傳曰：「先成民而後致力於神」，又曰「民和而神降之福」；又御定《執中成憲》載《左傳》季梁、臧孫紇、子產、晏嬰之言以證治道之軌途，以示訓行之標準。此則擇精語詳，取舊籍為典謨者也。

高宗純皇帝《樂善堂全集》與聖製詩文各集，謂《春秋》之教不越屬詞比事：
春王正月論尊王之書，蒐苗獮狩說農隙之義；邲之戰則失屬亡師之咎著，鄢陵
之戰則抑楚罪鄭之義備；季孫宿作三軍則為三家專政亂臣竊國之萌，周平王東
遷則為諸侯不朝政歸盟主之始；宋襄不用子魚而敗，晉悼能用智罃而興。又聖
製《日知薈說》惜《左氏》之晚出不及置博士，明《春秋》責備賢者為賢者諱
之嚴而恕，稱祁奚之舉善，譏晉文之用譎，證陳氏之奪齊。又御評《唐宋文醇》
於《左氏》侵伐鑒違天而戕人之禍，於《春秋》書法徵勸善而懲惡之文，於宋
襄公論斥茲父而並抑桓、文之摟伐，於梁邱據贊思晏嬰而猶慨齊景之煩刑，於
召伯舍甘棠、韓宣譽嘉樹謂一以昭好賢之烏可已，一以昭草木之與有輝。此皆
修文之矩護，論古之權衡，立極敷言，同條共貫者也。臣由是循環紬繹，印之
皇上御詠《左傳》詩，微言大義，無不若合符節。仰見心契承堯，道精演孔，
刑賞原於忠厚，奸惡協於前謨，指掌經之津梁，括制治之樞筦，於以垂訓萬世，
豈非左氏之幸，且為天下讀《左氏傳》者之幸哉！臣恭註之餘，鑽仰靡窮，謬
竭蠡管，媿測海窺天，末由也已！

　　◎跋：臣聞左邱明親見聖人，故實事求是，迥出乎三家之上。雖其是非間
有差謬聖人，然無一語不可憑。如春王周正月，一字而眾說定。自隱桓莊閔之
間為傳聞之詞，故簡而文；僖文宣成之間為所聞之詞，故詳而贍；襄、昭、定、
哀為所見之詞，故博而賅。此其大略也。我皇上熟精《左傳》，綜會甲子列國
名氏如數家珍，上下千百年條理一貫。伏讀御製詩百首，甄其事實，括其義蘊，
不矜奇解，繩聯珠貫，無以加矣。若夫潁考叔之教孝、石碏之教忠、僖伯／哀
伯之納諫、隨侯之保民、乾時／長勺之論戰，信僭之理彰焉。敬仲奔齊，志代
姜也；神降于莘，兆晉亂也；虞虢不祀，國小而貪也；召陵／甯母之會盟，辭
胙之守禮、辭卿之守恭；桓公之正，管仲之賢也；秦穆恤鄰、晉惠背德，辱由
自取也；韓戰敗衂、呂甥有辭，晉君所由復國也；文仲諫焚巫、論備邾，重修
德也；泓戰之敗，屢而迂也；重耳去齊而卒歸國，得賢之助也；不言祿而祿不
及，甘節之貞也；率師勤王、去原取信，晉之所以霸也；展喜之犒師，辭能弭
患也；子犯之示義信禮，得民而興也；城濮一戰而霸業定矣，用燭武而卻秦師，
違蹇叔而有殽敗，老謀之用無不用也；晉賞胥臣，重薦賢也；彭衙挫猶用孟明，
穆公之悔失也，故書取《秦誓》焉；莒僕之逐、華元之贖，驅凶而衛良也；王
孫滿之對鼎辭，尚體要也；蒍艾獵之城沂，說以使民也；縣陳之復邑，善補過
也；邲戰之全麾，能救敗也；楚子伐蕭，撫循之道有取焉；解揚致命，使臣之

守信足尚焉；韎戰嘉丑父之忠焉，受脤警成子之惰焉；師曲則鄢陵僨轅焉，官人則晉悼復霸焉；舉善惟公，祁奚有焉；執法不避，魏絳有焉；歌《鹿鳴》而三拜，魯穆叔之知禮焉；穆子之辭卿、向戌之辭偪陽，猶有禮讓之遺風焉；作三軍知魯室之日替，辭賜樂許晉卿之進規；士鞅之論欒氏有先見之明，子罕之抶謳者得任過之體；臧武仲之譏賞盜也所以遏亂萌，祁奚之請宥叔向也所以全善類；臧紇之罪在干紀，聲子之志在佑賢；戌謂賞而竊令名，嬰辭邑而知止足；季札歷聘上國，親政也；趙孟用絳縣老，尊生也；子皮授子產政，知人也；僑之壞晉館垣，抗大國也；不毀鄉校，恤輿情也；止尹何為邑，重官守也；於虢之會知屢盟之何益，於韓宣聘魯知秉禮之可久；於辭宅可以覘儉焉，於會申伐吳可以懲汰焉；作《邱賦》，譏變制之非；舍中軍，斥強臣之抗；鑄刑書，誌多辟之由；孟僖之屬其子，猶知尊聖；師曠之論石言，因以匡君；觀四族之不赴召，齊有持正之臣；觀《祈招》之止，王心楚有格非之佐；請環非令舉，服讒論而止之；賦詩以寵行，集眾志而別之；郯子論官，言有則也；原氏不學，基不殖也；和與同，邪正之辨也；寬與猛，剛柔之濟也；言禮賅乎六志，即為國之本也；楚令尹之誅佞人，悔何及乎；晉范氏之銘刑鼎，法可恃乎；乞秦師而泣七日，復楚卒踐前言；相夾谷而墮三都，安魯端由至聖；檇李構釁，諫臣早識危機；濟北稱兵，左師獨能致果；朝吳者餌吳，惜成謀之不用也；謀魯者弊魯，惟國老能守典也；假言語以釋衛吳逞，而晉霸之業衰焉；率諸夏以會吳，越興而魯史之局竟焉。蓋筆削之權衷諸聖，得聖言而義例益章；紀傳之體昉於經，秉經心而創懲悉備。欽惟皇上聖學淵深，大文富有，發言為詩，篇什閎博，都為鉅集，圭臬藝林，其詠古論世之作亦既散見於縹緗卷軸矣。茲復於素臣著述，俯加釐訂，以百篇睿製綜覈二百四十年褒貶賞罰之公，文理密察，可詠可歌，可箴可鑑，真與尼山刪定並垂不朽。豈特如後世所稱詩史已乎！臣等口誦沫流，心悅誠服，欽奉恩言，綴詞簡末，不勝榮幸忭躍之至。臣朱珪、臣戴衢亨、臣趙秉沖、臣黃鉞拜手稽首恭跋。

◎跋：臣惟讀書必論其世，《春秋》一書經聖人筆削，大旨在於謹嚴。左氏親見聖人，故褒貶與聖人相近，其所述事迹亦莫非百二十國寶書之舊。舍事迹以斷是非，雖聖人不能，而況讀聖人之書者乎？梁劉勰嘗謂「述遠則誣矯，記近則回邪，析理居正，辭宗邱明」，斯為確論。若范寧、荀崧之徒，僅稱其富艷、好其奇偉，皆不足以知《左傳》者也。我皇上運經銓史鉞之旨，抒經經緯史之文，以傳證經，以經斷傳，括事詞於一萬八千字，定得失於二

百四十年，上下春秋十二公之世，瞭如指掌焉。隱桓之世，鄭強而魯寖衰，楚已漸熾，讀御製克段至侵隨諸詩可知也；莊閔之世，齊魯搆釁，虞虢兆亡，讀御製乾時之戰至神降于莘諸詩可知也；僖文之世，齊晉宋秦俱霸而魯多失政，讀御製假道於虞至納莒僕諸詩可知也；宣成之世，楚霸而晉再盛，宋魯依違其間，讀御製贖華元至晉悼復霸諸詩可知也；襄昭之世，宋為晉楚合成，齊則季世，魯日益卑，鄭稱治而吳通上國，然皆大夫交政，如韓起、羊舌肸、晏嬰、叔孫豹、國僑、季札諸人，言事多足紀者，讀御製祁奚舉善至郯子論官諸詩可知也；定、哀之世，齊晉替而楚削，吳越迭為消長，魯則陪臣執命，孔子與其徒子路、子貢俱小試行道之端而不竟其用，讀御製原氏不學至黃池之會諸詩可知也。良由大聖人生知好古，典學緝熙，研思《左傳》尤極邃密，故於春秋得失之林，洞鏡周燭至於如是。繼赤書而操筆削，固無傳之非經；統素臣而寓權衡，且無詩之史。則謹由百詠而更推之，如進秦穆之悔過可以通壁經始終之義，嘉郯子之論官可以通隆古聖神之紀，譏三族之制晉並可以通涑水紀載之原，作為一經，質諸千古，深造自得，左右逢原，如元化運轉，時行物生，而二曜五緯、三垣列宿自然成在天之文也。蓋自《左傳詩》成而全史之綱維一以貫之矣。昔蘇軾之論《春秋》曰：「《春秋》儒者本務」，然此書有妙用，儒者罕能領會。信乎鎔經鑄史，非以聖人之德、居聖人之位者，不足以與於斯！恭繹天章，苞函萬有，實不僅為千秋詠史之準繩也。臣張師誠拜手稽首恭跋。

乾隆 御制詠左傳詩 二卷 存

國圖、首都圖書館藏乾隆武英殿刻本

乾隆敕譯 御製繙譯春秋 六十四卷 存

四庫本

南京、大連藏乾隆四十九年（1784）武英殿刻本

北大藏清末刻本

◎滿漢對照。

◎慶桂等輯《國朝宮史續編》卷八十七：欽定《繙譯春秋》一部，乾隆四十九年高宗純皇帝命繙譯諸臣用國語繙譯，親定成書，凡六十四卷。五十九年校刊。

強汝詢 春秋測義 三十五卷 存

國圖、天津、上海、南京、浙江、蘇州、中科院藏光緒十五年（1889）流芳閣木活字本

臺中縣文聽閣圖書有限公司 2010 年晚清四部叢刊‧第四編據光緒十五年（1889）流芳閣木活字本影印本

◎卷一通論上。卷二通論中。卷三通論下。

◎春秋測義自序〔註41〕：汝詢〔註42〕始讀《春秋》，若涉大海，茫乎莫測其津涯。既讀三傳，始知釋經各有例。然互相牴牾，以經推之，往往不合，甚或自相矛盾。懵然靡所適從，疑之者有年。乃博考唐宋以來說《春秋》之書，始知糾三傳之失者，為說已繁。然又舍三傳而別為例，推之經，往往不合如故，甚或自相矛盾如故。嗟乎！先儒言之無餘智，余求之無餘力，而惑滋甚，將無《春秋》終不可通耶！疑之者又有年。既而觀朱子之言曰：「聖人修《春秋》，直書其事，善惡自見。」躍然曰：斯言其祛余之疑乎！何以言之？疑生于例，例生于褒貶，謂《春秋》有褒有貶而例以起，謂聖人以一字為褒貶而例愈繁。然而孔子未嘗言例也，未嘗言褒貶也，說《春秋》者言之也。君子居是邦不非其大夫，孔子修《春秋》乃褒貶二百四十年之諸侯大夫，且內及于魯君，且上及于天子，此後世知道者所不肯為，而謂聖人為之乎？知《春秋》據事直書則褒貶之說絀，去褒貶之例然後可以言《春秋》。雖然，據事直書者史之常道也，使聖人執是以修《春秋》，則與魯史何異？使後人執是以說《春秋》，則與史論何異？意者矯枉或過其正乎？疑之者又有年。既又思孟子之言曰：「其事則齊桓、晉文，其文則史。孔子曰：其義則丘竊取之矣。」漢史氏之言曰：「孔子修《春秋》，筆則筆，削則削，子夏之徒不能贊一辭。」乃恍然曰：《春秋》之文皆魯史之文也，其義則在筆削。蓋筆削其事，非筆削其文也。知事有筆削則《春秋》之義可求，知文皆因史則褒貶之說無所施。惟仍魯史之文，故仍魯史之名，使更其文，豈得假其名哉？至是乃敢為之說曰：《春秋》有義而無例，有筆削而無褒貶。雖然，魯史久亡，所削者不可見也。既不見所削，則所筆之義終不可知也。無已，則就所筆以推所削。其始也，若旅人適莽蒼之野，四顧無蹊，悵悵然莫知所從也，邈乎艱哉！求之者又有年，久之若稍有見焉，又久之則知聖人于事有全筆不削者，有或筆或削者，有削百而筆一者，粲粲乎若可

〔註41〕又見於強汝詢《求益齋文集》卷五，題《春秋測義自序》。
〔註42〕強汝詢《求益齋文集》卷五《春秋測義自序》「汝詢」作「余」。

分別焉。雖不敢自謂悉當，或者亦不盡誣矣。既得所削而後觀其所筆，則朱子所謂據事直書者，乃卓然為聖人之經，而非史氏所能比，然而其文則史也。聖人自謂述而不作，觀《春秋》而益信孟子豈欺我哉。先儒不知筆削在事而專求于文，舍褒貶則無以為說，其言之鑿盤，若一辭一字皆聖人所自作，用心愈深陳義愈高，而去筆削之旨愈遠矣。於戲！以千餘年相承褒貶之說，一旦欲盡去之，必且重得罪于儒林，余亦何敢自信。然嘗合孟子、朱子之言以求于經，平易徑直，融洽脗合，無復牴牾矛盾之患。向所疑者，渙然若冰之釋，廓然若雲霧之忽開而睹日月之明。意者或可備一說乎！世儻有同余所疑而未能釋者，或不妨質之乎！夫逞臆立異，非說經之道；若違心以徇舊說，度亦先儒所不取。不揣淺陋，竊著其說。先以通論，次釋經文，總三十五卷。推尋筆削之迹，略有端緒，其義則未之能詳。窺測所及，粗述一二。若乃潛而深之推而極之，如古所謂抉經之心、執聖之權者，則敬謝不敏，將俟後之君子。光緒九年仲冬，溧陽強汝詢自序〔註43〕。

　　◎強汝詢《求益齋文集》卷四《佩雅堂書目‧春秋類序》：甚矣《春秋》之難知也！孔子因魯史修《春秋》，筆則筆削則削，皆有義焉。今所筆者可見，而所削者不可知也。所筆者或仍魯史舊文，或孔子有所改定，今亦不可考。中更秦火，簡策散亂，遞相傳寫，或脫文或誤字，今又不可知。《春秋》之作，蓋游夏不能贊一辭。後之儒者，識未必逾于游夏，重以三不可知，而欲于一二字之間測聖人褒貶之旨，豈不難哉！孟子曰：「孔子成《春秋》而亂臣賊子懼」，說者謂《春秋》乃聖人之刑書，故少褒而多貶，一字之貶嚴于斧鉞，故亂賊懼也。余以為不然。夫亂臣賊子敢于為不義，上不畏天子下不畏方伯，而獨畏一匹夫之貶乎哉？然則孟子言其懼，何也？曰：古者列國皆有史，然特掌之史官而已，儒者不以為業。自孔子作《春秋》授之弟子傳之天下萬世，而亂臣賊子之事著于眾口，不可復掩，彼身為亂賊無所顧忌，而獨畏其名之彰也。故晉太史書趙盾弒其君而盾病之，齊太史書崔杼弒其君而杼殺之。夫書之本國之史猶畏焉，況其播之天下乎？況其乖之萬世乎？自孔子之後，作史者咸尊《春秋》以為法，故後世有欲為不義，畏青史而止者；有既為不義，而變亂史文冀以欺後世者。藉令《春秋》不作，則史法且不著，彼亦何所憚乎？故如諸儒之說，則懼夫子之貶者不過二百四十年之亂臣賊子耳。不知《春秋》作而萬世之亂臣賊子莫不懼，功之所以大也。而豈可徒求之日月爵族名

〔註43〕強汝詢《求益齋文集》卷五《春秋測義自序》無此末句。

字之間哉。《左氏傳》詳于紀事，學者賴之。至釋經則不能盡合；公羊氏穀梁氏則專釋經，其得者有矣，而失亦甚。夫說《春秋》者，過深則傷于穿鑿也，過刻則鄰于鍛鍊也，過密則嫌于瑣細也，過巧則涉于傅會也。自三傳不能免此數失，後之說者或矯其失矣。然專辨其事之善惡若史論然，亦無以見筆削之旨，甚矣《春秋》之難知也，自三傳以下，說《春秋》之書，余家所有者咸登于目。

　　◎孫殿起《販書偶記》卷二：《春秋測義》三十五卷，溧陽強汝詢撰。光緒己丑冬流芳閣刊木活字本。

　　◎趙爾巽《清史稿》卷一百四十五志一百二十《藝文》一：《春秋測義》三十五卷，強汝詢撰。

　　◎強汝詢（1824～1894），字蕘叔，號賡廷。江蘇溧陽人。強溱子。咸豐九年（1859）恩科順天舉人，授贛榆教諭不赴。著有《春秋測義》三十五卷、《續春秋測義》二卷、《大學衍義》、《大學衍義續》、《漢州郡縣吏制考》一卷、《金壇見聞記》、《佩雅堂書目》、《求益齋讀書記》、《求益齋文集》八卷等。

強汝詢　續春秋測義　二卷　存

　　國圖藏清抄本（馬其昶校。卷端題宣統元年春正月馬其昶校讀一過）

喬松年輯　春秋保乾圖　存

　　光緒刻喬勤恪公全集本
　　民國鉛印山右叢書初編本
　　◎喬松年（1815～1875），字健侯，號鶴儕，諡勤恪。山西太原府徐溝（今清徐）人。道光十五年（1835）進士。先授工部主事，再補工部鉛子庫主事，遷工部都水司員外，再遷工部郎中。咸豐元年（1851）任湖南鄉試副主考。三年（1853）知松江府，旋調知蘇州府。以鎮壓小刀會功擢陞道員，授職常鎮通海道。六年（1856）、八年（1858）兩次丁憂奪情，九年（1859）授兩淮鹽運使，兼辦江北大營糧臺，後陞江南、江北兩大營糧臺。同治二年（1863）由兩淮鹽運使擢陞江蘇布政使，仍留任江南、江北兩大營糧臺。年中再陞安徽巡撫。五年（1866）任陝西巡撫。七年（1868）告病乞休歸里。後就職倉場侍郎，再擢陞河東河道總督，職司治黃。光緒元年（1875）病逝任上，追贈太子少保銜。

喬松年輯 春秋感精符 存

光緒刻喬勤恪公全集本
民國鉛印山右叢書初編本

喬松年輯 春秋漢含孳 存

光緒刻喬勤恪公全集本
民國鉛印山右叢書初編本

喬松年輯 春秋合誠圖 存

光緒刻喬勤恪公全集本
民國鉛印山右叢書初編本

喬松年輯 春秋河圖揆命篇 存

光緒刻喬勤恪公全集本
民國鉛印山右叢書初編本

喬松年輯 春秋考異郵 存

光緒刻喬勤恪公全集本
民國鉛印山右叢書初編本

喬松年輯 春秋孔錄法 存

光緒刻喬勤恪公全集本
民國鉛印山右叢書初編本

喬松年輯 春秋揆命篇 存

光緒刻喬勤恪公全集本
民國鉛印山右叢書初編本

喬松年輯 春秋錄圖 存

光緒刻喬勤恪公全集本
民國鉛印山右叢書初編本

喬松年輯 春秋錄運法 存

光緒刻喬勤恪公全集本

民國鉛印山右叢書初編本

喬松年輯 春秋命歷序 存

光緒刻喬勤恪公全集本

民國鉛印山右叢書初編本

喬松年輯 春秋內事 存

光緒刻喬勤恪公全集本

民國鉛印山右叢書初編本

喬松年輯 春秋潛潭巴 存

光緒刻喬勤恪公全集本

民國鉛印山右叢書初編本

喬松年輯 春秋瑞應傳 存

光緒刻喬勤恪公全集本

民國鉛印山右叢書初編本

喬松年輯 春秋說題辭 存

光緒刻喬勤恪公全集本

民國鉛印山右叢書初編本

光緒三年（1877）強恕堂刻緯捃本（喬廷櫆匯訂）

喬松年輯 春秋緯 存

光緒刻喬勤恪公全集本

民國鉛印山右叢書初編本

喬松年輯 春秋文曜鉤 存

光緒刻喬勤恪公全集本

民國鉛印山右叢書初編本

喬松年輯　春秋握誠圖　存

光緒刻喬勤恪公全集本

民國鉛印山右叢書初編本

喬松年輯　春秋璇璣樞　存

光緒刻喬勤恪公全集本

民國鉛印山右叢書初編本

喬松年輯　春秋演孔圖　存

光緒刻喬勤恪公全集本

民國鉛印山右叢書初編本

喬松年輯　春秋元命苞　存

光緒刻喬勤恪公全集本

民國鉛印山右叢書初編本

喬松年輯　春秋運斗樞　存

光緒刻喬勤恪公全集本

民國鉛印山右叢書初編本

喬松年輯　春秋玉版　存

光緒刻喬勤恪公全集本

民國鉛印山右叢書初編本

喬松年輯　春秋佐助期　存

光緒刻喬勤恪公全集本

民國鉛印山右叢書初編本

秦鑨訂正　春秋　十七卷　存

國圖（盧文昭校並跋）、北大、中科院、故宮、上海、復旦、華東師大、南京（葛正笏批）、山東、濟南、重慶藏崇禎十三年（1640）錫山秦鑨求古齋刻本

北大藏清逸文堂翻刻崇禎十三年（1640）錫山秦鏜求古齋本

國圖、北大、上海（沈大成、姚椿批校）、山東（孔繼涵校並跋）藏清末觀成堂刻本

心逸齋刻九經本

◎張之洞《書目答問》卷一《經部》：秦氏巾箱本《九經》（秦鏜刻。有音無注。《易》三卷、《書》四卷、《詩》四卷、《禮記》六卷、《周禮》六卷、《春秋左傳》十七卷、《孝經》一卷、《論語》二卷、《孟子》七卷）。

◎秦鏜（1597～1659），字子韜，號真齋。長洲（今江蘇蘇州）人。縣庠生。崇禎十三年（1640）摹宋精刻白文巾箱本《九經》五十卷，附《大學章句》一卷、《中庸章句》一卷、《小學》二卷。

秦同培 廣註語譯左傳精華 一冊 存

世界書局 1936 年排印中國文學精華〔註44〕本

臺中文聽閣圖書有限公司民國時期經學叢書影印世界書局 1936 年排印中國文學精華本

◎秦同培註譯，宋晶如增訂。

◎目錄：鄭伯克段於鄢（隱元年）。周鄭交質（隱三年）。宋穆公屬殤公（隱三年）。石碏諫寵州吁（隱三年）。臧僖伯諫觀魚（隱五年）。鄭莊公戒飭守臣（隱十一年）。臧哀伯諫納郜鼎（桓二年）。連稱管至父之亂（莊八年）。曹劌論戰（莊十年）。陳公子完奔齊（莊二十二年）。驪姬謀立奚齊（莊二十八年）。晉作二軍（閔元年）。晉侯使太子申生伐東山（閔三年）。虞師晉師滅下陽（僖二年）。齊侯侵蔡伐楚（僖四年）。晉侯殺太子申生（僖四年）。士蒍築城不慎（僖五年）。宮之奇諫虞公（僖五年）。葵邱之會（僖九年）。晉里克殺其君之子奚齊（僖九年）。秦伯

〔註44〕 子目：管異之惲子居文、蘇東坡文、檀弓精華、唐文評注讀本、曾子固文、王介甫曾子固文、王摩詰孟浩然高渤海岑嘉州詩、公羊傳穀梁傳精華、方望溪文、古詩評注讀本、歸震川文、史記精華、白樂天柳柳州韋蘇州詩、漢書精華、老子列子精華、莊子精華、蘇東坡詩、蘇東坡詩、蘇明允蘇子由文、杜少陵詩、李太白詩、吳摯甫文、吳梅村詩、近代文評注讀本、汪堯峰文、宋元明文評注讀本、宋元明詩評注讀本、張濂亭文、陸放翁詩、歐陽永叔文、國語精華、孟子精華、趙雲崧詩選、荀子精華、南北朝文評注讀本、柳子厚文、戰國策精華、侯朝宗文、姚姬傳文、秦漢三國文評注讀本、黃山穀詩、黃仲則詩、梅伯言文、清文評注讀本、清代駢文評注讀本、清詩評注讀本、韓非子精華、韓昌黎文、韓昌黎孟東野詩、舒鐵雲王仲瞿詩、曾滌生文、墨子精華、魏叔子文鈔。

納晉惠公（僖九年）。晉侯改葬共太子（僖十年）。晉薦饑（僖十三年）。秦乞糴於晉（僖十四年）。晉秦韓之戰（僖十五年）。晉陰飴甥會秦伯（僖十五年）。楚人伐宋以救鄭（僖二十二年）。晉公子重耳之亡（僖二十三年）。秦伯納晉重耳（僖二十四年）。寺人披見文公（僖二十四年）。晉侯賞從亡者（僖二十四年）。晉侯朝王請隧（僖二十五年）。晉楚城濮之戰（僖二十八年）。燭之武見秦君（僖三十年）。秦三帥襲鄭（僖三十二年）。秦人入滑（僖三十三年）。晉敗秦師於殽（僖三十三年）。晉侯敗狄於箕（僖三十三年）。秦復使孟明為政（文元年）。秦伯伐晉（文三年）。寧嬴去陽處父（文五年）。魯敗狄於鹹（文十一年）。河曲之役（文十二年）。士會歸晉（文十三年）。邾文公遷繹（文十三年）。鄭子家抗晉（文十七年）。季文子出莒太子僕（文十八年）。鄭敗宋師（宣二年）。晉靈公不君（宣二年）。楚子問鼎（宣三年）。鄭子家弒靈公（宣四年）。楚鬬椒椒之亂（宣四年）。楚子圍鄭（宣十二年）。晉楚邲之戰（宣十二年）。晉士貞子諫殺荀林父（宣十二年）。楚子伐蕭（宣十二年）。楚子圍宋（宣十四年）。晉解揚將命（宣十五年）。晉郤克徵會於齊（宣十七年）。衛齊新築之戰（成二年）。齊晉鞌之戰（成二年）。申公巫臣取夏姬（成二年）。楚歸晉知罃（成三年）。晉歸楚鍾儀（成九年）。晉侯夢大厲（成十年）。呂相絕秦（成十三年）。晉楚鄢陵之役（成十六年）。晉魏絳戮揚干僕（襄三年）。晉魏絳和戎（襄四年）。鄭人從楚（襄八年）。晉伐偪陽（襄十年）。報櫟之役（襄十四年）。衛侯出奔（襄十四年）。鄭請餘盜於宋（襄十五年）。宋子罕辭玉（襄十五年）。晉入齊平陰之戰（襄十八年）。魯臧武仲答詰盜（襄二十一年）。晉逐欒盈（襄二十一年）。子產答晉徵朝（襄二十二年）。楚殺令尹子南（襄二十二年）。晉欒盈之亂（襄二十三年）。晉侯襲莒（襄二十三年）。魯穆叔如晉（襄二十四年）。子產勸晉范宣子輕幣（襄二十四年）。晉張骼輔躒致楚師（襄二十四年）。齊崔杼弒君（襄二十五年）。子產獻捷于晉（襄二十五年）。楚子侵鄭（襄二十六年）。宋公殺其世子痤（襄二十六年）。宋向戌弭兵（襄二十七年）。齊慶封攻崔杼（襄二十七年）。吳季札觀樂（襄二十九年）。晉絳人語年（襄三十年）。鄭子皮授子產政（襄三十年）。子產壞晉館垣（襄三十一年）。子產不毀鄉校（襄三十一年）。子皮使尹何為邑（襄三十一年）。子產郤楚逆女以兵（昭元年）。鄭放游楚於吳（昭元年）。齊晏嬰請繼室於晉（昭三年）。魯叔孫豹之卒（昭四年）。楚報吳棘櫟麻之役（昭五年）。子產聘晉（昭七年）。鄭伯有為厲（昭七年）。魯孟僖子補過（昭七年）。石言於晉（昭八年）。楚子狩於州來（昭十二年）。晉韓宣子求環（昭十六年）。宋衛陳鄭災（昭十七十八年）。楚費無極譖殺伍奢（昭二十年）。齊晏子論和（昭

二十年）。子產論為政（昭二十年）。吳人伐州來（昭二十三年）。吳公子光弒其君僚（昭二十七年）。楚費無極譖殺郤宛（昭二十七年）。楚子常殺費無極（昭二十七年）。晉殺祁盈（昭二十八年）。晉魏舒舉賈辛（昭二十八年）。晉閻沒、汝寬諫魏舒受賂（昭二十八年）。吳滅徐（昭三十年）。吳敗楚柏舉（定四年）。申包胥救楚（定五年）。楚子入郢（定五年）。魯齊夾谷之會（定十年）。晉殺董安于（定十四年）。吳伐越（定十四年）。衛侯召宋朝（定十四年）。伍員諫許越成（哀元年）。吳侵陳（哀元年）。楚子西論吳不足患（昭元年）。晉敗鄭師（哀二年）。齊魯清之戰（哀十一年）。子胥諫毋遺越患（哀十一年）。吳晉黃池之會（哀十三年）。哀公誄孔子（哀十六年）。楚白公之難（哀十六年）。衛侯夢於北宮（哀十七年）。晉趙孟存問吳王（哀二十年）。

◎凡例：

一、左氏傳《春秋》，敘事詳贍，為吾國史學之祖。無《左傳》二部《春秋》，不異一篇零碎帳耳。即以文學言，亦為古來第一部奇書，不特學子必讀，即以政治、社會為懷者，亦在所必究。顧其書因經作傳，以年為準，未必皆學人應讀之篇。茲為便利學子計，特擷取菁英，擇其事蹟之尤要者若干篇，詳加註釋，兼譯語文，以便諷誦。

二、一事之始末，非通觀前後，不能得其貫串。本編凡遇重要事蹟，必略摘原因，使得蟬聯而下。或非一時之事，亦必前後互見，由源竟委，惟無關大體之事則從略。

三、古書難讀，《左傳》視其他經書雖平易近人，而究非近古文字可比。爰於每篇之後，附譯語文，學者得此，庶自脩有由，不必盡賴教師之講解也。

四、本書所註釋之詞句典實，悉標數碼於原文之旁，與文後之號碼相對，俾得按數求注，一目瞭然。

五、《左傳》所載，可與《國語》互相參證。凡《國語讀本》中所錄者，本書亦多採錄，學者可對照讀之，其文字互有詳略之處，足以啟發學者思致。蓋《國語》亦左氏所作，惟此則傳經，彼則摘取各國熟傳之語耳古人謂為《春秋外傳》，殆不誤也。

六、行文使典隸事，引氣屬辭，一時有一時之風尚，一人有一人之結習，既不必強今人同於古人，亦何可強古人同於今人。本書遇古質之句辭、前代之名物，皆擇要注釋，取便初學。惟易於領悟及詳語譯文中者均從略。

七、本書紕繆之處自知必多，尚期海內鴻碩，有以正之。

◎廣告頁：

註解精詳，學人得免焚膏之苦；語文清朗，入門可無迂曲之稽。

《左傳》一書，敘事詳贍，為吾國古史之祖，學者無不手斯一編。本局特延通人擷其菁英，擇其事蹟之尤要者若干篇，詳加註釋，兼譯語文。初學獲此，庶自修有由，不必盡賴教師之講授也。

◎秦同培，字于卿。江蘇無錫錫山人。光緒二十二年（1896）諸生。任錫金公立師範學堂暨東林兩等小學堂教習、無錫縣立乙種實業學校暨女子師範校長，後任商務印書館、中華書局編輯。不尚浮華，以庸言庸行為歸，徒以家境清貧，內心勞苦，中道致疾卒。著有《左傳精華》《撰聯指南》《新國文教授法》《新修身教授法》《言文對照初級中學國文讀本》《高級國文讀本》《白話史記讀本》《史記評註讀本》《漢書評註讀本》《精校四史菁華錄》《國語精華》《國策精華》《兩漢書精華》《學校園》《天然生活法》《精神衛生論》《評註列子讀本》，編有《新體學生大字典》《共和國教科書教授法・高小部分》等書。

秦同培 左傳評註讀本 二冊 存

世界書局 1924 年排印言文對照廣註國學文庫〔註45〕本

◎一名《言文對照左傳評註讀本》。

◎目錄：

上冊：鄭伯克段於鄢（隱元年）。周鄭交質（隱三年）。宋穆公屬殤公（隱三年）。連稱管至父之亂（莊八年）。曹劌論戰（莊十年）。陳公子完奔齊（莊二十二年）。驪姬謀立奚齊（莊二十八年）。晉作二軍（閔元年）。晉侯使太子申生伐東山（閔三年）。虞師晉師滅下陽（僖二年）。齊侯侵蔡伐楚（僖四年）。晉侯殺太子申生（僖四年）。士蒍築城不慎（僖五年）。宮之奇諫虞公（僖五年）。葵丘之會（僖九年）。晉里克殺其君之子奚齊（僖九年）。秦伯納晉惠公（僖九年）。晉侯改葬共太子（僖十年）。晉薦饑（僖十三年）。秦乞糴於晉（僖十四年）。晉秦韓之戰（僖十五年）。晉陰飴甥會秦伯（僖十五年）。楚人伐宋以救鄭（僖二十二年）。晉公子重耳之亡（僖二十三年）。秦伯納晉重耳（僖二十四年）。寺人披見文公（僖二十四年）。晉侯賞從亡者（僖二十四年）。晉侯朝王請隧（僖二十五年）。晉楚城濮之戰（僖二十八年）。燭之武見秦君（僖三十年）。秦三帥襲鄭（僖三十

〔註45〕子目：言文對照廣註孟子讀本、言文對照左傳評註讀本、言文對照國語評註讀本、言文對照國策評註讀本、言文對照史記評註讀本、言文對照漢書評註讀本。

二年）。秦人入滑（僖三十三年）。晉敗秦師於殽（僖三十三年）。晉侯敗狄於箕（僖三十三年）。秦復使孟明為政（文元年）。秦伯伐晉（文三年）。寧嬴去陽處父（文五年）。魯敗狄於鹹（文十一年）。河曲之役（文十二年）。士會歸晉（文十三年）。邾文公遷繹（文十三年）。鄭子家抗晉（文十七年）。季文子出莒太子僕（文十八年）。鄭敗宋師（宣二年）。晉靈公不君（宣二年）。楚子問鼎（宣三年）。鄭子家弒靈公（宣四年）。楚鬬樾椒之亂（宣四年）。楚子圍鄭（宣十二年）。晉楚邲之戰（宣十二年）。晉士貞子諫殺荀林父（宣十二年）。楚子伐蕭（宣十二年）。楚子圍宋（宣十四年）。晉解揚將命（宣十五年）。晉郤克徵會於齊（宣十七年）。衛齊新築之戰（成二年）。齊晉鞌之戰（成二年）。申公巫臣取夏姬（成二年）。楚歸晉知罃（成三年）。晉歸楚鍾儀（成九年）。晉侯夢大厲（成十年）。呂相絕秦（成十三年）。晉楚鄢陵之役（成十六年）。晉魏絳戮揚干僕（襄三年）。晉魏絳和戎（襄四年）。

　　下冊：鄭人從楚（襄八年）。晉伐偪陽（襄十年）。報櫟之役（襄十四年）。衛侯出奔（襄十四年）。鄭請餘盜於宋（襄十五年）。宋子罕辭玉（襄十五年）。晉入齊平陰之戰（襄十八年）。魯臧武仲答詰盜（襄二十一年）。晉逐欒盈（襄二十一年）。子產答晉徵朝（襄二十二年）。楚殺令尹子南（襄二十二年）。晉欒盈之亂（襄二十三年）。晉侯襲莒（襄二十三年）。魯穆叔如晉（襄二十四年）。子產勸晉范宣子輕幣（襄二十四年）。晉張骼輔躒致楚師（襄二十四年）。齊崔杼弒君（襄二十五年）。子產獻捷于晉（襄二十五年）。楚子侵鄭（襄二十六年）。宋公殺其世子痤（襄二十六年）。宋向戌弭兵（襄二十七年）。齊慶封攻崔杼（襄二十七年）。吳季札觀樂（襄二十九年）。晉絳人語年（襄三十年）。鄭子皮授子產政（襄三十年）。子產壞晉館垣（襄三十一年）。子產不毀鄉校（襄三十一年）。子皮使尹何為邑（襄三十一年）。鄭放游楚於吳（昭元年）。齊晏嬰請繼室於晉（昭三年）。魯叔孫豹之卒（昭四年）。楚報吳棘櫟麻之役（昭五年）。子產聘晉（昭七年）。鄭伯有為厲（昭七年）。魯孟僖子補過（昭七年）。石言於晉（昭八年）。楚子狩於州來（昭十二年）。晉韓宣子求環（昭十六年）。宋衛陳鄭災（昭十七十八年）。楚費無極譖殺伍奢（昭二十年）。齊晏子論和（昭二十年）。子產論為政（昭二十年）。吳人伐州來（昭二十三年）。吳公子光弒其君僚（昭二十七年）。楚費無極譖殺郤宛（昭二十七年）。楚子常殺費無極（昭二十七年）。晉殺祁盈（昭二十八年）。晉魏舒舉賈辛（昭二十八年）。晉閻沒、汝寬諫魏舒受賂（昭二十八年）。吳滅徐（昭三十年）。吳敗楚柏舉（定四年）。申包胥救楚（定五年）。楚子入郢（定五年）。魯齊夾谷之

會（定十年）。晉殺董安于（定十四年）。吳伐越（定十四年）。衛侯召宋朝（定十四年）。伍員諫許越成（哀元年）。吳侵陳（哀元年）。楚子西論吳不足患（昭元年）。晉敗鄭師（哀二年）。齊魯清之戰（哀十一年）。子胥諫毋遺越患（哀十一年）。吳晉黃池之會（哀十三年）。哀公誄孔子（哀十六年）。楚白公之難（哀十六年）。衛侯夢於北宮（哀十七年）。晉趙孟存問吳王（哀二十年）。

◎編輯大意：

一、《左傳》一書，為千古純粹史籍之祖，亦即文學中之第一書，於人事、天道之消息，闡之綦詳，不特學子必讀，即操政治、社會生活者，亦在所必究。顧其書因經作傳，編著以年代為準，零星瑣記，未必皆學人應讀之篇。茲為便利學子，究心文字計，特擷取菁英，擇其事蹟之尤要者若干篇，詳加評語註釋，謂之《左傳評註讀本》。

一、每事之始末，有非通觀前後，不能洞悉。本編遇此等重要之事，則為之略摘原因，一路蟬聯而下。或非一時之事，則亦前後互見，使學者因端竟委，有條理可尋。惟無關大局之事亦所不計。

一、《左傳》所載，多可與《國語》互相參證。凡《國語讀本》中所錄者，本書亦多採錄，學者取而對照讀之，於事實既可益明，於文字互有詳略之處，亦可增益作文無數法門。蓋《國語》一書，相傳亦左氏所作，惟此則傳經，彼則摘取各國熟傳之語。目的既異，文字自亦因而不同耳。

一、昌黎有言：「《春秋》謹嚴，《左氏》浮誇」，大抵左氏作傳，往往先於其未發設為種種伏筆，以彰先見之明，用是或敘人言或詳卜兆，或原心迹或寫容止，而其後卒應之如符節，信有所謂浮而誇者。然究其用意，無非取以垂鑒戒，令人謹於始而善於終耳。此等處或迹涉迷信，是在善讀者毋以辭害旨為要。

一、左氏用筆，穿插變化，舉重若輕，非深加體會，決無由窺其奧窔。是書每篇之後，特就其行文表示一得之見，列為評語一項。雖蠡測管窺，難言全豹，然亦容足為老馬之導云。

一、行文使典隸事，引氣屬辭，一時有一時之風尚，一人有一人之結習，既不必強今人同於古人，亦何可強古人同於今人。本書遇古質之辭句、前代之名物，特擇要註釋，惟易於領悟及詳譯俗文中者，均畧而不註。

一、古書難讀，各國一例，而吾國為尤甚。《左傳》視其他經書雖已平易近人，而究非近古文字可同日而語。爰於每篇之後，按句譯俗，學者得此，庶自修有由，不必盡賴教師之講解也。

秦沅 春秋綱 佚

◎《學春秋隨筆》所附鄭梁《跛翁傳》：應嗣寅，武林老儒，宿負經學，遇翁談經，則頤解心折。吳志伊記問博洽，見其《禮經》著述，當意不當意輒手抄以去。秦湘侯作《春秋綱》、宋子猶作《春秋書法辨》，翁遺書詰難，往復數四，必伸其說而後已。

◎王鎬等修、華希閔等纂乾隆《無錫縣志》卷三十九《著述》：《春秋綱》（秦沅）。

◎《學春秋隨筆》所附萬經《先考充宗府君行狀》：居杭來，四方名流多以經學相質，如無錫秦湘侯先生（沅）之《春秋綱》、太倉宋子猶先生（龍）之《春秋書法辨》、長洲金穀似孝廉（居敬）之《古曆辨》、常熟顧景范先生（祖禹）之《地名考》，皆遺書詰難，往復數四，諸先生未嘗不頼首心折。仁和吳志伊先生（任臣）家居時亦以教授為業，每出館，必叩先君，索所纂述，輒手錄之去。應嗣寅先生（撝謙）高風苦節，少所許可，與先君論經學辨難最多，雖不盡同，然實為先生所嚴憚焉。

◎秦沅，字湘侯。江蘇無錫人。與同縣長發、寧都魏禧善。著有《春秋綱》。民國時期嘉定有秦沅，為日本物理學校畢業生，與人合著有《民國新教科書：幾何學》《民國新教科書：代數學》，與此秦沅非同一人。

秦之柄 春秋說略 佚

◎甘鵬雲等《湖北文徵》卷八：著有《延曜堂詩文集》《春秋說略》《遂農雜記》，修乾隆《壺關縣志》。

◎秦之柄，字謙伯，號漢陸。湖北漢川人。乾隆二十二年（1757）進士。官壺關知縣。著有《春秋說略》《遂農雜記》《延曜堂詩文集》，與修乾隆《壺關縣志》。

邱兟 春秋大事貫 佚

◎孫雲錦光緒《淮安府志》卷三十八《藝文》：邱兟《春秋大事貫》、《悟石齋詩鈔》（一卷）。

◎邱兟，字陳長，號峴亭。淮安府山陽縣（今江蘇淮安市楚州區）人。著有《春秋大事貫》、《悟石齋詩鈔》一卷。

邱渭璜 春秋釋義 存

山東藏 1931 年永聚興石印館石印本

◎邱渭璜（1862～），四川梁平縣禮讓鎮順泰寨人。師從肖石渠、戴賓周。嘗就讀北平工業大學。任北洋政府候補國會議員、任梁山教育會長、梁山中學堂教習、梁山中學堂校長，後辭職回鄉。著有《碩松堂讀易記》十六卷首一卷、《易經集注》十六卷、《春秋釋義》、《尚書古文斷案》、《詩序釋疑》、《兩漢傳經錄》、《瀛海要務類編》、《地球繞日說》、《中西萬物一元說》等。

邱仰文 春秋集義 佚

◎陸燿《切問齋集》卷十一《保安縣知縣邱君墓誌銘》：其卒之年，以著《春秋集義》成，命史抄錄，日夜讐校不少休。

◎孫葆田《山東通志》卷百二十七《藝文志》第十：是書《濟寧志》云未成，考陸燿撰《墓誌》云：「其卒之年，以著《春秋集義》成，命史抄錄，日夜讐校不少休。一日晨興理丹鉛，方進甌茗，整衣而逝。」據《誌》所言，蓋校讎未畢耳，非書未成也。

◎邱仰文（1696～1777），字襄周，自號省齋。山東濟寧人，滋陽（今兗州）籍。雍正十一年（1733）進士。授四川定遠知縣，調知南充。丁父艱服闋，補知陝西保安縣。未幾以疾去。曾與劉紹攽書劄往來論易。著有《碩松堂讀易記》十六卷首一卷、《易義別記》四卷原始一卷、《春秋集義》、《省齋古文自存草》、《楚詞韻解》八卷等。

邱玉潔 左傳精舍錄 五卷 存

復旦藏乾隆刻本

◎漢邱堂舊訂。邱玉潔續訂。

邱鐘仁 春秋遵經集說 二十六卷 佚

◎提要：其《凡例》稱是編本述孟子、朱子說經之義，故冠二子之說於簡端。其《集說》則兼取諸家，然其書瑕瑜互見。如「春王正月」之說，自張以寧以後辨析已無疑義，乃仍以夏時謬論反覆支離。又如「荊敗蔡師於莘，以蔡侯獻舞歸」，乃以為志楚之強，所以旌將來齊桓之功。凡此之類，多不足據。其他如「叔孫得臣卒」一條，以不日為闕文，而以胡安國之從《公羊》為非。

「許世子止」一條，用歐陽修之說，而證以蔡景公之書葬。凡此之類亦間有可取。然統核全書，瑜究不掩其瑕也。

◎《皇朝文獻通考》卷二百十五《經籍考》五：《例畧》曰：是編本述孟子、朱子說經之義，故冠二子之說於簡端。其《集說》則兼取諸家。

◎秦瀛《己未詞科錄》卷四：著有《春秋遵經集說》十六卷。

◎沈藻采《元和唯亭志》卷十九《藝文》：邱鐘仁：《孝經通解》《春秋遵經集說》《辨道錄》《勘菴文稿》。

◎趙爾巽《清史稿》卷一百四十五志一百二十《藝文》一：《春秋遵經集說》二十八卷，邱鐘仁撰。

◎邱鐘仁，字顯若，號近夫。元和（今江蘇蘇州）人，寄籍昆山。幼育於朱，既長復姓。康熙十七年（1678）膺薦博學鴻詞，授內閣中書，以年老放歸。卒年六十。著有《春秋遵經集說》二十六卷、《孝經通解》、《辨道錄》、《勘菴文稿》。

屈作梅 春秋經傳類聯補註 佚

◎光緒《平湖縣志》卷二十三《經籍》：《春秋經傳類聯補註》（屈作梅。蘭紉堂刊本，存。本梁溪王繩曾《經傳類聯》而補註其下。嘉慶壬戌鐫）。

◎丁日昌《持靜齋書目》卷三子部十一類書類：《春秋經傳類聯》三十三卷（刊本），國朝王繩曾撰，屈作梅補註（入《存目》）。

◎屈作梅，字羮和，別署嵋雪。平湖（今浙江平湖）人。乾隆十年（1745）諸生。書齋名紉蘭堂。著有《春秋經傳類聯補注》。

瞿樹蔭 春秋列國地名考略 一卷 存

清克己復禮齋刻本

◎瞿樹蔭，字槐庭（懷亭）。武進（今江蘇常州）人。優貢。同治七年（1868）任四川屏山知縣，九年（1870）調署合江。後罷歸，以授徒鬻字自給。著有《春秋列國地名考略》一卷、《梅鶴詩移》，嘗增修同治《合江縣志》五十四卷首一卷。

瞿世壽 春秋管見 四卷 卷首一卷 存

國圖、清華藏康熙三十一年（1692）刻本（附春秋年譜一卷）

美國芝加哥大學藏乾隆香綠居刻本

臺灣藏陳鍾英抄本（八卷）

◎春秋管見序：六經開萬古之蒙，歷久而疑積焉。《易》疑先天後天之圖，判羲文也；《書》疑古文，反平易于今文也；《詩》疑宗序已久，忽更于朱子也；《禮》疑漢儒雜撰，鄭王兩家之短長也；《春秋》疑四傳糾紛，若獨究遺經，有似乎斷爛朝報也。綜而考之，《春秋》之可以為尤甚。左氏論斷未必合經意，但經若無《左》，後世何從而求之？論功為多，《公》《穀》穿穴經文，有似未全諳其事而自空生義者。史遷聞之董生：《春秋》貶天子、退諸侯、討大夫，文成數萬其旨數千。董子蓋為《公羊》之學者，故於謂一為元、正次王、王次春一字不肯放過。竊謂說《春秋》家病于尊聖人過甚，視聖人著作太高妙，而求索其義太煩密，不知聖人亦人耳，聖人在當日亦侯國下大夫耳，有德無位，不敢作禮樂，又敢于犯天下之大不韙，而自謂見諸行事之深切著明哉？其中如王崩不書、滕侯降子、被弒稱卒之類，苟非憑乎赴告，其故難通。桓公十八年中，正月稱王者五，蓋非如郭公夏五之闕文，強解終屬不安。然若以為外事全憑赴告、內事正仍舊史，則夫人能為《春秋》，何必孔子？孔子何以云「其義則竊取之」「知我罪我唯《春秋》」也？孟子何以云「《詩》亡然後《春秋》作」「《春秋》成而亂臣賊子懼」也？此可知其必不然矣。要之，聖人之書，易簡而理得，博大而昌明，必無一切深文碎義令人如猜謎射覆僥倖于一中，亦無所謂發凡起例一定而可按者。開端「春王正月」著一王字，顯然周正，改月改時稱天王，以別於吳楚僭王；河陽用自狩為文以存大體；稅畝曰初、田賦曰用、朝廟曰猶三望亦曰猶，此等大端，畧一標揭，大義凜然。其餘或據事直書，或兩事連及，善惡自見；或無關于義而事迹宜存，非必一一襃之貶之也，其旨動有數千也。聖人無意于脩辭而辭自工，五石六鶂，先數後數，置句之常，易之即文不從字不順，《公》《穀》乃橫生意見，此吾謂過尊聖人、視其著作太高妙也。近代烏程嚴氏開正，寂能貫穿事實以求經義，一埽支離膠葛之說。今又得吾邑瞿氏脩齡修補嘉禾阮不巖藁本為《春秋管見》，二書互有詳畧，歸趣頗同。合而觀之，向來疑義，十可八九釋矣。嚴書經錢牧齋、何義門論定，世多有之，茲集尚湮晦于塵蠹間，其後人將謀開雕，屬為之序。見復陳祖范譔。

◎自敘：余幼失學，寡昧無聞。弱冠後棄舉子業，思究經義。遭家多難，又乏師承，廿載望洋，茫然無據。年四十二薄遊閩南，喜得《春秋三傳》善本。厥後自閩而燕，自燕而豫而魯，搜羅請乞，又得漢唐宋諸儒經解數十種。早夜尋繹，印證經文，砂際淘金，木嵩鑽燧，謬因一得，著為《春秋管見》四卷，

七年之間，稿凡三易。竊謂宮墻數仞，幸得其門，五十遊秦，旅寓藍田官舍。藍為嘉禾阮不巖先生舊治，先生歿後（甲子十月先生卒於官），遺編散失，舍中覆瓿墁壁之物皆其畢生精血所稱成，雖痛惜之而無可如何也。忽檢廢簏，得書數本，係先生批校《春秋》五傳，丹黃塗乙，手澤猶新。次其卷帙，止闕昭公二十一年至三十二年一本。亟取而補綴殘蠧，整頓裝潢，詳其意義，迥別塵詮。始悟聖經本極廣大，諸儒以狹小窺之；本極通達，諸儒以固必泥之；本極平常，諸儒以穿鑿釋之。故詮解愈多，經義愈晦，更嘆余數年心力揔為窠臼所拘，間出新硎，亦未暢豁，千秋論定，尚不堪與諸儒同鵠射侯，欲上窺聖人之奧，其可得乎！因取舊本之合於經者疏通證明之，局於例者芟蘩蘊崇之，四閱春冬，稿又二易。雖爝火螢光，稍堪流照，然非先生導其先路，萬難遵彼周行。後海先河，淵源有自，聊為敘述，以志不諼。時康熙三十一年歲次壬申仲春二月生魄後四日也。

◎凡例：

一、不書即位，是不行即位之禮。

一、周王改時，故子月書春，不是以夏時冠周月。

一、會盟是行會禮，而盟、及盟是不行會禮。而盟不可拘內外為主之例。

一、王之稱天與否，史有詳略，夫子因之，不於此著襃貶。

一、侵伐二字皆當時行師之名，義之是非不繫乎此。

一、日食不書日朔，曆官失之。

一、諸侯之卒不卒，皆因赴不赴；葬不葬（吳楚之外），皆因會不會。或名或不名，或日或不日，詳略皆仍舊史。

一、討賊之義不在去族與否。

一、書爵為襃書人為貶之例，多不合經，不可拘泥。

一、凡書城築，不是懲勤民，即是譏不時。

一、母弟稱弟、母兄稱兄，當從《公羊》。

一、賜族不是命為世大夫。

一、凡書某敗某師，大約主內與中國而言，左氏未陳、胡氏詐戰之例，不可為訓。

一、滕杞降班，是不堪貢賦。

一、書至與否，義因告廟不告廟，餘皆臆說。

一、書郊禘、大雩、大閱，總是譏僭。

一、諸侯反國書歸，諸侯納之也，不必是出入無惡。曰入、曰復入、曰復歸，亦不可拘有惡無惡之例。

一、某及某戰，歷官經意，皆不出趙子「以主及客」「以華及彝」二義。

一、經文有求其義而不可得者，闕疑為是，不可隨諸儒臆斷。

一、諸侯為臣所逐，經皆以自奔為文，存君體也。

一、楚之稱荊，猶小邾稱郳，其舊號也。州舉之說，不可為信。

一、凡書同盟，是重其事盛其禮，以尊周為名，同謀外楚。

一、次而救、救而次，書法不同，聖意迥別，不是槩加譏貶。

一、君殺太子曰世子，眾殺太子曰公子，無義例分別。

一、傳言晉事多有與經差兩月者，晉用夏正，傳從之也。

一、大夫見殺，不論功罪，經皆以國殺為文，惡專殺也（周制諸侯不得專殺大夫），三傳之說俱不合經。

一、凡會盟或再舉地，會盟異月也；或日在盟上，會盟異日也，無義例褒貶。

一、經執諸侯或名或不名，不繫褒貶。或書歸于京師，或書歸之于京師，更無異義。

一、襄王居鄭書出，敬王居翟泉不書出，侯國與畿內不同也。

一、內書涖盟，外書來盟，皆前定之盟。

一、會又書會、及又書及，皆主所會之國、所及之人而言，不可經外索解。

一、滅國而以其君歸，經皆書爵，紀事實也。

一、君弒書卒或書弒而無主名，皆從赴。

一、經文絕筆獲麟，不是感麟而作，亦不是書成麟見，諸儒臆說槩削不取。

一、姓名地名，經文有不同者，皆從《左氏》正之。

一、字犯皇上御名、皇太子睿名，及諸應避諱者，權用別字代之。

◎劉聲木《萇楚齋隨筆．五筆》卷一《論縣望及撰述宗旨》：若常熟瞿修齡□□世壽，撰《春秋管見》四卷、《世系》一卷、《年譜》一卷，康熙三十一年仲春，香綠居自刊圈點本自署郡望亦曰虞山。予已錄入《寶鑒樓架上書目》及《再續補匯刻書目》中。

◎瞿世壽，字修齡，又字玉璜，號江湖散人。虞山（今江蘇常熟）人。著有《春秋管見》四卷、《春秋年譜》一卷、《春秋世系》一卷。

瞿世壽 春秋年譜 一卷 存

哈佛藏寫香綠居紅格稿紙本

國圖、清華藏康熙三十一年（1692）春秋管見附刻本

◎前列周、魯、蔡、衛、晉、曹、滕、宋、齊、鄭、吳、陳、杞、秦、楚、莒、許、邾、越世系圖。

◎劉聲木《萇楚齋隨筆・五筆》卷一《論縣望及撰述宗旨》：若常熟瞿修齡□□世壽，撰《春秋管見》四卷、《世系》一卷、《年譜》一卷，康熙三十一年仲春，香綠居自刊圈點本自署郡望亦曰虞山。予已錄入《寶鑒樓架上書目》及《再續補匯刻書目》中。

瞿世壽 春秋世系 一卷 存

國圖藏康熙三十一年（1692）刻本（附春秋年譜一卷）

◎劉聲木《萇楚齋隨筆・五筆》卷一《論縣望及撰述宗旨》：若常熟瞿修齡□□世壽，撰《春秋管見》四卷、《世系》一卷、《年譜》一卷，康熙三十一年仲春，香綠居自刊圈點本自署郡望亦曰虞山。予已錄入《寶鑒樓架上書目》及《再續補匯刻書目》中。

瞿志濬 春秋條辨 佚

◎孫雲錦光緒《淮安府志》卷三十八《藝文》：瞿志濬《晬盤錄》《綱目補義》《春秋條辨》。

◎瞿志濬，淮安府人。著有《春秋條辨》《綱目補義》《晬盤錄》。

全祖望抄 春秋魯十二公年譜 不分卷 存

國圖藏清抄本

◎宋佚名原撰。

◎全祖望抄記：《春秋魯十二公年譜》，不知何人所纂，予于《永樂大典》中鈔得之。大畧以杜當陽《長曆》與南宋程氏公說所用《大衍曆》法推定《春秋》甲子為主。兩家之說不同，今彙為一冊，得以參攷而見其得失，有功于經學之書也。予讀二十一史，有于曆志中作月朔攷者，況《春秋》之甲子耶？！鈔成，寄一本于江都馬四徵士曰璐，因為之志其首。乾隆丙辰陽月，鮚埼亭長祖全祖望。

R

冉覲祖 春秋詳說 五十六卷 存

國圖、北大、上海、復旦、山東、河南、江西、洛陽藏光緒七年（1881）大梁書局刻五經詳說本

◎目錄〔註1〕：卷一左傳序、公羊傳序、公羊疏問答、穀梁傳序、程傳序、胡傳序、春秋綱領。卷二隱公（元年）、卷三隱公（二年至三年）、卷四隱公（四年至七年）、卷五隱公（八年至十一年）。卷六桓公（元年至二年）、卷七桓公（三年至六年）、卷八桓公（七年至十三年）、卷九桓公（十四年至十八年）。卷十莊公（元年至四年）、卷十一莊公（五年至九年）、卷十二莊公（十年至十四年）、卷十三莊公（十五年至二十二年）、卷十四莊公（二十三年至二十七年）、卷十五莊公（二十八年至三十二年）。卷十六閔公（元年至二年）。卷十七僖公（元年至三年）、卷十八僖公（四年至七年）、卷十九僖公（八年至十二年）、卷二十僖公（十三年至十八年）、卷二十一僖公（十九年至二十三年）、卷二十二僖公（二十四年至二十七年）、卷二十三僖公（二十八年至二十九年）、卷二十四僖公（三十年至三十三年）。卷二十五文公（元年至四年）、卷二十六文公（五年至八年）、卷二十七文公（九年至十四年）、卷二十八文公（十五年至十八年）。卷二十九宣公（元年至四年）、卷三十宣公（五年至九年）、卷三十一宣公（十年至十二年）、卷三十二宣公（十三年至十八年）。卷三十三成公（元年至三年）、卷三十四成公（四年至九年）、卷三十五成公（十年至十五年）、卷三十六成公（十六年至十八年）。卷三十七襄

〔註1〕 卷前題：兵部尚書都察院右都御史湖廣總督前河南巡撫六安塗宗瀛、頭品頂戴兵部尚書都察院右都御史河南巡撫義州李鶴年審定。

公（元年至六年）、卷三十八襄公（七年至十年）、卷三十九襄公（十一年至十五年）、卷四十襄公（十六年至二十一年）、卷四十一襄公（二十二年至二十五年）、卷四十二襄公（二十六年至二十八年）、卷四十三襄公（二十九年至三十一年）。卷四十四昭公（元年至三年）、卷四十五昭公（四年至七年）、卷四十六昭公（八年至十一年）、卷四十七昭公（十二年至十四年）、卷四十八昭公（十五年至二十年）、卷四十九昭公（二十一年至二十四年）、卷五十昭公（二十五年至二十六年）、卷五十一昭公（二十七年至三十二年）。卷五十二定公（元年至五年）、卷五十三定公（六年至十一年）、卷五十四定公（十二年至十五年）。卷五十五哀公（元年至七年）、卷五十六哀公（八年至十四年）。

◎春秋詳說序：《春秋》，魯史也，孔子從而筆削之，遂以為經，蓋史中之經也。刪定贊修，聖人制作不一，而《春秋》編年紀事，自隱迄哀，十二公二百四十二年間，上而王朝下而列國，善惡備舉法戒昭然，又經中之史也。然其要歸，期於明百王之大法，惇庸命討，一本諸天而不繫於私，以正人心，以扶世教，當與典謨同功、風雅等重，宜後世尊為聖經，而不敢以史冊目之也。豈獨尊聖筆為經，《左》《公》《穀》三傳亦列十三經中，緣經及傳並謂之經，尊之亦云至矣。《左氏》敘述華贍而析義未精，蓋習史者為之；《公》《穀》辭理明辨而考事多疏，蓋治經者為之。朱子云：「《左氏》史學，《公》《穀》經學」，乃篤論也。漢崇經術，故《公》《穀》行於世。晉以後專尚文章，故《左傳》獨顯焉。雖其互有得失迭為盛衰，而三子去聖未遠，淵源有自，取以羽翼聖經，廢一不可也。王荊公性拗學偏，以意取舍，昧於筆削之大義，視為紀載之常言，至謂之斷爛朝報，不立學官。嗚呼，何其敢於蔑經而悖聖也！其所設施，顛倒迷謬，悍然無所顧及，其後瓦裂而不可收拾，人或惜之，余謂由於不講《春秋》之義，無以為處世之權衡，故至此也。程子初命劉質夫作傳，已而自為之，未半復輟。胡文定本程子之傳而集厥成，其考鏡源流既典既核，摘發幽隱亦嚴亦正，大率主「《春秋》天子之事」一語為骨，以褒貶寓賞罰明王法誅亂賊，反覆不離此旨。雖未嘗一一授意孔子，而知我罪我聖人之心事庶幾有合。軼三傳而上之，錄其長棄其短，煌煌乎不朽之大業也。朱子於《胡傳》雖不盡滿意，而究之以為可從。觀其言曰：「文定乃是以義理穿鑿，故可觀」，又曰：「胡《春秋》大義正」，又曰：「某平生不敢說《春秋》，只將胡文定說扶持說去」，又曰：「且存胡氏本子與後世看，縱未盡得之，然不中不遠矣」，據此則後世治《春秋》宗《胡傳》，原非無因。而朱子所以不自為傳者，以文定之書在前，深求

之則恐失鑿，淺言之則較舊說無意味也。明永樂時纂《五經大全》，其中《春秋》稱善。以《胡傳》為宗大書之，而細書三傳、《程傳》於前，附諸儒之說於後，亦甚完備。余意三傳向已稱經，宜大書；後略采杜、何、范、孔、徐、楊氏之注疏，細書附之；《程傳》為文定所宗，宜大書三傳後；次大書《胡傳》，以諸儒發明《胡傳》者細書附之；而鄙見有闡明舊說之未暢及駁正舊說之可議者，又附逐節之末，從其繁不從其簡，謂之詳說，以眾而得詳，非己獨見所能詳也。或疑文定所嚴責者余或從恕，似有崇伯功之嫌。此蓋有說：《春秋》既為天子之事，自當挈尊周室為綱領，齊晉二伯衛王室者也，楚僭稱王，叛王室者也，於齊晉勝則喜之敗則憂之，楚勝則憂之敗則喜之，齊晉之與國則以為可嘉，楚之與國則以為可鄙，此當日事勢之所固然，而後世讀《春秋》者情所必至也。若概以伯功之假而抑之，則是周室可不尊、楚可不攘，諸姬蠶食殆盡，八百之麻將中斬矣。揆諸孔子，許九合之仁、大一匡之功，則《春秋》非全抑伯功可知矣。文定所主者理也，予則揣情勢而為言，立說不求雷同，俟後有大儒為之論定爾。大抵衛周室者為是，叛周室者為非，而是者未必無過舉，非者亦或擅微長。其餘不在尊攘之例者，善惡之跡、理欲之界，亦各有是非焉。讀者奮研辨之力，收格致之益，是非既明，從違斯定，當大任，持國是，取辨於《春秋》，迎刃而解，即日用應酬常存《春秋》之義以決是非，而動履無苟，不至人欲橫流天理澌滅，則其於《春秋》為有得矣。孟子曰「《春秋》天子之事也」，邵子曰「《春秋》孔子之刑書也」，朱子曰「《春秋》經世之大法也」，余謂自學者言則《春秋》乃身心之藥石、學問之嚴師也。學者佩服聖訓，時時取以自考，余說之詳，不無少裨。《經解》云「屬辭比事而不亂，則深於《春秋》者也」，余未深於《春秋》，說愈詳而滋亂，殆所不免，能無對聖經而惕然乎！

◎提要（題無卷數）：是書大旨，事蹟多取《左傳》而論斷則多主《胡傳》，間有與《胡傳》異同者。如《胡傳》以惠公欲立桓為邪心，隱公探其邪心而成之。觀祖則謂「父之令可行於子，子之孝不當拒乎父，依泰伯、伯夷之事觀之，不可以為逆探其邪心。使桓不弒而隱終讓，可不謂之賢君」，其論頗為平允。又如於孔父之死則駁杜、孔「從君於非」之說。於滕子來朝則從杜、孔「時王所黜」之說。亦時時自出己意。然徵引諸家頗傷蕪漫，又略於考證而詳於議論。如夏正、周正累牘連篇，卒不得一言之要領。而莊公元年王使榮叔來錫桓公命傳則又謂聖人筆削，寧為深求不可泛視。存此意以說《春秋》，宜失之穿鑿者多矣。

◎田佽《歷代儒學存真錄》卷十：所纂有五經四書《詳說》及詩文雜著約二十種。朝廷遇有纂修，或就其家採擇云（見《洛學編》）。

◎唐文治《唐文治性理學論著集・性理救世書》卷二《學派大同第二・李厚庵先生學派論》：若夫造就之宏，諸弟子若楊名時、陳鵬年、冉覲祖、蔡世遠，並以德望重於時。它如張昺、張瑗、惠士奇、秦道然、王蘭生、何焯、莊亨陽，類有清節，通經能文章。而惠士奇《易》學傳於惠棟，實出於先生。故論諸明公（東漢稱名位俱尊者曰明公，相對於明主而言）中善育才者，必以先生為首。

◎冉覲祖（1636～1718），字永光，號蟬庵。牟陽（今河南中牟）人。康熙三十年（1691）進士，改庶吉士。三十三年（1694）授翰林院檢討。潛心理學，曾主講於嵩陽書院，作《為學大指》、《天理主敬圖》以教學生。著有《河圖洛書同異考》一卷、《易經詳說》五十卷、《書經詳說》無卷數、《詩經詳說》無卷數、《禮記詳說》一百七十八卷、《春秋詳說》五十六卷、《四書玩注詳說》三十六卷、《孝經詳說》六卷、《陽明遺案》、《正蒙補訓》四卷、《為學大指》、《天理主敬圖》及詩文雜著二十餘種。

饒謙 列國左傳要詮 八卷 存

南京、福建師大、梅州、興寧一中藏乾隆四十三年（1778）枕松堂刻本

北大藏光緒二十二年（1896）刻本

◎釋敬安《八指頭陀詩集》卷三《贈饒十三》：故人獨我厚，相見每依依。嗜《左》近成癖，論詩真入微。雖云罹憂患，長下讀書帷。努力青雲器，休言與世違。

◎饒謙，福建光澤人。賜進士出身，文林郎，曾任湖南安化知縣。著有《列國左傳要詮》八卷。

饒叔光 春秋左氏述義 佚

◎甘鵬雲等《湖北文徵》卷十三：著有《春秋左氏述義》《讀通鑑雜記》等。

◎張之洞《張文襄公全集》卷五六《保薦經濟特科人才摺（并清單）》（光緒二十八年九月二十六日）：翰林院庶吉士饒叔光（湖北武昌縣人，戊戌進士，翰林院庶吉士），心地慈良，品詣端潔，熟精歷史，於歷朝國朝名臣奏議尤所究心，志在用世，洵為品學交修之士。

◎饒叔光，字竹笙。湖北武昌人。光緒二十四年（1898）進士。官至禮部員外郎。著有《春秋左氏述義》《讀通鑑雜記》等。

任尚德 春秋集傳 八卷 佚

◎民國《濟陽縣志》卷十七《藝文志》錄邑增生任去矜《貢士淳古府君墓誌》：著述如《周易義象本旨》二部前後共十卷、《詩經序解》四卷、《書經序解》四卷、《春秋集傳》八卷、《禮記補註》十卷、《四書辨疑》一卷、《楚辭正解》二卷、《唐詩讀本》二卷、《齊家要覽》一卷、《自訂書藝》二十首。

◎任尚德（1718～1785），字淳古，號墰村。山東濟陽人。乾隆四十三年（1778），年六十成歲貢。著有《周易義象本旨》十卷、《詩經序解》四卷、《書經序解》四卷、《禮記補註》十卷、《春秋集傳》八卷、《四書辨疑》一卷、《楚辭正解》二卷、《唐詩讀本》二卷、《齊家要覽》一卷、《自訂書藝》二十首。

任兆麟 春秋本義 十二卷 未見

◎任兆麟（約1781年前後在世），原名廷麟，字文田，號心齋（居士），江蘇震澤（今蘇州市吳江區）人。嘉慶元年（1796）舉孝廉方正。幼承家學，博聞敦行，工詩古文，為王鳴盛、錢大昕所重。著有《毛詩通說》三十卷序錄一卷略說一卷補遺一卷、《春秋本義》十二卷、《竹居集》十三卷、《述記》四卷、《心齋十種》（《夏小正補注》四卷、《石鼓文集釋》、《尸子》、《四民月令》、《襄陽耆舊記》三卷、《文章始》、《壽者傳》、《孟子時事略》一卷、《心齋詩樂譜》、《綱目通論》，末附《弦歌古樂譜》）、《簫譜》一卷、《吳中女士詩鈔》四卷（一名《吳中十子合集》），輯《歸藏》一卷、《周易乾鑿度》一卷。

任兆麟選輯 春秋繁露 一卷 存

述記本（乾隆刻、嘉慶刻）

◎漢董仲舒撰。

任自舉 胡傳質疑 佚

◎嘉慶《舒城縣志》卷二十一《文苑》：初，舉客盱眙修志，時郭令起元為刻《聽山堂時藝／古文》《卷勺集詩》凡十數卷行世。遺稿有《道器識餘》《離騷本意》《胡傳質疑》及詩文雜集，多至盈尺。貧不能梓，甘泉進士黃洙為序之，藏於家。

◎光緒《續修舒城縣志》卷四十八《藝文志·著述》:《胡傳質疑》(任自舉著)。

◎光緒《續修舒城縣志》卷三十六《藝文志·文苑》:初,自舉客盱眙,盱眙令郭起元延修邑志,為刻《聽山堂古文》《卷勺詩集》凡十餘卷行世。遺稿有《道器識餘》《離騷本意》《胡傳質疑》及詩文雜集,貧不能梓,甘泉進士黃洙為序之,藏於家(《通志·文苑》)。

◎光緒《續修廬州府志》卷四十四《儒林傳》:初,自舉客盱眙,修邑志,盱眙令郭起元為刻《聽山堂古文》《卷勺詩集》凡十數卷行世。遺稿尚有《道器識餘》《離騷本意》《胡傳質疑》及詩文雜集,多至盈尺。家貧不能梓,甘泉進士黃洙為序之,藏於家(《采訪冊》)。

◎任自舉,字鶴坡(一作學坡),號鰲築。安徽舒城人。歲貢生。少穎異,貧苦力學。袁枚等器之。數奇不偶。卒年六十七。著有《胡傳質疑》《聽山堂古文》《卷勺詩集》《道器識餘》《離騷本意》諸書。

茹敦和 讀春秋劄記 佚

◎道光《會稽縣志稿》卷十七《儒林》:乞歸,館於鏡湖別築,授徒講學,談經以為樂,遂益專精於易。出唐李鼎祚所採《子夏易傳》以下三十五家,迄宋溫公、橫渠、東坡、程子、邵子、朱子諸儒著述,皆參考而貫通之。年七十二卒。所著有《周易證籤》四卷、《易講會籤》一卷、《周易二閭記》二卷、《讀易日札》一卷、《周易小義》二卷、《周易象考》一卷《占考》一卷《辭考》一卷、《兩孚益記》一卷、《八卦方位守傳》一卷、《大衍守傳》一卷、《大衍一說》一卷、《尚書未定稿》二卷、《竹香齋古文》一卷、《越言釋》一卷、《讀春秋劄記》、《竹香齋文集／詩集／雜著》若干卷(胡高望《茹公傳略》)。

◎茹敦和(1720～1791),字三樵,號遜來。浙江會稽(今紹興市越城區)人。幼嗣婦翁李姓為子,占籍廣東。自幼愛學,精通五經。乾隆十九年(1754)進士,復茹姓。授知直隸河北南樂(今河南南樂)縣。調大名,治漳水劇患,民利賴之。內遷大理寺評事,尋出為湖北德安府同知,署宜昌知府,緣事降秩。乞歸,館於鏡湖別築,授徒講學,談經以為樂,遂益專精於易。卒祀直隸名宦祠。著有《周易證籤》四卷、《易講會籤》一卷、《周易二閭記》三卷、《讀易日札》一卷、《周易小義》二卷、《周易圖注》一卷、《周易象考》一卷《占考》一卷《辭考》一卷、《兩孚益記》一卷、《八卦方位守傳》一卷、《大衍守傳》

一卷、《大衍一說》一卷、《尚書未定稿》二卷、《讀春秋劄記》、《越言釋》一卷、《竹香齋古文》二卷、《竹香齋詩鈔》四卷、《和茶煙閣體物詞》一卷、《會稽茹氏遺書》（《茹三樵著書》）十四種。

阮桓 讀左纂解 不分卷 存

湖北藏稿本

阮應商 春秋彙傳析義 佚

◎孫雲錦光緒《淮安府志》卷三十八《藝文》：阮應商《春秋彙傳析義》。

◎陸燿《切問齋集》卷十《給諫阮公家傳》：所著有《春秋彙傳析義》如干卷藏於家。

◎阮應商（？～1718），字次賡，號越軒。山陽（今江蘇淮安淮陰區）人。康熙四十二年（1703）進士。授內閣中書，嘗主廣西鄉試，累官至吏科給事中。著有《春秋彙傳析義》。

阮元 春秋公羊傳注疏校勘記 二卷 存

十三經注疏本

◎阮元《春秋公羊傳注疏校勘記序》：漢武帝好《公羊》，治其學者，胡毋子都、董膠西為最著。膠西下帷講誦，著書十餘萬言，皆明經術之意，至於今傳焉。子都為景帝時博士，後年老歸教於齊，齊之言《春秋》者莫不宗事之。《公羊》之著竹帛自子都始，戴宏序稱「子夏傳與公羊高，高傳其子平，平傳其子地，地傳其子敢，敢傳其子壽，壽與弟子胡毋子都著於竹帛」是也。何休為膠西四傳弟子，本子都《條例》以作注，著《公羊墨守》《公羊文謚例》、《公羊傳條例》，尤邃於陰陽五行之學。多以讖緯釋傳，惟黜周王魯，傳無明文，晉王接以為乖硋大體，非過毀也〔註2〕。《公羊》傳文初不與經相連綴，《漢志》各自為卷。孔穎達《詩正義》云：「漢世為傳訓者，皆與經別行。」故蔡邕石經《公羊》殘碑無經，《解詁》亦但釋傳也。分經附傳，大氐漢後人為之，而唐開成始取而刻石。徐彥疏，《唐志》不載，《崇文總目》始著錄，亦無撰人名氏。宋董迺云：「世傳徐彥所作，其時代里居不可得而詳矣。」光祿寺卿王鳴

〔註2〕「多以讖緯釋傳，惟黜周王魯，傳無明文，晉王接以為乖硋大體，非過毀也」一本作「間以緯說釋傳疏，不詳其所據。《漢志》有《公羊外傳》五十篇，徵引或出此也」。

盛云即《北史》之徐遵明，不為無見也。蓋其文章似六朝人，不似唐人所為者。《郡齋讀書志》《書錄解題》並作三十卷，世所傳本乃止二十八卷，其參差之由亦無可考也。臣〔註3〕舊有校本，今更以何煌所校蜀大字本、宋鄂州官本及唐石經本、宋元以來各注疏本，屬武進監生臧庸臚其同異之字，臣〔註4〕為訂其是非，成《公羊注疏校勘記》十一卷、《釋文校勘記》一卷，後之為是學者，俾得有所考焉。臣阮元恭記〔註5〕。

◎引據各本目錄：

單經本：

唐石經春秋公羊十二卷（原刻如此，後改為十一卷。閔公第四下添注云「附莊公卷」，故僖公第五改卷四，文公第六改卷五，宣公第七改卷六，成公第八改卷七，襄公第九改卷八，昭公第十改卷九，定公第十一改卷十，哀公第十二改卷十一）。

經注本：

經典釋文公羊音義一卷。

注疏本：

惠棟校本春秋公羊傳注疏二十八卷（何煌字仲友云：「康熙丁酉，假同門李廣文秉成所買宋槧官本手校，再令張翼庭、倪穎仲各校一過。」惠棟云：「有曹通政寅所藏宋本《公羊》，合何氏所校宋槧官本、蜀大字本及元版注疏，並參以石經，用朱墨別異，癸酉冬月識。」按惠云朱墨別異者，今不能詳，大約鄂州官書經注本最為精美）。

監本附音春秋公羊注疏二十八卷（款式同《周禮注疏》。補刊修版至明正德止。首載景德二年中書門下牒一首，蓋此牒出北宋經注本也，閩本注疏亦首載此牒）。

閩本春秋公羊傳注疏二十八卷。

監本春秋公羊傳注疏二十八卷。

毛本春秋公羊傳注疏二十八卷。

浦鏜春秋公羊傳注疏正誤四卷。

◎阮元（1764～1849），字伯元，號芸臺、雷塘庵主，晚號怡性老人。江蘇儀徵人。乾隆五十四年（1789）進士，先後任禮部、兵部、戶部、工部侍郎，山東、浙江學政，浙江、江西、河南巡撫及漕運總督、湖廣總督、兩廣總督、雲貴總督等職。歷乾隆嘉道三朝，體仁閣大學士，太傅，謚文達。於經史、數

〔註3〕「臣」一本作「元」。

〔註4〕「臣」一本作「元」。

〔註5〕「臣阮元恭記」一本作「阮元記」。

學、天算、輿地、編纂、金石、校勘皆各有詣造，人尊為一代文宗、三朝閣老、九省疆臣。著有《十三經注疏校勘記》二百四十三卷、《三家詩補遺》、《考工記車制圖解》、《詩書古訓》六卷、《儀禮石經校勘記》、《曾子注釋》四卷、《春秋公羊傳注疏校勘記》二卷、《春秋穀梁傳校勘記》十二卷、《春秋穀梁傳釋文校勘記》一卷、《春秋穀梁傳注疏校勘記》二十卷、《春秋左傳釋文校勘記》六卷、《春秋左傳注疏校勘記》六十卷、《儒林傳稿》、《疇人傳》、《積古齋鐘鼎彝器疑識》十卷、《四庫未收書目提要》五卷、《選項印宛委別藏提要》、《石渠寶笈二編》、《石渠隨筆》、《定香亭筆談》、《小滄浪筆談》、《揅經室集》六集五十八卷、《山左金石志》、《兩浙金石志》。

阮元 春秋穀梁傳校勘記 十二卷 存

皇清經解本（道光刻、咸豐補刻、鴻寶齋石印、點石齋石印，十三經注疏校勘記）

光緒刻宋本十三經註疏併經典釋文校勘記本

◎一名《春秋穀梁傳注疏校勘記》。

◎王欣夫《蛾術軒篋存善本書錄‧甲辰稿》卷一：

《穀梁注疏校勘記》十二卷、《穀梁釋文校勘記》一卷（一冊），清儀徵阮元撰。嘉慶戊辰刊本。昭文王振聲手校。

阮氏此書屬之元和李尚之。引據各本，經注為宋余仁仲萬卷堂刊殘本，單疏為鈔宋殘本，注疏為元本及明南監本，皆據何小山手校。後宋本、單疏本、南監本皆入瞿氏鐵琴銅劍樓。文村為瞿氏定書目，因得遍取以覆勘《校勘記》，即此本是也。

宋本自宣公以下，雖殘存祇六卷，而其與閩、監、毛本同者，小山失校已六七十處，其全失校者，宣公十有二年經曰「其事敗也」，余本事敗作敗事，何失校。十有六年，注「宣榭，宣王之榭」，阮《記》、何校本下榭字作謝。今案下榭。余本亦作榭，十行本獨此字作謝，何校蓋即出此。《記》乃作榭，豈所見是修板耶？十有八年經「歸父還自晉」、「還者，事未畢也」，阮《記》：「石經、閩、監、毛本晉下衍『至檉遂奔齊』五字。案《釋文》：『至檉』在『捐殯之使』下，足證五字為衍文。」今案：石經不衍，余本同此。蓋脫一字耳。襄公六年經「非立異姓以莅祭祀」，阮《記》：「十行本非字空缺，閩、監、毛本無非字。石經、余本有。何煌云：非字疑衍。」今案：十行原板本不空，正作

非字。何校此無非字，疑衍句。十有一年注「凡萬有五千人」，阮《記》：「閩、監、毛本同。何校本凡下有七字，宋本同。」今案：余本、十行本皆無七字。不知宋本何指。何校但云凡下當有七字，不言宋本，疑「宋本同」三字是衍文。又注「京城北鄭地」，余本「地」誤「者」，何失校。又經「楚人執鄭行人良霄」，余本同，石經、毛本作霄。二十三年注「而后言次」，阮《記》：「閩、監、毛本同。何校本后作後。」今案：何校即余本原板，十行本，後不作后。二十有七年經「織絢邯鄲」有疏一段，何校但不言出何本，豈元本耶？昭公二年注「至河有疾乃復」，余本脫有疾二字。八年注「擇宮」，余本同，毛本作澤。十有三年注「以至身死國滅」，余本同，毛本誤致。蓋校書極繁瑣，不能無疏失。阮氏《十三經校勘記》集一時博學通儒為之，固為空前之作，然補苴罅漏，猶尚有待。故若此經柳賓叔以校毛本，亦補正若干條（見穀梁大義述）。至全書則汪文臺補之於前，江蘇書局繼之而未完。林晉霞有目無書。至文村《補正》一書，其目雖著《常熟藝文志》，而遺稿零落。余於一九三九年得此冊，越歲葉揆初先生出示《左傳》《公羊》兩種定稿，考訂精確，知此為其著書之樸。不知尚有他種存世否也。文村學行見《切韻校勘記書錄》。

阮元 春秋穀梁傳釋文校勘記 一卷 存

復旦藏嘉慶刻重刊宋本十三經註疏附校勘記本（清王振聲校，王欣夫跋）

皇清經解本（道光刻、咸豐補刻、鴻寶齋石印、點石齋石印，十三經注疏校勘記）

光緒刻宋本十三經註疏併經典釋文校勘記本

◎王欣夫《蛾術軒篋存善本書錄・甲辰稿》卷一：

《穀梁注疏校勘記》十二卷、《穀梁釋文校勘記》一卷（一冊），清儀徵阮元撰。嘉慶戊辰刊本。昭文王振聲手校。

阮氏此書屬之元和李尚之。引據各本，經注為宋余仁仲萬卷堂刊殘本，單疏為鈔宋殘本，注疏為元本及明南監本，皆據何小山手校。後宋本、單疏本、南監本皆入瞿氏鐵琴銅劍樓。文村為瞿氏定書目，因得遍取以覆勘《校勘記》，即此本是也。

宋本自宣公以下，雖殘存祇六卷，而其與閩、監、毛本同者，小山失校已六七十處，其全失校者，宣公十有二年經曰「其事敗也」，余本事敗作敗事，何失校。十有六年，注「宣榭，宣王之榭」，阮《記》、何校本下榭字作謝。今

案下樹。余本亦作樹，十行本獨此字作謝，何校蓋即出此。《記》乃作樹，豈所見是修板耶？十有八年經「歸父還自晉」、「還者，事未畢也」，阮《記》：「石經、閩、監、毛本晉下衍『至檉遂奔齊』五字。案《釋文》：『至檉』在『捐殯之使』下，足證五字為衍文。」今案：石經不衍，余本同此。蓋脫一字耳。襄公六年經「非立異姓以苣祭祀」，阮《記》：「十行本非字空缺，閩、監、毛本無非字。石經、余本有。何煌云：非字疑衍。」今案：十行原板本不空，正作非字。何校此無非字，疑衍句。十有一年注「凡萬有五千人」，阮《記》：「閩、監、毛本同。何校本凡下有七字，宋本同。」今案：余本、十行本皆無七字。不知宋本何指。何校但云凡下當有七字，不言宋本，疑「宋本同」三字是衍文。又注「京城北鄭地」，余本「地」誤「者」，何失校。又經「楚人執鄭行人良宵」，余本同，石經、毛本作霄。二十三年注「而后言次」，阮《記》：「閩、監、毛本同。何校本后作後。」今案：何校即余本原板，十行本，後不作后。二十有七年經「織絇邯鄲」有疏一段，何校但不言出何本，豈元本耶？昭公二年注「至河有疾乃復」，余本脫有疾二字。八年注「擇宮」，余本同，毛本作澤。十有三年注「以至身死國滅」，余本同，毛本誤致。蓋校書極繁瑣，不能無疏失。阮氏《十三經校勘記》集一時博學通儒為之，固為空前之作，然補苴罅漏，猶尚有待。故若此經柳賓叔以校毛本，亦補正若干條（見穀梁大義述）。至全書則汪文臺補之於前，江蘇書局繼之而未完。林晉霞有目無書。至文村《補正》一書，其目雖著《常熟藝文志》，而遺稿零落。余於一九三九年得此冊，越歲葉揆初先生出示《左傳》《公羊》兩種定稿，考訂精確，知此為其著書之樸。不知尚有他種存世否也。文村學行見《切韻校勘記書錄》。

阮元 春秋穀梁傳注疏校勘記 二十卷 存

重刊宋本十三經註疏附校勘記本（嘉慶刻、道光重修、同治重修、同治刻、光緒刻、光緒石印、民國石印）

◎盧宣旬摘錄。

阮元 春秋左傳釋文校勘記 六卷 存

皇清經解十三經注疏校勘記本（道光刻、咸豐補刻、鴻寶齋石印、點石齋石印）

◎嚴杰校字。

阮元 春秋左傳注疏校勘記 六十卷 存

遼寧藏嘉慶二十年（1815）南昌府學刻道光六年（1826）重修本

天津市和平區藏同治十年（1871）湖南省城尊經閣刻本

光緒十一年（1885）上海點石齋石印皇清經解・十三經注疏校勘記本

天津市南開區藏光緒三十年（1904）點石齋石印本

重刊宋本十三經註疏附校勘記本（嘉慶刻、道光重修、同治重修、同治刻、光緒刻、光緒石印、民國石印）

光緒刻宋本十三經註疏併經典釋文校勘記本（六卷）

◎一名《監本附釋音春秋左傳注疏校勘記》。

◎盧宣旬摘錄。

◎春秋左傳注疏挍勘記序〔註6〕：《春秋左氏傳》，漢初未審獻於何時。漢《藝文志》說孔壁事，祇云「得《古文尚書》及《禮記》《論語》《孝經》」，不言《左氏》經傳也。《景十三王傳》亦但云「得古文經傳」，所謂傳者，即《禮》之《記》及《論語》，亦未言有《左氏》也。《楚元王傳》、劉歆《讓太常博士》，亦以《逸禮》三十有九、《書》十六篇繫之。魯恭王所得孔安國所獻，而於《春秋左氏》所修二十餘通則但云「藏於秘府」，不言獻自何人。惟《說文解字序》分別言之曰：「魯恭王壞孔子宅，得《禮記》《尚書》《春秋》《論語》《孝經》」，又「北平侯張倉獻《春秋左氏傳》，然後《左氏經傳》所自出始大白於世。」顧許言恭王所得有《春秋》，豈孔壁中有《春秋》經文為孔子手定者與？北平侯所獻蓋必有經有傳，度其經必與孔壁經大同。然則《班志》所云「古經十二篇」者指恭王所得與，抑指北平所獻與？《左氏傳》之學，興於賈逵、服虔、董遇、穎容諸家，杜預因之分經比傳，為之《集解》。今諸家全書不可見，而流傳閒見者往往與杜本乖異。古有吳皇象所書本，宋臧榮緒、梁岑之敬所挍本，今皆不可得，蓋傳文異同可考者亦僅矣。唐人專宗杜注，惟《蜀石經》兼刻經傳、杜注文，而蜀石盡亡，世間搨本僅存數百字。後唐詔儒臣田敏等挍《九經》，鏤本於國子監，此亦經、傳、注兼刻者，而今多不存。至於孔穎達等依杜注為《正義》三十六卷，本自單行，宋淳化元年有刻本。至慶元間，吳興沈中賓分係諸經注本合刻之，其跋云：「踵給事中汪公之後，取國子監《春秋經傳集解正義》精挍，萃為一書。」蓋田敏等所鏤、淳化元年所頒，皆最為善本，而畢集於是，後此附以《釋文》之本，未有能及此者。元和陳樹華即以此本遍考諸

〔註6〕此序與段玉裁《經韻樓集》卷四《春秋左傳校勘記目錄序》大同小異。

書，凡與《左氏》經傳文有異同可參考者，撰成《春秋內傳考證》一書。《考證》所載之同異雖與《正義》本夐然不同，然亦間有可采者。臣更病今日各本之踳駁，思為諟正。錢塘監生嚴杰，熟於經疏，因授以舊日手校本，又慶元間所刻之本，並陳樹華《考證》及唐石經以下各本，及《釋文》各本，精詳捃摭，共為挍勘記四十二卷。雖班孟堅所謂多古字古言，許叔重所謂「述《春秋傳》用古文者，年代緜邈不可究悉」，亦庶幾網羅放佚，冀成注疏善本，用裨學者矣。臣阮元恭記。

阮元 監本附音春秋公羊注疏校勘記 二十八卷 存

國圖藏嘉慶十三年（1808）揚州阮氏文選樓刻本（一卷。題春秋公羊傳校勘記）

江蘇師大、孔子博物館、黑龍江、哈爾濱、常州藏嘉慶二十年（1815）南昌府學刻重刊宋本十三經注疏本

蘇州藏光緒二十四年（1898）刻本（十一卷）

光緒十一年（1885）上海點石齋石印皇清經解・十三經注疏校勘記本（一卷。題春秋公羊傳校勘記）

天津市南開區藏光緒三十年（1904）點石齋石印本（四卷）

◎阮元撰，盧宣句摘錄，胡祖謙校。

阮元 監本附音春秋穀梁注疏校勘記 四卷 存

國圖藏嘉慶十三年（1808）揚州阮氏文選樓刻本（一卷。題春秋穀梁傳校勘記）

光緒十一年（1885）上海點石齋石印皇清經解・十三經注疏校勘記本（一卷。題春秋穀梁傳校勘記）

天津市南開區藏光緒三十年（1904）點石齋石印本

阮芝生 春秋三傳杜注拾遺 未見

◎孫雲錦光緒《淮安府志》卷三十八《藝文》：《易書詩辨》、《尚書古文疏證彙輯》、《毛朱聽直》、《喪服埤傳》、《春秋傳說從長》（十二卷）、《春秋三傳杜注拾遺》、《詠素齋詩文集》、《退潮堂筆記》、《觚粹》。

◎阮芝生，字謝階，號紫坪。江南淮安府山陽縣（今江蘇淮安市楚州區）人。乾隆二十二年（1757）進士。官德清知縣，誥授奉政大夫直隸永定河北岸

同知。與兄葵生並稱「淮南二阮」，皆嘗從天台齊召南學。著有《易書詩辨》、《尚書古文疏證彙輯》、《毛朱聽直》、《喪服埤傳》、《春秋傳說從長》十二卷、《春秋三傳杜注拾遺》、《左傳杜注拾遺》三卷、《詠素齋詩文集》、《退潮堂筆記》、《觚粹》、《聽潮集》二卷等。

阮芝生 春秋傳說從長 十二卷 存

上海藏稿本

南通藏王錫祺小方壺齋抄本（張謇跋）

上海藏清抄本

◎翁方綱《復初齋文集》卷一《春秋傳說從長序》：《春秋傳說從長》十二卷，山陽阮紫坪氏所述也。其曰傳說從長者何也？曰謙不敢自任也。其謙不敢自任奈何？曰：吾聞諸班氏之志藝文矣，曰：「左氏恐弟子各安其意以失其真，故論本事而作傳」，夫後儒之失其真者，皆安其意者也。紫坪氏之為是書也，蓋先有以見乎聖人所以為是經之旨，所謂觀史記，據行事，仍人道者，平易中正而無所岐惑，故於日月名字爵地之屬，諸儒所執以為例者，悉舉而撤其藩，如是則讀是經者之法固已先得矣。彼失真之說惡足以淆我乎？然而其述之為書也不曰吾所已得也，第曰就諸家傳說之義從其長而已。杜元凱曰：「其發凡以言例，皆經國之常制，周公之垂法，史書之舊章」，吾每三復斯言，以為義類之實，非聖人不能因也；國史衷乎得失之原，亦非後儒所能度也。顧唐宋以後遞闡訓故，推而衍之，詞意益棼耳。學者童而習之，至白首而抱遺莫究者，逐末而忘本也。得紫坪氏之書，其庶幾知本矣。知其本則弗安其意，其謙也蓋其慎也。故得其本，雖有更說而無自任之弊矣。文不拘體者，以達意而止，弗取乎摹古也。讀是書者，以紫坪氏讀經之法為師，而勿以前人決疑考讞之作視之，則庶幾矣。

◎孫雲錦光緒《淮安府志》卷三十八《藝文》：《易書詩辨》、《尚書古文疏證彙輯》、《毛朱聽直》、《喪服埤傳》、《春秋傳說從長》（十二卷）、《春秋三傳杜注拾遺》、《詠素齋詩文集》、《退潮堂筆記》、《觚粹》。

阮芝生 左傳杜注拾遺 三卷 存

上海師大藏稿本

遼寧藏清抄本（翁方綱、佚名批校）

光緒鉛印王錫祺編小方壺齋叢書初集本（一卷）

◎跋：紫坪先生於盲左之學，深入堂奧，所著《春秋傳說從長》，外間無刊本，余寶而藏之。今復從沈丈蜓庵轉得此卷，議論精闢，真杜氏功臣也。光緒丁亥仲秋後學王錫祺謹識。

◎孫雲錦光緒《淮安府志》卷三十八《藝文》：《易書詩辨》、《尚書古文疏證彙輯》、《毛朱聽直》、《喪服埤傳》、《春秋傳說從長》（十二卷）、《春秋三傳杜注拾遺》、《詠素齋詩文集》、《退潮堂筆記》、《觚粹》。

芮城 春秋思問 佚

◎強汝詢《求益齋文集》卷七《芮嚴尹先生傳》：先生歿後，遺書始稍稍傳鈔，余所見者《周易大象解》《大學講義》《中庸講義》《綱目分注拾遺》，道光中嘗刊行，遭亂板燬。《瓠瓜錄》及文集皆未刊。又有《禮記通識》《論語通識》《四詩正言》《春秋思問》，求之未見。鄉人傳先生事多異，幾類矯激好奇者之所為。以先生書考之，知傳者失其真，故皆不述。

◎芮城，字嚴（巖）尹，明亡棄諸生，更名長恤，字蒿子。江蘇溧陽人。國子監生。於姚江之學盛行時，獨以朱子為宗，篤信深造，雖不與世儒辯得失，然藩籬峻固、圭角分明，粹然一軌於正。同學陳名夏等均師事之。著有《周易大象傳解》一卷、《禮記通識》、《四詩正言》、《春秋思問》、《論語通識》、《大學講義》、《中庸講義》、《綱目分注拾遺》、《瓠瓜錄》、《滄浪亭集》。

芮楚萍 左傳彙事旁訓 十二卷 佚

◎民國《當塗縣志・人物志・文學》：著有《左傳彙事旁訓》十二卷，朱文正公珪鑒定行世。

◎民國《當塗縣志・藝文志》：《左傳彙事旁訓》十二卷（清芮楚萍著。楚萍見《文學》。是書以十二公為經，以年月為緯，編成韻語。或以兩事作對偶，或以一事單行，旁列註釋，詳加音義，以便初學者檢查引用。彙其要以記其事，而《左傳》全文既可循塗而識，其經旨益可融會貫通。朱明經德為之序。乾隆丙寅朱文正鑒定行世）。

◎芮楚萍，字爾洪，號拙坦。安徽當塗湖陽鄉人。恩貢生。績學砥行，好汲引後進，多所成就。巡撫衛哲治擢選某縣教諭，未赴卒。著有《左傳彙事旁訓》十二卷。

S

桑宣 補春秋僖公事闕書 一卷 存

光緒刻民國鉛印鐵研齋叢書本

◎王大隆《吳縣曹先生行狀》：在院〔註1〕與番禺梁文忠公同輯《經學文鈔》，而相與論學者，則番禺馬貞榆、陳宗穎、長沙胡元儀、丹徒陳慶年、同縣王仁俊、宜都楊守敬、宛平桑宣、合肥蒯光典、羅田姚晉圻也。

◎趙爾巽《清史稿》卷一百四十五志一百二十《藝文》一：《補春秋僖公事闕書》一卷，桑宣撰。

◎桑宣，字右聲，號磨盦。宛平（今北京）人，原籍紹興。光緒進士。入民國，官禮制館編纂。著有《鐵研齋叢書》五種：《補周易口訣義闕卦》一卷、《補春秋僖公事闕書》一卷、《禮器釋名》十八卷、《許鄭經文異同詁》九卷、《磨盦雜存》不分卷。

山水主人 左傳正約 十二卷 存

北師大藏清抄本

單德棻 春秋辨旨 佚

◎吳德旋《初月樓聞見錄》卷二：所著有《春秋辨旨》《天文占驗》《律呂探微》《易圖說》《荀子評》及論頌書序等數十篇，詩千餘首，多散佚。歿後十年，其父哀集遺詩百餘首為兩卷刻之。

〔註1〕周按：雨湖書院。

◎單德萊（1723～1756），字孔昭。江蘇常熟人。著有《春秋辨旨》《天文占驗》《律呂探微》《易圖說》《荀子評》。

單鐸 春秋事義合註 十二卷 存

浙江、山西、中科院、齊齊哈爾藏乾隆八年（1743）研經堂刻本

四庫未收書輯刊第五輯影印乾隆八年（1743）研經堂刻本

◎一名《研經堂春秋事義合註》。

◎春秋事義合注序：予既為單木齋氏敘《周易顯指》，時天子方詔舉經學之士，將目木齋姓名上諸大府。比來辭謝，與之談經，具有原本。更出所著《春秋事義合注》十二卷索敘。余閱竟，廼為序曰：比事屬辭，《春秋》教也。聖人欲目定天下之疑而彰信於百世，故凡尊王賤霸、正名分、定是非，一目撥亂反正歸于好惡至公而已矣。厥後三傳出而《左氏》尤號精備，其事詳而義晰，其辭文而時有合于經學者。舍乎此而別求事與義，則事不明而義不著，無目得聖人之心。木齋於此研究有年，以《左氏》記事多不言聖人之義，而諸儒釋義又多遺《左氏》之事，乃採《左氏》言事之精義，而復取諸儒之正論目著于篇。其於比事屬辭之旨殆有合矣乎！昔啖助嘗攷三傳短長成《集傳》，更攝經條為《統例》。其門人趙匡損益之。陸淳師匡，薈其文為《集傳纂例》，別撰《集註》《微旨》《辨疑》諸書。元時《集注》已佚，而《纂例》《微旨》《辨疑》三書則從曲出之請，刻于江西行省，迄今傳于世，論者謂有功於《春秋》。余讀木齋是書，嘉其事義之簡明，能折中乎《左氏》諸儒之說。世有曲出其人，不可以請于朝、行于世而繼啖、趙、陸三公後哉！乾隆庚午季夏朔日，盬蒙居士仁和沈廷芳書。

◎孫殿起《販書偶記》卷二：《春秋事義合注》十二卷，高密單鐸撰。乾隆庚午研經堂刊。

◎孫葆田《山東通志》卷百二十七《藝文志》第十：是書有研經堂家藏本，載《縣志》。《隱拙齋集》載是書序略云：以《左氏》記事多不合聖人之義，而諸儒釋義又多遺《左氏》之事。乃採《左氏》記事之要，而復取諸儒之正論，以著於篇。其於比事屬辭之旨，殆有合矣乎？

◎單鐸，字覲文，號木齋。山東高密人。疇書子。雍正元年（1723）舉人。官銅梁知縣。著有《周易答問》三卷、《周易釋要》一卷、《周易顯指》四卷、《春秋事義合注》十二卷。

單為鏓 讀春秋三傳劄記 二卷 存

國圖、湖北、棲霞藏同治六年（1867）周濤嚴家正刻單徵君集・讀經劄記本〔註2〕

◎孫殿起《販書偶記》卷三：《讀經劄記》四卷，高密單為鏓撰。同治丁卯刊。即《春秋三傳》、《小戴記》各二卷。

◎單為鏓《奉萱草堂詩鈔》有阮煊輝序，稱有《春秋三傳劄記》藏於家。

◎劉聲木《桐城文學撰述考》卷一「單為鏓撰述」：《讀經札記》四卷、《四書鄉音冊偽》二卷、《四書述義》五卷、《四書述義續》四卷、《讀禮札記》、《喪服古今通考》、《典制詳考》、《四書續聞》□卷、《春秋述義》□卷、《讀經劄記》六卷、《春秋三傳劄記》□卷。

◎單為鏓（約1790～），字伯平，號芙秋。山東高密人。衛輝府通判單可玉子。嘉慶十八年（1813）拔貢。任巨野訓導、棲霞教諭，舉孝廉方正。以山東巡撫閻敬銘薦「著述淵深，情性淡薄，宿儒耆德，品端學粹」，詔加五品銜，主講濟南各書院。精書法。著有《四書述義》五卷、《四書述義續》四卷、《四書鄉音辨偽》、《讀春秋三傳劄記》二卷、《讀禮劄記》、《韓文一得》、《喪服古今通考》、《典制考評》、《奉萱草堂文鈔》、《奉萱草堂詩鈔》、《單徵君全集》等。

單為鏓 春秋述義 一卷 佚

◎孫葆田《山東通志》卷百二十七《藝文志》第十：是書見《縣志》。

◎劉聲木《桐城文學撰述考》卷一「單為鏓撰述」：《讀經札記》四卷、《四書鄉音冊偽》二卷、《四書述義》五卷、《四書述義續》四卷、《讀禮札記》、《喪服古今通考》、《典制詳考》、《四書續聞》□卷、《春秋述義》□卷、《讀經札記》六卷、《春秋三傳札記》□卷。

單為憲 春秋析解 無卷數 佚

◎孫葆田《山東通志》卷百二十七《藝文志》第十《春秋析解》（無卷數）、《公羊穀梁續聞》（無卷數）、《春秋大事譜》十四卷（殘缺）：三書皆見《採訪冊》。按為憲所著書多散失，惟《大事譜》尚存邑喬氏家。

◎單為憲，字吉甫，號彝園。山東高密人。嘉慶六年（1801）舉人。官臨

〔註2〕棲霞藏本存一卷：卷二。

清學正。咸豐四年（1854）殉難。著有《讀詩偶記》、《春秋析解》無卷數、《公羊穀梁續聞》無卷數、《春秋大事譜》十四卷。

單為憲 春秋大事譜 十四卷 存

◎孫葆田《山東通志》卷百二十七《藝文志》第十《春秋析解》（無卷數）、《公羊穀梁續聞》（無卷數）、《春秋大事譜》十四卷（殘缺）：三書皆見《採訪冊》。按為憲所著書多散失，惟《大事譜》尚存邑喬氏家。

單為憲 公羊穀梁續聞 無卷數 佚

◎孫葆田《山東通志》卷百二十七《藝文志》第十《春秋析解》（無卷數）、《公羊穀梁續聞》（無卷數）、《春秋大事譜》十四卷（殘缺）：三書皆見《採訪冊》。按為憲所著書多散失，惟《大事譜》尚存邑喬氏家。

單午良 春秋稿 佚

◎姚文燮《無異堂文集》卷三《單午良春秋稿序》：

凡經皆經也，守經者易而通經者難。《春秋》史而經者也，守經者難而通經者則必史學與史才兼而後可，故尤難也。《春秋》屬詞比事無繁文，或當日夫子有不可書見者僅口授弟子，故丘明論本事而作傳，公羊、穀梁受自卜商而又傳焉。劉子駿曰：「丘明得之親見者也；公穀在七十子後，得之傳聞者也」，是以《春秋》為目，而為文章則自三傳昉也。後之不得親見弟守經以成文章，皆紹續公穀者也。然漢宋諸儒更續發明，要多新義，未嘗不期於深思密討，置身夫子口授之列，以身作高赤，令制舉業雖詹詹言哉，何必不與三傳頡頏也。余家自王父輩以及昆季，數十年間，以《春秋》售者七八人。余雖習風岐大易，然與諸兄弟聯席共研，亦時窺見一班。會稽單子午良治《春秋》，昔與余遇於玉峰，僅一日別去，忽忽十年矣。余命棹剡溪，單子猶落落諸生間，因出所作《春秋》文見示。以余觀治《春秋》者有二說焉：《春秋》孤經也，經生治之，往往取制科甚捷，是《春秋》易；又賈護講白虎觀而常令自選諸生高才者教以《左氏》，後代諸家獨推劉光伯為翹楚，是《春秋》難也。單子曰：「四術六藝，何經可易？且近人多齟齬，尚有一經未竟而登制科者不知凡幾，何經可難？而自我輩觀之，正不以得失遲速為難易也。夫子作《春秋》且曰『明周公志也』，然則我輩以《春秋》為制藝也，可不曰『吾將以明夫子之志』乎？如以明夫子之志言也，則賈護、劉歆而下，皆可踵相接肩相并焉，以為易乎？難乎？舍是

更有所為難易者乎？」單子《春秋》藝充囊盈篋，亦經亦史，余益信《春秋》若是其不易也。憶蘇晉作《八卦論》，房穎叔、王紹宗歎曰：「此今之王粲也。」單子是編，不可謂之今之高赤乎？！

陳端伯曰：「守經易，通經難」，為千古不易之論。精確明爽，老泉得意之筆。

王于一曰：難易二義，宛轉生義。皆是生義，所以妙。一失足熟滑，便易而無難矣。

韓慕廬曰：《春秋》為夫子明志之書，今舉子藉為嚆矢，窮經鮮矣。

徐果亭曰：考證精確，勉以通經；學古之意，捵在意外。

張素存曰：中有許多吞吐，意思深長。

尚秉和 左傳國語易象釋 一卷 存

天津藏清末刻本

山東藏 1945 年刻本

山東藏 1980 年中華書局鉛印本

◎條目：一筮公子完生、二筮畢萬仕晉、三筮季友生、四秦筮與晉戰、五晉獻公筮嫁伯姬於秦、六晉筮與楚戰、七穆莊叔筮叔孫穆子生、八崔杼筮取棠姜、九國語重耳筮得國、十晉筮成公歸國。

◎緒言：《易》之為書，以象為本，故《說卦》專言象以揭其綱，九家逸象、孟氏逸象一再引其緒。而象學宏深博大之義，唯《繫辭》能發揮之。《繫辭》云：「易者象也。八卦成列，象在其中矣。是故夫象，聖人有以見天下之賾，而擬諸其形容，象其物宜，故謂之象。象也者，像此者也」。按：像此者，不惟萬物像之，即萬事亦無不像之。《說卦》所言乾健、坤順諸事是也。故又曰象事知器，又曰立象以盡意。蓋天下萬物萬事之意，無不包涵於易象之中，故能盡意。此言立象之本也。所本維何？本於仰觀俯察也。又曰：「聖人設卦觀象，繫辭焉而明吉凶」。夫曰觀象繫辭，則今之易辭固皆古聖人瞪目注視卦象而為者也。易之卦爻辭既由象而生，後之人釋卦爻辭而欲離象，其不能識卦爻辭為何物，不待智者而決矣。朱子云：「先見象數，方說得理，不然事無實證，虛理易差」。惜哉此種定識在其晚年，於其《本義》無補也。《繫辭》又云：「八卦以象告」。辭而吉，非繫辭者命其吉也。辭而凶，亦非繫辭者命其凶也。皆象所告，不得不然也。又有上句吉，下句忽凶；上句方說甲，下

句忽說乙，此尤非繫辭者語無倫次如是也，亦易象所告，不得不然也。設使繫辭者，專務怪奇而不觀象，不有類顛狂乎？《易》安得與他經並列，使孔聖學之終身乎？朱子云：「古聖王以《詩》、《書》、《禮》、《樂》教世，而不及《易》，看來別是一個道理，某枉費許多年工夫。」此等徹悟、此等認識，為二千年以來所未有。且不自護其非，真不欺之大儒也。而後之解易者，其觀察往往與他經同，胡能合乎？蓋易之為學，至王弼為一轉關。王弼以前注易者無不言象，而《焦氏易林》則無一字不從象生。且於易用正象、用覆象、伏象之法，無不依樣揭出，雖不明注易，愚以為能注易者莫詳於焦氏也。再溯之春秋人言易者，亦無一字不根於象，且於易用正、用互、用覆之法，亦無不依樣揭出。而以謙為讒、為有言，於是周易正，履象並用之妙，為二千年人所誤解者，遂劃然冰釋，開易林神妙之門，處處取法。自王弼掃象，避難就易，學者喜之，其道大行，漸不識易為何物。至有宋演為空談，而易遂亡矣。故夫自王弼以來，無論其談老莊、言王道、說聖功，不以象解易者，皆與《繫辭》背馳者也。其唐之李鼎祚，宋之朱漢、吳草廬，明之來矣鮮，及清之講漢易者，無論其詳略深淺，皆能認識易象，語不離宗，與《繫辭》所言之大本大源相合者也，此其大略也。其漢人易象注釋之者，有李道平之《周易集解疏》。《焦氏易林》愚曾注之，其春秋人談易象者，盡在《左氏》《國語》，恨其注不能解，或解之而誤，拙輯《焦氏易詁》曾略及之而不全，茲再以次注之，以為象學之助。

◎尚秉和（1870～1950），字節之，號石煙道人、滋溪老人，學者稱槐軒先生。河北行唐縣城西南滋河北岸伏流村人。著有《焦氏易林注》十六卷、《焦氏易詁》十一卷、《周易尚氏學》二十卷、《易象補遺》一卷、《易說評議》、《周易古筮考》十卷、《辛壬春秋》、《歷代社會風俗事物考》。

邵菫 左傳童觽 二卷 存

寧波市天一閣博物館藏初稿本
寧波市天一閣博物館藏二次稿本
華東師大藏稿本
國家圖書館出版社 2017 年中國古籍珍本叢刊・東北師範大學圖書館卷影印華東師大藏稿本

邵晉涵 穀梁古註 佚

◎張之洞《書目答問》卷一《經部》：《穀梁大義述》三十卷（柳興宗。有刻本未見。邵晉涵《穀梁古注》、洪亮吉《公穀古義》，未刊）。

◎邵晉涵（1743～1796），字與桐，號二雲，又號南江。浙江餘姚人。乾隆三十年（1765）舉人，出錢大昕門。三十六年（1771）進士，入四庫全書館任編修。客於朱筠學士使院。學識奧博而精，然性狷不附權要。著有《邵氏易傳》不分卷、《周易邵注》無卷數、《詩經纂》一卷、《韓詩內傳考》一卷、《穀梁正義》、《穀梁古註》、《爾雅正義》二十卷、《儀禮箋》、《孟子述義》、《輶軒日記》、《宋元事鑒考異》、《方輿金石編目》、《四庫全書提要分纂稿》一卷、《二十三史提要底本》一卷、《舊五代史考異》二卷、《皇朝大臣諡跡錄》四卷、《南都事略》、《南江文鈔》十二卷、《南江詩文稿》十卷、《南江書錄》一卷、《南江文鈔》十二卷、《南江集鈔》四卷、《南江邵氏遺書》、《南江詩鈔》四卷、《南江札記》四卷等，纂乾隆《餘姚志》四十卷、乾隆《杭州府志》一百十卷、輯《舊五代史》、校《舊五代史》一百五十卷目錄二卷、《新唐書糾謬》二十卷、《西漢年紀》三十卷、《五代春秋》二卷、《史記輯評》十卷、《續通志・金石略》、《九國志》。

邵晉涵 穀梁正義 佚

◎江藩《漢學師承記》卷六：撰述又有《孟子述義》、《穀梁正義》、《韓詩內傳考》、《皇朝大臣諡跡錄》、《輶軒日記》、《南江文集》，皆實事求是，為學者有益之書。

◎陳壽祺《左海文集》卷七《南江詩文鈔序》：清乾隆中，文治極盛，網羅千載，繯囊九流，往古未有倫比。開四庫館以收海內祕籍，擷《永樂大典》三萬餘卷以緝前代墜簡。詔徵天下博洽通才五人參預編摩，授職詞垣，而餘姚邵二雲與休寧戴東原兩先生為之冠，天下士大夫言經學必推戴、言史學必推邵，當時以為篤論云。然邵先生於學無所不通，所撰《尒疋正義》外，有《孟子述義》《穀梁正義》《韓詩內傳攷》《皇明大臣諡迹錄》《方輿金石編目》《輶軒日記》《南都事略》《宋史稿》，卒後皆佚不傳，獨在館纂輯《薛氏五代史》、在畢尚書幕編定《續資治通鑑》行於世。《續通鑑》與《尒疋正義》二書亦畢生精力所萃者也。嘉慶末，先生高足弟子金匱孫侍郎都轉閩中，先生之次子來游，余一見之座上。嘗從訪先生遺書，不可得。及侍郎以巡撫至之二年，出所

校《南江文鈔詩鈔》若干卷屬壽祺覆審，將付鋟。詩文特先生緒餘耳，然如證鄭注《周易》之合雅詁；辨坊本《斜川集》之偽；跋日本《五畿內志》《日本備圖》，詳敘島夷疆域；據《酉陽雜俎》引唐裴瑜《尔疋注》，知其本韓詩；欲取《大戴記》曾子十篇、《小戴記》之《坊記》《表記》《緇衣》《儒行》為子思子四篇，以配《論語》《孟子》；辨子夏《易傳》、魏文侯《孝經傳》、賈誼《左傳解詁》及《七緯》皆見削於班氏《藝文志》，其言多前人所未發。其他墓志家傳行狀大略峻潔有體，詩歸雅音。《明宮詞》百首則仲初之儔，《姚江櫂歌》七十餘首則竹垞、鴛湖之匹也……浙東自南宋以來，文獻薈集，綿延五六百年，勝國遺聞軼事若唐魯二王始末及抱節忠義之士往往未著竹帛，為中原耆宿所不預聞。自梨洲、季埜、謝山諸老皆曠代異才，博洽彊記，轉相口授，以逮於先生，先生歿而舊聞絕矣，區區文字乎哉！雖然，吾聞先生之族祖有字思魯諱廷案者，康熙中隱君子，通算術、兵法，著《思復堂集》，發明姚江之學，傳述遺民舊德，撰《東南紀事》《西南紀事》，載明季故實，會稽章學誠以屬，先生許為校正，卒不果。今其書板存亾不可知，而先生之集猶得留傳以待賢弟子而行，不可謂非通儒不朽之一端也。壽祺雖不及見先生，然少讀先生書，心嚮往之久矣。今乃幸預編校之末，此固後生小子景慕之私，不禁攬卷而奮然以起也。

◎錢泰吉《甘泉鄉人稿》卷七《曝書雜記》上：餘姚邵學士晉涵，謂《爾雅》邢氏疏多掇拾《毛詩正義》掩為己說，閒采《尚書／禮記正義》更多闕略，爰據唐石經、宋槧本及諸書所徵引者。審定經文。增校郭注。兼採諸家。別為《正義》二十卷，付刊陸氏《釋文》二卷。十載而成，學者謂實出邢疏之上。余所藏者，世父戶部公遺書也。邵學士尚有《孟子述義》《穀梁正義》《韓詩內傳》，惜未見（見《潛研堂墓誌銘》）。近得《南江札記》四卷、《文鈔》四卷（其子秉華所刊○《邵氏爾雅正義》）。

◎章貽選〔註3〕注《章氏遺書》卷十八《邵與桐別傳》：先師所著，《爾雅正義》外，尚有《孟子述義》、《穀梁正義》、《韓詩內傳考》、《皇朝大臣諡迹錄》、《輶軒日錄》。在館修輯則有薛氏《舊五代史》。

◎徐世昌《清儒學案》卷九十八《南江學案》：又著作《爾雅正義》，以郭注為宗，兼采舍人、樊、劉、孫、李諸家，承學之士多舍邢昺從之。又著《孟子述義》、《穀梁正義》、《韓詩內傳考》、《舊五代史考異》、《皇朝大臣諡迹錄》、《方輿金石編目》、《輶軒日記》、《南江詩文抄》、《南江札記》。

〔註3〕章學誠子，曾受業於邵晉涵。

◎光緒《餘姚縣志》卷十七《藝文》下：《韓詩內傳考》、《穀梁正義》、《舊五代史攷異》、《爾雅正義》二十卷、《宋南都事略》、《輶軒日記》、《皇朝大臣謚迹錄》、《南江文鈔》十二卷、《南江詩鈔》四卷。

邵瑛 左傳規杜持平 六卷 存

國圖、中科院、上海、復旦、浙江、福建、溫州、吉林大學、揚州大學、吉林社科院、寧波天一閣博物館藏嘉慶二十二年（1817）餘姚邵瑛桂隱書屋刻本

遼寧大學藏光緒十四年（1888）江陰南菁書院刻南菁書院叢書第七集本

國圖、復旦、遼寧、吉林、中央民族大學藏 1915 年邵啟賢贛南道尹官廨排印本

南京藏抄本

齊魯書社 2011 年清經解三編影印 1915 年邵啟賢贛南道尹官廨排印本

◎一名《劉炫規杜持平》。

◎國圖藏嘉慶二十二年（1817）刻本有李慈銘批校。

◎目錄：

隱公：元年春王正月，冬宋人取長葛，戎伐凡伯於楚邱以歸，以泰山之祊易許田，諸侯以字為證因以滿族，宋人蔡人衛人伐戴鄭伯伐取之及大達弗及。

桓公：及其大夫孔父，以郜大鼎賂公，大路越席，藻率鞞鞛，三年春正月，嘉栗旨酒，宋人執祭仲，許叔入於許，冬城向。

莊公：以蔡侯獻舞歸，齊人執鄭詹，舉有力焉能投蓋於稷門。

閔公：辛廖占之曰吉，是服也狂夫阻之，內寵竝后外寵二政嬖子配適大都耦國。

僖公：凡分至啟閉必書雲物，卜徒父筮之，涉河侯車敗，君子曰我知罪矣秦必歸君貳而執之服而舍之服者懷德貳者懷刑此一役也，公子季友卒，夏滅項，君失問是陰陽之事非吉凶所生也，邾人執鄫子用之，用鄫子於次睢之社，宋公茲父卒，公賦六月，昔趙衰以壺飧從徑餒而弗食，室如懸罄，夔子不祀祝融與鬻熊，先軫曰報施救患取威定霸於是乎在矣，晉侯齊師宋師秦師及楚人戰於城濮楚師敗績，晉中軍風於澤亾大蒐之左旃，在禮卿不會公侯會伯子男可也，鄭伯捷卒，晉人敗狄於箕。

文公：作僖公主，吾見新鬼大故鬼小，反過甯甯嬴從之，季文子將聘於晉使求遭喪之禮以行，盍使睦者歌吾子乎宣子說之，且復致公壻池之封自申至於虎牢之竟，陳侯鄭伯會楚子於息冬遂及蔡侯次於厥貉，邾子蘧蒢卒，惠叔猶毀以為請，先君蚡冒所以服陘隰也，鹿死不擇音。

宣公：皆取賂而還，鄭伯蘭卒，以盈其貫，楚為眾舒叛故伐舒蓼滅之，衛侯鄭卒，所有玉帛之使者則告，先縠佐之，賞不失勞老有加惠，其三曰鋪時繹思我徂維求定其六曰綏萬邦屢豐年，故使子孫無忘其章，衛人以為成勞復室其子，於是有庭實旅百，朝而獻功於是乎有容貌采章嘉淑而有加貨，山藪藏疾。

成公：齊侯免求丑父三人三出每出齊師以帥退入於狄卒，敝邑之幸亦云從也況其不幸敢不惟命是聽，賜三帥先路三命之服，用薑炭，何臣之為，晉卻克衛孫良夫伐廧咎如討赤狄之餘焉，立武宮，居肓之上膏之下若我何，諸侯疾之將致命於秦，我寡君是以有令狐之會，欒范以其族夾公行，敢告不寧君命之辱，邾子貜且卒，士燮卒。

襄公：金奏肆夏之三不拜工歌文王之三又不拜歌鹿鳴之三三拜，使西鉏吾庀府守，公會晉侯宋公衛侯曹伯齊世子光莒子邾子滕子薛伯杞伯小邾子伐鄭，公至自會，吳子乘卒，故夏書曰遒人以木鐸徇於路，邾子牼卒，曹伯負芻卒於師，齊侯禦諸平陰塹防門而守之廣里，齊侯環卒，季武子以公姑姊妻之，書曰聖有謨勳明徵定保，夏邾畀我來奔，知悼子少而聽於中行氏，在周為唐杜氏，男女以班，晉侯許之，同盟於重邱齊成故也，先八邑，取衛西鄙懿氏六十以與孫氏，伯有賦鶉之賁賁，且觀優至於魚里，衛侯衎卒，為之歌小雅曰美哉思而不貳怨而不言其周德之衰乎猶有先王之遺民焉，盛德之所同也，於是歲在降婁降婁中而旦。

昭公：取鄆，吾代二子愍矣，十一月己酉，滕子原卒，西陸朝覿而出之，叔禽叔椒子羽，羊舌四族皆彊家也，因其十家九縣，余又將殺段也，陳侯溺卒，逐楚而建陳也，宋公成卒，朝有著定，鄭莊公城櫟而寘子元焉使昭公不立，齊高偃帥師納北燕伯於陽，公子憖遂如晉，有酒如淮有肉如坻，晉荀吳偽會齊師者假道於鮮虞遂入昔陽，僕析父從，是四國蓄專足畏也，夏五月癸亥王縊於芋尹申亥氏，不明棄共百事不終所由傾覆也，猶義也夫，受脤歸脤，許不專於楚，及師至則投諸外，丁巳晦公入與北宮喜盟於彭水之上，七音，使有司以齊鮑國歸費之禮為士鞅，吳敗頓胡沈蔡陳許之師於雞父，六月壬午王子朝入於尹，胡子髡沈子逞滅獲陳夏齧君臣之辭也，同德度義，太誓曰紂有億兆夷人亦有離

德，宋公享昭子賦新宮昭子賦車轄，則天之明因地之性，齊侯圍鄆，冬十月天王入於成周，尹氏召伯毛伯以王子朝奔楚，萬民弗忍居王於郟，矯誣先王，乃飲酒使宰獻而請安，木正曰句芒，有烈山氏之子曰柱為稷，城成周以為東都崇文德焉。

定公：而田於大陸焚焉，二月癸巳陳侯吳卒，公及諸侯盟於皋鼬，社稷不動，大雩，公會晉師於瓦，秋齊侯衛侯次於五氏，得用焉曰獲，齊師克城而驕其帥又賤，齊侯衛侯次於垂葭實郹氏。

哀公：齊僕衛侯會於乾侯救范氏也師及齊師衛孔圉鮮虞人伐晉取棘蒲，叔孫州仇仲孫何忌及邾子盟於句繹，卜戰不吉卜退不吉，拘者道之以伐武城克之、國人懼，景伯負載造於萊門，夏五月昭夫人孟子卒孔子與弔，十二月鄭罕達救啟由圍宋師，人事未成二臣之罪也，逢澤有介麋焉，孔某卒，衡流而方羊裔，武伯曰然則郹也，冬叔青如京師敬王崩故也。

◎劉炫規杜持平敘：《左傳》自杜氏集劉子駿、賈景伯、許惠卿、潁子嚴之註題曰《經傳集解》，發明甚多，古今稱之。然棄經從傳，先儒集矢焉。故自杜而後，南朝則崔靈恩著《左氏條議》以難杜；北朝則張沖著《春秋義略》，異于杜氏者七十餘事；衛冀隆精服氏學，難杜六十三事；至劉光伯，隋世大儒，《隋志》記其撰《左傳述義》四十卷，孔沖遠作《正義》據以為本，見於自敘，今亦無從別識。獨其《規過》，《唐志》作三卷者，孔氏一一標出而概以為非，毋亦祖杜之過與？余幼承庭訓，授讀是經，蓄疑者久矣。壬戌之秋，將乞假旋里，謁河間紀文達公于邸第，公意若重有所託者，瑛敬進而請之，慨然曰：「當日編纂四庫，嘗欲作《規杜持平》一書以釋兩家之紛。今老矣，有志未逮。惟汝同志其為我成之！」瑛謹誌之不敢忘。其時方殫力於《說文》，為《羣經正字》之學，猝猝未暇旁及。迨脫稿而余年已七十有四矣，精力日益衰，幾何不負師命也！幸天假餘年，猶可力疾從事。經始於甲戌之冬，閱十有五月而書成。顧以炳燭之明，又苦索居之久，其去于負師命者又幾何也！噫，是非誰折，提命如新，安得起九京而執經問難也夫！嘉慶乙亥嘉平，邵瑛書於桂隱書屋。

◎孫殿起《販書偶記》卷二：《劉炫規杜持平》六卷，餘姚邵瑛撰。嘉慶丁丑桂隱書屋刊。

◎李慈銘《越縵堂讀書簡端續記・說文解字群經正字》：予家居時，未得讀先生書。入都以來，購求益難。竟於友人棄簏中獲此及劉炫《規杜持平》六

卷，共為一帙，喜躍捧歸，如獲異寶。殆先生之靈，愍茲鄉邑後生貧悴失學，故有以默啟之耶？同治癸亥二月，會稽李慈銘謹識。

◎張之洞《書目答問》卷一《經部》：《劉炫規杜持平》六卷（邵瑛。原刻本）。

◎光緒《餘姚縣志》卷十七《藝文》下：邵瑛《羣經攷正》（邵《家人南城詩》注：祖伯瑤圃編修著有《說文羣經正字》、《劉炫規杜持平》已刊。《說文經訓偶箋》《羣經攷正》未刊）、《說文解字羣經正字》（案瑛有《劉炫規杜持平》一書，自敘謂「壬戌秋紀文達命作《規杜持平》，時以方殫力於《說文》，為羣經正字之學，未暇旁及。迨脫稿而余年已七十有四矣」，觀此知是書為晚年手定，專精極慮之作也）、《說文經訓偶箋》、《劉炫規杜持平》六卷（自序：《左傳》自杜氏集劉子駿、賈景伯、許惠卿、潁子嚴之註題曰《經傳集解》，發明甚多，古今稱之。然棄經從傳，先儒集羣矢焉。故自杜而後，南朝則崔靈恩著《左氏條議》以難杜；北朝則張沖著《春秋義略》，異于杜氏者七十餘事；衛冀隆精服氏學，難杜六十三事；至劉光伯，隋世大儒，《隋志》記其撰《左傳述義》四十卷，孔沖遠作《正義》據以為本，見於自敘，今亦無從別識。獨其《規過》，《唐志》作三卷者，孔氏一一標出而概以為非，毋亦祖杜之過與？余幼承庭訓，授讀是經，蓄疑者久矣。壬戌之秋，將乞假旋里，謁河間紀文達公于邸第，公意若重有所託者，瑛敬進而請之，慨然曰：「當日編纂四庫，嘗欲作《規杜持平》一書以釋兩家之紛。今老矣，有志未逮。惟汝同志其為我成之！」瑛謹誌之不敢忘。其時方殫力於《說文》，為《羣經正字》之學，猝猝未暇旁及。迨脫稿而余年已七十有四矣，精力日益衰，幾何不負師命也！幸天假餘年，猶可力疾從事。經始於甲戌之冬，閱十有五月而書成。顧以炳燭之明，又苦索居之久，其去于負師命者又幾何也！噫，是非誰折，提命如新，安得起九京而執經問難也夫！）。

◎趙爾巽《清史稿》卷一百四十五志一百二十《藝文》一：《左傳劉杜持平》六卷，邵瑛撰。

◎王欣夫《蛾術軒篋存善本書錄・辛壬稿》卷一：

《劉炫規杜持平》六卷（一冊），清餘姚邵瑛撰。清嘉慶乙亥邵氏桂隱書屋刊本。

瑛字瑤圃，號桐南。乾隆甲辰一甲二名進士。《舊唐書・經籍志》：隋劉炫撰《春秋攻昧》十二卷、《春秋規過》三卷、《春秋述義》三十七卷。《新唐・藝文志》同。至宋《崇文總目》祇存《述義》一卷，蓋亡於唐《五經正義》頒行之後。孔穎達據杜預《集解》撰《正義》，即本《述義》，而於《規過》之文

悉引而駁斥之，其書反賴以傳。序稱一百五十餘條，而實存一百七十七條。馬國翰謂或有一條內連及數事，《正義》分載各注下者是也。案《左氏傳》漢有賈逵、服虔諸家注，晉杜預撰《集解》，多乾沒舊義，而當時申賈、服則難杜，申杜則難賈、服。至孔穎達《正義序》謂「今校先儒優劣，杜為甲矣」，於是定為一尊，賈、服遂廢。而評劉炫《規過》則謂「意在矜伐，性好非毀。規杜之失，凡一百五十餘條。習杜義而攻杜氏，猶蠹生於木而還食其木，非其理也。雖規杜過，義又淺近，所謂捕蟬於前，不知黃雀在其後」。於是舉《規過》而盡駁之，又孔氏之偏也。清儒崇古學，治左氏者如惠棟、洪亮吉、沈欽韓、劉文淇等皆祖賈、服而駁杜。焦循《春秋左氏傳補疏序》至比杜為成濟之流。陳澧《東塾讀書記》於桓二年及其大夫孔父杜注云云，「孔疏杜君積累其惡，故以書名責之。劉君不達此旨，妄為規過，雖不著規過云何，謂即可以焦說當之」，則由攻其學而并及其人矣。善乎章炳麟之言曰：「杜氏於古字古言不逮漢師遠甚，獨其謂經之條貫必出於傳，傳之義例總歸諸凡，推變例以正褒貶，簡二傳而去異端，實非劉、賈、許、穎所逮」（見所著《春秋左氏疑義答問》），斯為持平之論矣。先是紀昀纂《四庫全書總目》，於《春秋左傳正義》提要云：「今世所傳，惟杜注、孔疏為最古。杜注多強經以就傳，孔疏亦多左杜而右劉，是皆篤信專門之過，不能不謂之一失」，蓋於孔疏之盡駁劉規，失是非之公，嘗欲作規杜持平一書，以釋兩家之紛，老而未就。嘉慶壬戌，瑤圃乞假旋里，託成其志。遂於甲戌之冬，閱十五月而書成。蓋其蒐輯之功先於王謨《漢魏遺書鈔》、馬國翰《玉函山房輯佚書》，疏說之密過於陳熙晉《春秋規過考信》。祇以刊本罕傳，學者未得見及，《南菁書院叢書》始得而重刊焉。此為仁和朱修伯藏書，有「唐栖朱氏結一廬圖書記」朱文方印。

　　◎邵瑛（1739～1818），字桐南，號瑤（姚）圃。浙江餘姚人。乾隆四十九年（1784）進士，授翰林院編修。嘉慶三年（1798）任湖北鄉試副考官。歷官翰林院玉牒館協修、國史館纂修、文淵閣檢閱等，嘉慶七年（1802）任禮部會試同考官。著有《劉炫規杜持平》六卷、《說文群經正字》、《間架結構摘要九十二法》。

沈岸登 春秋紀異 佚

　　◎光緒《平湖縣志》卷十八《人物・列傳》四：生平著述半在遊屐，詩詞皆雋妙，寫山水蘭石瀟灑淡遠無塵俗氣。書宗二王，時稱三絕，鐵筆亦工。著

有《黑蝶齋詩鈔》四卷、《黑蝶詞》一卷行世,《韻鈔》《春秋紀異》若干卷未刊(高《文苑》、張《文苑》、王《隱逸》)。

◎光緒《平湖縣志》卷二十三《經籍》:《春秋紀異》(沈岸登。高《志》。未刊)。

◎許瑤光修,吳仰賢等纂光緒四年《光緒嘉興府志》卷五十九《列傳十・平湖縣》:著有《黑蝶齋詩詞》《春秋紀異》(吳《志》)。

◎許瑤光修,吳仰賢等纂光緒四年《光緒嘉興府志》卷八十《經籍一》:沈岸登《春秋紀異》(伊《志》)。

◎沈岸登(1639〜1702),字覃九,號南漘;一字黑蝶,號惰耕邨叟。平湖(今浙江平湖)人。布衣,性淡泊。與沈皞日稱「浙西二沈」,與仁和龔翔麟、秀水朱彝尊、李良年、李符,平湖沈日皞稱「浙西六家」。高士奇延為子師,未嘗一語以私干謁。著有《易學》十卷、《春秋紀異》、《黑蝶齋詩鈔》四卷、《黑蝶齋小牘》、《黑蝶詞》一卷、《古今體詞韻》、《韻鈔》五卷。浙江古籍出版社 2021 年有胡愚《沈岸登集校箋》。

沈澄本 春秋氏族圖考 二卷 存

國圖、首都圖書館藏嘉慶十九年(1814)吳興沈氏秋水山房刻本

北京燕山出版社 2017 年山西省社會科學院家譜資料研究中心編歷代姓氏文獻叢刊影印嘉慶十九年(1814)吳興沈氏秋水山房刻本

◎孫殿起《販書偶記》卷二:《春秋氏族圖考》二卷,吳興沈澄本撰。嘉慶甲戌刊。

◎沈澄本,吳興人。著有《春秋氏族圖考》二卷。

沈赤然 公羊穀梁異同合評 四卷 存

國圖藏慶刻五研齋全集本

四庫未收書輯刊影印嘉慶刻五研齋全集本

◎自序〔註4〕:為《春秋傳》者,左氏之外則有公、穀、鄒、夾四家,皆得之當時口說,各自為書。鄒、夾亡于王莽之亂,公、穀之學盛于後漢,何休最袒《公羊》,范寧則並三傳而並譏其失,然均不若左氏之親聞聖言,故其事信而其傳亦備,即間有附會,或少不當于正義者,亦百無一二焉。予幼即喜讀《左

〔註 4〕又見於沈赤然《五研齋文鈔》卷九,題《公穀異同合評序》。

氏傳》，塾師更授以《公》《穀》，皆中輟〔註5〕不肯卒業。今老矣，復取二傳讀
之，雖皆以空言說經，而時有妙義。因并錄二傳之異同者而合評之，或彼優於
此，或此優于彼，或彼此皆優皆失，竊附以臆見。至其說之必不可從者，間取
《左氏》證之，共三百七十四傳〔註6〕。其一有傳一無傳，及雖皆有傳而簡略無
深意者，概不入焉。嘉慶丁卯大雪前三日，梅村沈赤然自序於五硯草堂〔註7〕。

◎沈赤然《五研齋詩鈔》卷前自編年譜嘉慶十二年條：著《公穀異同合評》
四卷。

◎趙爾巽《清史稿》卷一百四十五志一百二十《藝文》一：《公穀異同合
評》四卷，沈赤然撰。

◎孫殿起《販書偶記》卷二：《公羊穀梁異同合評》四卷，仁和沈赤然撰。
嘉慶丁卯刊。

◎孫殿起《販書偶記》卷十六：《五硯齋文鈔》十一卷、《詩鈔》十二卷（仁
和沈赤然撰。嘉慶三年至十二年丁卯刊。案詩起丙戌，止甲寅。赤然著有《公羊穀梁
異同合評》《寄璈軒讀書隨筆》《寒夜叢談》）。

◎沈赤然（1736～1816），初名玉輝，字韞山，號梅村；後應童子試，更
名赤熊；入德清縣學，執事誤熊為然；自號更生道人。仁和（今浙江杭州）人。
乾隆三十三年舉人。官豐潤知縣。著有《公羊穀梁異同合評》四卷、《五研齋
文鈔》（括《前漢瓊靡》八卷、《後漢搴英》二卷）、《五研齋詩鈔》十二卷、《寄
傲軒隨筆》、《寒夜叢談》三卷。

沈鼎鉉 左傳集注 佚

◎王其淦、吳康壽光緒《武進陽湖縣志》卷二十八《藝文》：沈鼎鉉《左
傳集注》（佚）。

◎沈鼎鉉，著有《左傳集注》。

沈昊初 春秋編年錄 佚

◎光緒《青浦縣志》卷二十七《藝文》上《書目・經部》：《春秋編年錄》
（沈昊初著。昊初字義再，邑諸生。見《黃渡志》）。

〔註5〕沈赤然《五研齋文鈔》卷九《公穀異同合評序》無「皆中輟」三字。

〔註6〕沈赤然《五研齋文鈔》卷九《公穀異同合評序》「共三百七十四傳」作「此非
　　　敢評定先賢也，亦聊以存小儒詹詹之言而已。凡所評共若干條」。

〔註7〕沈赤然《五研齋文鈔》卷九《公穀異同合評序》「沈赤然自序於五硯草堂」作
　　　「居士手識」。

◎光緒九年（1883）博潤《松江府續志》卷三十七《藝文志·經部補遺》：《春秋編年錄》（國朝沈昊初著）。

◎沈昊初，字羲再。松江府青浦縣（今屬上海）人。諸生。著有《春秋編年錄》、《羣雅雜錄》、《竹窗隨筆》、《三餘漫錄》、《見聞錄》、《綠筠堂集》。

沈季友節錄 春秋左傳 不分卷 存

復旦藏清龍山學古堂抄本

◎晉杜預原註。

◎沈季友（1654～1699），字客子，號南疑。平湖（今浙江平湖）人。沈菜子。陸菜壻。與汪琬、毛奇齡以詩相唱和。康熙二十六年（1687）副榜貢生，任正黃旗教習，後授知縣，未赴任。歸里後，居南郊沈園，閉門著述，分纂《平湖縣志》。著有《橋李詩繫》、《南疑集》、《學古堂詩集》（《南旋集》三卷、《秋蓬集》三卷）、《回紅詞》、《龍潭唱和詩》、《賦格》、《方笛集制藝》。又與郭襄圖（字皋旭）合纂《柘上遺詩》。

沈佳 三傳彙編 佚

◎嘉慶《涇縣志》卷十八《文苑》：著有《紹衣堂集》《三傳彙編》（錢《志》）。

◎嘉慶《涇縣志》卷二十六《藝文》：沈佳《三傳彙編》（錢《志》）。

◎沈佳，字士衡。安徽涇縣北隅人。郡廩生。早負文望，端師範，教育寒士不倦。素剛嚴而斥人過，人多憚之。著有《三傳彙編》《紹衣堂集》。

沈起 春秋經傳引 佚

◎許瑤光修，吳仰賢等纂光緒四年《光緒嘉興府志》卷五十三《列傳四·秀水縣》：明末諸生，說經不沿傳註。每自出意解，聞者解頤。後入東禪寺為僧，名銘起。嘗擬譔《明書》，謂明不亡于流寇，而亡于廠衛，自成化十二年秋始，至設西廠止。又著有《大易測》《詩選》《春秋經傳引》《四書慎思錄》及《學園集》（《靜志居詩話》。參吳《志》）。

◎沈起，字仲方，後改僧名銘起。嘉興秀水（今浙江嘉興）人。明末諸生。著有《大易測》《春秋經傳引》《四書慎思錄》《明書》《學園集》《詩選》。

沈啟原 麟經考 佚

◎許瑤光修，吳仰賢等纂光緒四年《光緒嘉興府志》卷八十《經籍一》：沈啟原《麟經考》（《浙江通志》）。

◎許瑤光修，吳仰賢等纂光緒四年《光緒嘉興府志》卷五十二《列傳三‧秀水縣》：著《麟經考》、《鸚園近草》四卷、《巢雲館詩紀》、《星卦論》等書，藏經籍甚富，有《存石草堂書目》十卷（《徵獻錄》。參劉《志》）。

◎沈啟原，字道初。嘉興秀水（今浙江嘉興）人。沈謐子。嘉靖三十八年（1559）進士。素以資雄鄉里，精軍事。仕至陝西關南道副使。林居，嘗手一編，雖醫藥、卜筮之書，靡不探討。著有《麟經考》、《星卦論》、《存石草堂書目》十卷、《鸚園近草》四卷、《巢雲館詩紀》。

沈謙 左傳質疑 佚

◎陸燿《切問齋集》卷十一《文林郎內閣中書舍人沈公墓誌銘》：所著有《左傳質疑》《三禮節要》《橫山詩文稿》《沈仲子制藝》共若干卷。

◎沈謙（1620～1670），字去矜（爭），號東江（漁父）。仁和（今浙江杭州）人。崇禎十五年（1642）補縣學生員。與毛先舒、張丹稱「南樓三子」，又與柴紹炳、丁澎、陸圻、孫治等並稱「西泠十子」。入清不仕，業岐黃。肆力於詩古文，尤工詞，擅散曲，與弟子洪昇善。晚築東江草堂，吟詠不絕，潛心著述。著有《易義講餘》三卷、《左傳質疑》、《三禮節要》、《橫山詩文稿》、《沈仲子制藝》、《東江集鈔》九卷附錄一卷、《東江別集》五卷、《詞學》、《詞韻》、《詞譜》、《南曲譜》、《填詞雜說》、《詞韻略》、《古今詞選》、《沈氏族譜》、《臨平記》諸書及雜劇《莊生鼓盆》、傳奇《興福宮》《美唐風》《胭脂婿》等。

沈欽韓 春秋左氏傳地名補注 十二卷 存

浙江、吉林社科院藏咸豐九年（1859）刻本

常州藏同治丁志偉重修本

光緒十五年（1889）上海蜚英館石印皇清經解續編本（一卷）

光緒刻南菁書院刻續經解本

光緒潘氏刻功順堂叢書本

光緒刻民國重修心矩齋叢書本

商務印書館 1936 年叢書集成初編據功順堂叢書排印本

中華書局 1985 年新一版叢書集成初編本

北大藏清抄本

浙江藏清抄本

續修四庫全書影印光緒潘氏刻功順堂叢書本

國家圖書館出版社 2012 年宋志英選編左傳研究文獻輯刊影印光緒吳縣潘氏刻功順堂叢書本

◎一名《左傳地名補注》。

◎潘錫爵跋：同邑沈小宛先生欽韓，著作等身，皆未之見。此《左傳補注》十二卷、《左傳地名補注》十二卷，假之顧孝廉瑞清，屬胡君家董、余弟錫誥分任影鈔。其譌缺者略加校補，藏諸家塾。是書國朝有崑山顧氏、吳江朱氏、元和惠氏、桐城姚氏／馬氏、陽湖洪氏諸家補注，而此注訓解名物、剖析字句尤有詳贍於諸家者。惟僖十七年傳「雍巫」，《史記集解》引賈逵說謂是易牙，《索隱》謂其未知何據，而以為即《管子》之棠巫。先生取《索隱》說而更證以《呂覽‧知按篇》之常知巫，不用賈義。昔先君子饌《羣經索隱》，駁去小司馬之說曰：「棠與雍形、聲俱不相近，侍中之說雖不知所本，然必受諸先師，決非憑空臆造。」況雍即饔字省文，《儀禮‧公食禮》雍人倫膚、《少牢禮》雍人摡匕，並以雍為饔可證。又《國策》齊桓公夜半而嗛，易牙乃煎熬燔炙，和調五味而進之，是易牙固以烹調事桓公，雍當是易牙之官。昭二十五年傳雍人檀亦於官下舉其名，是其例也。襄二十一年傳「美而不使」，據唐石經、王充《論衡》下添「視寢」二字，遂以使為幸婦人，古無此訓。二十八年傳「鄭伯迁勞于東門之外」，以迁為古文往字，而以作誑字用者為本於《說文》之譌，引傳文「爾無我迁」一語，不知《鄭風》「人實迁女」亦以迁為誑。《毛詩》為古文，則古文往誑二字並通用，誑若斯之類均有可商。其餘駁正注疏謬說、申明賈服古詁，則誠盲史氏之功臣也。昔先君子嘗謂爵曰：「治《左氏》者當以賈、服為主，博采魏晉至國朝諸家之說為之箋疏，如余之治《論語》，庶幾古詁可以復顯。余老矣，有志未逮，汝其勉之！」爵敬識之。今先君子歿已十稔，爵愧不能繼述，然纂集之志不敢一日懈也。倘異日者得以采輯成書，質諸海內之治《左氏》者，豈非私心所願哉！與先生同時治《左氏》者，有廣陵劉孟瞻先生文淇，槀本未刊。聞同邑錢茂才綺箸有《左札》三卷，爵亦未之見，附誌之以誩當世之為左氏學者。咸豐己未秋月，後學潘錫爵跋于安石榴院。

◎胡承珙《求是堂文集》卷三《與沈小宛書》：小宛先生足下，前奉還雲，備紉垂注，就稔攝衛維宜、寢興多福為頌。大箸《左傳》已錄副珍藏，覆斟之下，見其中引證地理尚有前後複見者，將來付梓，尚須刪並歸一。弟於《左傳訓詁》亦有采獲，尚未成書，今偶舉一二就正左右。僖二十二年楚人伐宋以救鄭，宋公將戰，大司馬固諫曰：「天之棄商久矣，君將興之，弗可赦也已」，杜注：「言君興天所棄，必不可，不如赦楚勿與戰」，此似以「弗可」絕句，下三字殊不辭。案赦與免同義。公羊昭十八年傳：「赦止者，免止之罪辭也」、《周禮・鄉士》「若欲免之」注云：「免猶赦也」，蓋謂君將興天所棄，則違天將不免於禍也。又昭十六年卻至曰：「敢告不寧」，劉炫引魏犨曰：「不有寧也」，以寧為傷，此說是也。案《方言》：「愵，傷也（《廣雅》同），楚潁之閒謂之愵」，文十二年兩軍之士皆未愵也，愵與寧聲同，亦是以愵為傷。杜注訓缺，不如訓傷為順。郭注《方言》引詩「不愵遺一老」為恨傷之言，非是。文十七年「鹿死不擇音」，顧亭林引《莊子》「獸死不擇音」以證服說。今案《後漢書》皇甫規上疏自訟，末云：「鹿此不擇音，謹冒昧略上」，此亦與服解同。鄙陋之見，希進而教之，幸甚。前賜書云所注韓昌黎、王半山集多唐宋掌故，為當時人所未能詳者，聞之不勝欣躍，急思先睹為快，可否以藁本暫借，讀畢奉繳。弟家居伏案，俗務閒之，拙箸《毛詩》正事繕寫，常數日不登紙，近始寫至《王風》，容俟再加審諦，尚思隨時就正耳。茲將《左傳》二冊、詩稿一冊奉璧，日來餞藏懷人，必多新作，嶺雲溝水，良覿無緣；夢與神馳，曷其有極！風便率請節禧，惟為道自愛。不宣。

◎趙爾巽《清史稿》卷一百四十五志一百二十《藝文》一：《春秋左傳補注》十二卷考異十卷、《左傳地名補注》十二卷，沈欽韓撰。

◎上海古籍出版社 2015 年《續修四庫全書總目提要・春秋類》「《春秋左氏傳地名補注》十二卷」：顧棟高以為「杜氏之最精且博者」莫若「作《土地名》以考列國之地理，其學誠絕出古今」，然杜氏之地理考證，有訓釋過簡之弊。沈氏是書補杜注之未備，舉《左傳》中之地名逐一核定，參考《一統志》、《括地志》、《方輿紀要》、《寰宇記》、《元和郡縣志》、《水經注》及地方志等，正其謬誤，斷其是非，且一一注明出處。是書於杜氏未注者，則補之。如「潁谷封人」，沈注：「《水經注》：潁水所出；《一統志》：潁谷，在河南府登封縣西南。」於杜氏略注者，則詳之。如「娶于申」，杜注「申國，今南陽宛縣」，沈注：「《方輿紀要》：申城，在南陽府北二十里；《括地志》：南陽縣北二十里。」

於杜氏之誤注，則改之。如「至于廩延」，杜注「廩延，鄭邑。陳留酸棗縣北有延津」，沈注：「《一統志》酸棗故城在衛輝府延津縣北十五里。按，《水經注》河水又東經滑臺城北，城即故鄭廩延也。據文『廩延』即今滑縣，唐之滑州，漢晉為白馬縣，杜預謂酸棗縣之延津，非也。《元和志》滑州西南至鄭州三百里，太叔段所侵之界如此。」杜預之《左傳》地理考證，經顧炎武、顧棟高、高士奇、惠棟、江永等人的考證，逐步完善，至是書，對杜注地理之補正更趨完備。考證之餘，亦指出今之地點，皆言之有據，於後學大有裨益。此本據清光緒間潘氏刻《功順堂叢書》本影印。（潘華穎）

◎沈欽韓（1775～1832），字文起，號小宛。烏程（今浙江湖州）人，居蘇州木瀆。嘉慶十二年（1807）舉人。官寧國縣訓導。家貧，借書於人，計日歸輒成誦，遂淹通諸學，自詩古文駢體外，尤長於訓詁考證，精史地。著有《左傳補注》十二卷、《春秋左氏傳地名補注》十二卷、《幼學堂文集》八卷、《幼學堂詩集》十七卷、《兩漢書疏證》七十四卷、《水經注疏證》四十卷、《韓昌黎集補注》、《王荊公詩補注》、《王荊公文集注》、《蘇詩查注補正》、《范石湖集注》等。

沈欽韓 春秋左氏傳補注 十二卷 存

國圖藏稿本

天津藏道光元年（1820）刻本

國圖藏同治十二年（1873）劉履芬跋抄本

溫州藏清抄本

光緒刻皇清經解續編本

光緒刻心矩齋叢書本

光緒吳縣潘氏刻功順堂叢書本

浙大藏清抄本（十卷）

國家圖書館出版社 2012 年宋志英選編左傳研究文獻輯刊影印光緒吳縣潘氏刻功順堂叢書本

上海古籍出版社 2015 年清代春秋學匯刊點校本

◎一名《左傳補注》《春秋左傳補注》。

◎春秋左氏傳補註序〔註8〕：《左氏》之學，《儒林傳》《經典序錄》言之

〔註 8〕又見於沈欽韓《幼學堂文稿》卷六，題《春秋左氏傳補注序》。

詳矣。二千餘年，黃童白叟知呻吟而抄括之，然其學若明若滅、若存若佚。若亡國之社其神不靈，若枯樹之枿雖春不榮，塊然於天壤，終無人窺其撰述之旨，得一二微言妙義曉然為輔翼乎！周公、孔子而千世一範者，則俗學顯排之，邪說陰敗之，鄙夫小生中毒厭，不啻傳尸鬼病。嗚呼，可憐也已！為《左氏》厄者有四焉：始也一經一傳閟而不宣，學士端居匡坐，懷不能已，竊自耳剽口傳以遣時日，遂有公羊、穀梁、騶、夾氏之異，為一王之法制，為學官之祭酒，始願豈及此哉？然漢之賤儒喜其書短而易習、義淺而易推，則羣居點竄，傅致雜術，以蠱世主，以脅後生。胡母、尹生之徒，生享美祿，沒有榮名，羣不逞者戟腕咶舌而起，假《左氏》得行其好醜，譬諸二八妙姝與夫盲母狗也，彼復何所容其喙？青青子衿，不將操瓢而行乞哉！誠不能不出死力以排之，至范升、何休而猖蹶極矣。其厄一也。然其書雖不立於學官，通材大師猶遞相傳習，其訓故雖未由發聖師之蘊奧，但守章句數名物，待理智者自得之，固無傷乎左氏之書也。有杜預者，起紈綺之家，習篡殺之俗，無王肅之才學而慕其鑿空，乃絕智決防以肆其猖蹶之說，是其於《左氏》如蟹之敗漆、蠅之汙白，其義理沒於鳴沙礁石中，而杜預之妖燄為雞為狗，且蓬蓬於垣次矣。其厄二也。江左輕浮，學尚王、杜；中原敦龐，師仍鄭、服。三百年中，崔靈恩、魏冀隆諸人，猶能關其口而奪之氣。孔穎達者，賣國之諸子也，槁然無所得於漢學，蜣蜋之智，奉偽孔氏與杜預而甘且旨焉，排擊鄭、服不遺餘力，於是服氏之學始顯終亡，而杜預之義赫然杲日之中天。其厄三也。自後博士倚席不講，人心益儇惡，纔辨章頭便欲掎人之短揚己之長。啖助、趙匡、陸質、劉敞之流，哆然弄筆，弱弓蒿箭，競以《左氏》為質的。經世大典，夷於附枝贅肬，甚者以為蠱心喪志，學者搖手不敢窺，反不如杜預、顏籀之涕唾，時時吮咽。南宋習尚亦何可言，幸而不亡，蓋宏辭從橐應官之文句其膏馥耳。元明來此制一廢，而士大夫真目不識丁矣。其大厄四也。禮者，奠天下之磐石也，禮廢則天子無以治萬邦、諸侯無以治四境、卿大夫無以治一家，時則下陵上、裔亂華，亡國破家，殺身如償券。孔子傷之，欲返諸禮而無其位，故因《春秋》以見意，以為脩整於既往其召福祥也如彼，勃亂於當今則嬰毒禍也如此。左氏親受指歸，故於禮之源流得失反復致詳焉。周公、孔子治道之窮通萃於一書，若其勸懲之旨則婉而多風矣。時以為君子則君子之，時以為善則善之，冀此心默喻於千載，謹守遜言之戒，以全《春秋》付託之重，然其以禮愛護君父，不已深切著明哉？奈何杜預以罔利之徒，懵不知禮文者，蹴然為之解，儼然行於世，害人心、滅天理，

為《左氏》之巨蠹。後生曾不之察，騰杜預之義而播左氏之疵，左氏受焉，亦見其蠢。中薄植一魏晉之妄人，莫覺莫悟，何有於古學哉。區區之衷，久懷憤懣，遂補注十二卷，發明婉約之旨，臚陳典章之要，象緯堪輿之細碎亦附見焉。注疏之謬，逐條糾駁，各見於卷。則左氏之沈冤悉白、杜預之醜狀悉彰。其么膚蟲類、橫巇左氏殆不足辨，不悉著。若夫百家傳聞眾言淆亂，與公羊、穀梁、司馬遷事辭之悖謬，別為考異，不列茲編。噫嘻！昔者賈逵之訟左不盡括左氏之長、劉炫之規杜又不足仆杜預之短，是以芳烈不揚休，赤臭未末殺。小子何人，敢與茲事？將前哲之所啟牖乎？今險恢刻薄之人，有竊鑽何休之餘竅，以詿誤梧子，何不仁之甚也！蓋聖世之賊民而已矣。道光元年歲次辛巳季夏，沈欽韓敘。

◎劉履芬〔註9〕跋：同治癸酉閏六月錄始，七月二十四日工竣。是書稿本存馮中允桂芬家。江山劉履芬記於江蘇書局。

◎郭嵩燾《郭嵩燾日記》同治元年十二月二十一日：馮景翁言吳人沈（小宛）欽韓著有《漢書疏證》一書，極為淵博，其草本分質兩家，為謀錄存之。小宛治《左氏傳》專攻杜預、治《公羊傳》專攻何休、治《漢書》專攻顏師古，所謂立意與古人爭勝者也。

◎李慈銘《越縵堂讀書記・經部・春秋類》：閱沈文起《左傳補注》，其自序極詆《公》《穀》及杜氏《集解》，言雖雋快，而以胡毋生等為漢之賤儒，以杜氏為起紈綺之家習篡殺之俗，以孔沖遠為賣國之諂子，以啖助等為儇惡，以宋人為吮杜預之涕唾，以元明人為目不識丁，以近人劉申受等為聖世之賊民，至謂以左氏視公、穀如二八妙姝與盲母狗，殊病偏激，不似儒者之言。其書意主發明左氏禮學，如論繼室以聲子，謂大夫而下繼室有為嫡者，故《喪服》之繼母如母；天子諸侯不再娶，故繼室而非嫡，《雜記》所謂攝如君也。論先配而後祖，謂《聘禮》大夫之出，既釋幣於禰，其反也，復告至於禰。忽受君父醮子之命於廟以逆其婦，反不告至，徑安配匹，始行廟見之禮，是為墜成命而誣其祖。大夫宗婦覿用幣，謂禮有內宗、外宗，鄭云王同姓之女謂之內宗，王諸姑姊妹之女謂之外宗，又得兼母之黨。《雜記》外宗為君夫人，猶內宗也。鄭云謂姑姊妹舅之女及從母皆是。又有同姓大夫之妻，《喪大記》所謂外命婦

〔註9〕劉履芬藏書宏富，勤於鈔錄。葉昌熾《藏書紀事詩》載葉裕仁《劉泖生莎廳課經第二圖後序》：江山劉泖生刺史，性嗜書，遇善本必傾囊購之，其不能得者手自鈔錄，日課書十紙，終日伏案矻矻，未嘗見其釋卷以嬉也。

也。又有外親之婦，亦通謂之外宗。《服問》注云：「外宗，君外親之婦也，大夫、宗婦覿」，則外內宗之嫁大夫者及同姓大夫之妻覿夫人，非謂大夫與宗婦雙雙而至也。其言男女同贄者，謂婦人而用幣，是無別於男子。《列女傳》嬖孽載此事，謂婦贄用幣，是男女無別也，語尤明。論北面重席，新尊絜之召悼子，及旅而召公鉏，謂《鄉射禮》主人獻眾賓後大夫辭加席主人對不去，加席注云：「不去者，大夫再重席正也，賓一重席」。又《燕禮》司宮筵賓於戶西東，上無加席，此以賓無加席，故《燕禮》卿辭重席，明非君在前則得重席。臧紇以重席待悼子，明其為卿之適從卿禮也。新尊絜酒，如《士冠禮》再醮攝酒，有司徹司宮攝酒（士冠禮注：攝，猶整也，又三醮攝酒如再醮），更新示敬也。《燕禮》卿大夫皆脫屨就席，主人乃獻士於西階上，所謂大夫舉旅行酬而後獻士也。《鄉飲酒禮》云：「既旅士不入」，明士入，當旅酬節也。旅而召公鉏，以士禮待之，明其不得嗣爵。論使與之齒，謂與旅者子姓兄弟為齒也。《特牲》、《饋食禮》設堂下尊之後兄弟之子舉觶，為旅酬悼子，設席自在堂上，所旅酬之人堂上無位，公鉏安能與悼子為齒？論轑而登席，謂《燕禮》命安徹俎之後，乃脫屨升就席，皆坐。《詩傳》不脫屨升堂謂之飫，是君之享臣有終日不脫屨者。燕雖脫屨，亦在禮終，故《少儀》云：「堂上無跣，燕則有之。」今褚師聲子必是未命坐之先已跣而升堂，玩其臣有「疾異於人，若見之君將殼之」之語，必是足創不堪著屨，若勉著之，恐潰泄，須攔拭，將使君見而嘔也。古者除遭喪於禮事，未聞徒跣（案去屨謂之跣，去韤謂之徒跣）。杜謂見君解韤，出於杜撰。此類皆數典精確，足以推明禮制，餘亦多所折衷。其謂僖十五年傳文曰：「上天降災」至「唯君裁之」四十七字，證以《列女傳》並有此文，是孔、陸之本偶爾褫奪，與余舊說合。光緒戊子十一月初二日。

◎劉文淇《青溪舊屋文集》卷三《與沈小宛先生書》：小宛先生閣下，文淇駑鈍無似，于學問之途未窺涯俟。然側聞先生緒論及拳拳誘掖之盛心，稍知感奮，不敢自棄。前歲得尊著《左傳補注》，已錄副本，披尋再四，竊歎左氏之義為杜征南剝蝕已久，先生披雲撥霧，令從學之士復觀白日，其功盛矣。覆勤杜注，真覺痀瘝橫生。其稍可觀覽者，皆是賈、服舊說。洪稚存太史《左傳詁》一書，於杜氏勦襲賈、服者條舉件繫，杜氏已莫能掩其醜，然猶苦未全。文淇檢閱韋昭《國語注》，其為杜氏所襲取者正復不少。夫韋氏之注，除自出己意者，餘皆賈、服鄭唐舊說。杜氏掩取贓證頗多，竊不自量，思為《左氏疏證》。取左氏原文依次排比，先取賈、服、鄭君之注，疏通證明。凡杜氏所排

擊者糾正之，所勦襲者表明之，其襲用韋氏者亦一一疏記；他如《五經異義》
所載左氏說皆本左氏先師，《說文》所引《左傳》亦是古文家說，《漢書·五行
志》所載劉子駿說皆左氏一家之學；又如《周禮》《禮記》疏所引《左傳》注
不載姓名而與杜注異者，亦是左服舊說。凡若此者皆以為注，而為之申明。疏
中所載，尊箸十取其六。其顧、惠補注及王懷祖、王伯申、焦里堂諸君子說有
可采，咸與登列，皆顯其姓氏，以矯元凱、沖遠襲取之失。末始下以己意，定
其從違。至若左氏之例異於公穀、賈、服間以《公》《穀》之例釋《左傳》，是
自開其罅隙，與人以可攻。至《春秋釋例》一書為杜氏臆說，更無論矣。文淇
所為《疏證》專釋詁訓名物典章而不言例。其《左氏凡例》另為一表，皆以左
氏之例釋左氏，其不知者概從闕如。杜氏以經訓飾其奸邪，惠定宇微發其端，
焦里堂《六經補疏》以杜氏為成濟一流，不為無見，然以杜氏之妄並誣及左氏，
則大謬矣。近今為左氏之學未有踰先生者，文淇鑽仰有年，草稿粗就，期以十
年之功，或可成此。但學識樗昧，尚希有以教之。至《新舊唐書考證》，向亦
粗具條目，垂論殷殷，敢不黽勉！俟《左傳》卒業，即肆力為之。先舅氏曉樓
先生所箸書最精者莫如《公羊禮疏》，誠如來教所云。但此書博引舊說，無所
引申，恐後人有襲取之者。極知先生不喜《公羊》，然先舅氏一生勤學，非先
生孰表章之？倘能賜序一篇，幸甚！伏乞鑒察。不宣。

　　◎趙爾巽《清史稿》卷一百四十五志一百二十《藝文》一：《春秋左傳補
注》十二卷考異十卷、《左傳地名補注》十二卷，沈欽韓撰。

　　◎張之洞《書目答問》卷一《經部》：《左傳補注》一卷（姚鼐。《惜抱軒集》
本。沈欽韓《左傳補注》十二卷、《考異》十卷，未見傳本）。

　　◎上海古籍出版社2015年《續修四庫全書總目提要·春秋類》「《春秋左
氏傳補注》十二卷」：是書前有沈氏自序，稱是書發明婉約之旨，臚陳典章之
要，象緯堪輿之細碎亦附見，注疏之謬逐條糾駁，悉彰杜氏之醜云云。沈氏尤
長《禮》與《春秋》，故解《春秋》多引《禮》經為佐證，如卷一桓公五年「州
公如曹」，沈氏結合鄭玄《王制》注及春秋史實，證劉炫以「爵得稱公，土亦
應廣」誤。非止于杜注，沈氏亦力闢眾家之淆亂。如隱公五年「則公不射」，
沈注：「惠云，此指祭祀射牲。按，此謂田獵上殺也，詳《王制》及《毛詩傳》。」
書中雖亦有認同杜氏之處，然批駁之意更甚。如桓公元年「公即位」，沈氏注
曰：「《周官·宗伯》注古文《春秋》經『公即位』為『公即立』。古者『立』、
『位』同字，然則此『人』旁即是杜預妄改古文。」考《漢書·劉歆傳》謂《左

氏傳》多古字，然現存版本所含古字極少，錢大昕《潛研堂文集·答問四》謂
「蓋魏晉以後經師所改」，沈氏將所有過錯盡歸杜氏一人，釋「弔生不及哀」，
更稱杜預為「古今之罪人」，由學術評介升至人身攻擊，有欠妥當。此本據國
家圖書館藏稿本影印。（潘華穎）

沈青崖 春秋三傳明辨錄 十六卷 存

清華藏清初刻本

◎許瑤光修，吳仰賢等纂光緒四年《光緒嘉興府志》卷八十《經籍一》：
沈青崖《春秋三傳明辨錄》（桑調元《序》略曰：通三家之郵，啟全經之奧）。

◎沈青崖（1691～），字艮思，號愚舟。嘉興秀水（今浙江嘉興）人。雍
正元年（1723）舉人，十一年（1733）以西安糧監道管軍需庫務駐肅州，乾隆
元年（1736）改授延綏道，後又官河南開歸道。著有《毛詩明辨錄》十卷、《春
秋三傳明辨錄》十六卷、《愚舟詩集》，參纂雍正《陝西通志》。

沈淑 春秋經玩 四卷 存

國圖藏清文萃堂後印南匯吳省蘭聽彝堂輯刻藝海珠塵八集一百六十四種
本

◎此實即沈氏《春秋左傳分國土地名》二卷、《左傳器物宮室》一卷、《左
傳職官》一卷之合稱。

◎沈淑（1702～1730），字立夫，又字季和。江蘇常熟人。沈萬育孫。雍
正元年（1723）進士。選翰林院庶吉士。雍正三年（1725）散館，授編修。雍
正八年（1730）病歸，尋卒。著有《經玩五種》二十卷，括《陸氏經典異文輯》
六卷、《經典異文補》六卷、《春秋左傳分國土地名》二卷、《左傳器物宮室》
一卷、《左傳職官》一卷、《注疏瑣語》四卷。

沈淑 春秋左傳分國土地名 二卷 存

國圖藏雍正三年（1725）常熟沈氏孝德堂刻經玩本（附左傳職官一卷、左
傳器物宮室一卷）

國圖藏光緒增刻常熟鮑廷爵輯後知不足齋叢書四十七種本

清文萃堂刻藝海珠塵後印本

國圖藏清末節鈔藝海珠塵本

中華書局 1985 年新一版叢書集成初編本

　　國家圖書館出版社 2012 年宋志英選編左傳研究文獻輯刊影印清文萃堂刻藝海珠塵後印本

　　◎卷末：杜元凱《釋例》《土地名》今未見其書，據注分國，寄示從子輩，便記覽焉。雍正乙巳秋九月季和父。

　　◎趙爾巽《清史稿》卷一百四十五志一百二十《藝文》一：《春秋左傳分國土地名》二卷、《春秋列國職官》一卷、《春秋器物宮室》一卷，沈淑撰。

沈淑　左傳器物宮室　一卷　存

　　國圖藏雍正三年（1725）常熟沈氏孝德堂刻經玩‧春秋左傳分國土地名附刻本

　　國圖藏乾隆刻本

　　道光三十年（1850）金山錢氏漱石軒重印嘉慶南匯吳省蘭聽彝堂刻本

　　國圖藏清末節抄本

　　清文萃堂刻藝海珠塵後印本

　　國圖藏光緒常熟鮑廷爵增刻後知不足齋叢書四十七種本

　　國圖藏清文萃堂後印吳省蘭輯刻藝海珠塵八集一百六十四種本

　　商務印書館 1939 年叢書集成初編本

　　國家圖書館出版社 2012 年宋志英選編左傳研究文獻輯刊影印清文萃堂刻藝海珠塵後印本

　　◎一名《左傳器物》《春秋器物宮室》。

　　◎趙爾巽《清史稿》卷一百四十五志一百二十《藝文》一：《春秋左傳分國土地名》二卷、《春秋列國職官》一卷、《春秋器物宮室》一卷，沈淑撰。

沈淑　左傳職官　一卷　存

　　國圖藏雍正三年（1725）常熟沈氏孝德堂刻經玩‧春秋左傳分國土地名附刻本

　　清文萃堂刻藝海珠塵後印本

　　國圖藏光緒常熟鮑廷爵增刻後知不足齋叢書四十七種本

　　商務印書館 1939 年叢書集成初編據藝海珠塵本排印本

　　叢書集成新編本

　　國家圖書館出版社 2012 年宋志英選編左傳研究文獻輯刊影印清文萃堂刻藝海珠塵後印本

◎一名《左傳職官》、《左傳列國職官》。

◎卷末：春秋列國官號甚雜，今分輯之。載注疏之說與《周官》參校，畧可以見侯國之差錯焉。雍正己巳冬十月，季和父。

◎趙爾巽《清史稿》卷一百四十五志一百二十《藝文》一：《春秋左傳分國土地名》二卷、《春秋列國職官》一卷、《春秋器物宮室》一卷，沈淑撰。

沈彤 春秋左氏傳小疏 一卷 存

國圖、吉林藏乾隆十四年（1749）沈氏家刻沈果堂全集六種二十九卷本

四庫本

咸豐十一年（1861）增刻道光九年（1829）廣東學海堂皇清經解本

光緒十七年（1891）上海鴻寶齋石印皇清經解本

◎一名《春秋左傳小疏》。

◎摘錄「隱公元年經春王正月」條：書王正月乃列國史官記事之常法，否則嫌於不稟正朔矣。周時月並改，而此不云王春者，春天時不可繫於王也。王在春下正上，則時月亦兼統之，古書法有如此者。

◎提要：是編以趙汸、顧炎武所補《左傳杜注》為未盡，更為訂正，其中得失互見。如襄公二十六年傳「享子展，賜之先路、三命之服，先八邑；賜子產次路、再命之服，先六邑」，彤謂：「八邑、六邑其數少，乃《司勳》所云賞地，非采邑之加田，疏亦誤」。今考《司勳》曰：「凡頒賞地，參之一食，惟加田無國正。」注曰：「加田既賞之，又加賜以田，所以厚恩也。」據此則是特以賞田有所未盡，更加以賞，未有賞田反少加田反多者。今彤謂八邑、六邑為數少，當是賞地，則加田為數當多矣。與《周禮》殊為未合。蓋彤著《周官祿田考》，誤以《大司徒》注「小都、大都，旁加之數」即為《司勳》之加田，故今以子展、子產皆國卿，若受加田，則約得小都，旁加四里，傳云八邑者，據注不過三十二井，云六邑者，不過二十四井，故疑其數少，非加田。其實皆不然也。又如文公元年傳「歸餘於終」，彤謂：「積氣朔餘日以置閏，在四季月，故曰『歸餘於終』。經傳所書閏月，皆不得其正。惟昭公二十年閏八月，於夏時適為閏六月，偶合耳。」今考昭公二十年書春王正月傳曰：「二十年春王二月己丑，日南至。」杜注：「謂當言正月己丑朔，日南至。時史失閏更在二月後，故經因史而書正月，傳更具於二月。疏謂曆之正法，往年十二月後宜置閏月，即此年正月，當是往年閏月，此年二月，乃是正月，時史於往年錯不置閏，

閏更在二月之後，傳於八月之下乃云「閏月戊辰殺宣姜」是也。注不言在八月後者，以正月之前當置閏，二月之後即不可也。據此則是年八月置閏，正史官之失。彤反以為偶合，亦非也。至如襄公二十二年傳「令倍其賦」，孔疏謂：「賞地之稅三分，王食其一，二入於王臣，此采邑貢王之數。然則諸侯之臣受采地者，亦當三分之一歸於公，言重倍其賦，當以三分而二入公。」今考采邑貢王，《大司徒》注曰：「采地食者皆四之一。百里之國凡四都，一都之田稅入於王。五十里之國凡四縣，一縣之田稅入於王。二十五里之國凡四甸，一甸之田稅入於王。」其賞地貢王則孔疏所引《司勳》注「三分計稅，王食其一」是也。然則采地、賞地貢數顯異。今孔疏於侯國采地之賦，不計四分之一而計三分之一，是誤以賞地為采地矣。彤辨正其非，足辟相沿之謬。又如文公二十五年傳「賦車兵、徒兵」，杜注云：「車兵，甲士。」《孔疏》云：「知非兵器者，上云數甲兵，下云甲楯之數，故知此謂人也。」顧炎武謂：「執兵者之稱兵自秦始，三代以上無之，凡杜之以士卒解兵者皆非。」彤引隱公五年傳「諸侯之師敗鄭徒兵」、襄公元年傳「敗其徒兵於洧上」，云「徒兵則不得謂非士卒矣」，亦可以補正顧氏之失。雖未完之書，錄而存之，於讀《左傳》者亦有所裨也。

◎劉聲木《桐城文學撰述考》卷一「沈彤撰述」：《尚書小疏》一卷、《儀禮小疏》八卷、《春秋左傳小疏》一卷、《周官祿田考》三卷、《內經本論》（未刊）、《氣穴考略》五卷（未刊）、《釋骨》一卷、《吳江縣志》五十九卷、《震澤縣志》三十九卷、《沈氏詩錄》、《遊包山記》一卷、《吳江沈氏詩集》十二卷。

◎趙爾巽《清史稿》卷一百四十五志一百二十《藝文》一：《春秋左傳小疏》一卷，沈彤撰。

◎張之洞《書目答問》卷一《經部》：《左傳小疏》一卷（沈彤。《果堂集》本。學海堂本）。

◎沈彤（1688～1752），字冠雲，號果堂，私諡文孝先生。吳江（今江蘇蘇州吳江區）人。諸生。自少力學，以窮經為事。乾隆元年（1736）薦舉鴻博報罷。與修《三禮》及《一統志》書成，授九品官，以親老辭歸。篤志群經，尤精《三禮》。著有《尚書小疏》一卷、《儀禮小疏》八卷、《春秋左傳小疏》一卷、《周官祿田考》三卷、《內經本論》、《氣穴考略》五卷、《釋骨》一卷、《吳江縣志》五十九卷、《震澤縣志》三十九卷、《沈氏詩錄》、《遊包山記》一卷、《吳江沈氏詩集》（《果堂集》）十二卷。

沈豫 春秋左傳地名集錦 二卷 存

道光二十六年（1846）藏修書屋刻藏修堂叢書本

國圖、南京、浙江、溫州藏道光二十七年（1847）蕭山沈氏蛾術堂刻本

◎沈豫（1781～1851），字小勇，號補堂，一號芙村。浙江蕭山東鄉漁村人。道光諸生。家貧，讀書多借於人。少學於同里陳家驥，經學文辭咸得其傳。一遊江淮間，旋教授鄉里，工四六文，精於《春秋》之學。著有《讀經如面》一卷、《讀易寡過》一卷、《周官識小》一卷、《春秋左傳地名集錦》二卷、《皇清經解提要》二卷、《皇清經解淵源錄》一卷、《皇清經解輯說》、《春秋左傳服注存》二卷續一卷補遺一卷、《左官異禮略》一卷、《群書提要》一卷、《羣書雜議》一卷、《袁浦雜記》一卷、《讀史札記》一卷、《讀史雜記》一卷、《秋陰雜記》一卷、《仿今言》一卷、《芙邨文鈔》二卷、《芙邨學吟》一卷，多收入《蛾術堂集》。

沈豫 春秋左傳服注存 二卷 續一卷 補遺一卷 存

中共天津市委黨校藏道光二十六年（1846）藏修書屋刻藏修堂叢書本

溫州藏道光蕭山沈氏蛾術堂刻本（再續一卷）

南開藏清抄本

芋園叢書本

◎卷首《服氏源流》。

◎序：余自道光丁酉歸田後，頻年安硯武林，為穎山族叔課其長子願齋。甲辰余叔延沈茂才又筠課其次子經閣，叔由又筠經史之學沿波討源，而為科舉文所束縛，不能專意於古。晨夕晤聚，極推襟送抱之樂。茲以其令叔補堂先生所著《左氏服杜異同輯說》並《春秋左傳服注》二種賜教，余少讀書，本無根柢，老益憒憒於實事求是之學，茫然無所得於心，何足以讀先生之書？！惟念東漢服氏之學迄梁已寖微寖失，今先生於千八百年之後綴輯散佚，都為一編，俾其說炳然與征南並傳於世，洵稽古者之奇瑜，抑業《左》者之寶筏也。他日壽諸梨棗，舁余以校讎之役，則炳燭餘明或尚足辨魯魚亥豕乎？且欲附名以垂簡端也！道光二十六年歲次丙午，舊史氏武進瞿溶謹序。

◎春秋左傳服注存凡例〔註10〕：

言《通典》《文選》《儀禮》《禮記》《史記》《詩疏》《通鑑》《北史》《隋書》

〔註10〕周按：為省篇計，各條之間加 // 區分，不另分行。

諸籍，各書皆本余氏《鉤沈》也。// 言服注者多從蕭客《鉤沈》本也。// 言孔疏正義者，引服也。// 言同者，多本年接上也。// 閔元年以滅耿滅霍滅魏注言，史記注三十九並言元和郡縣圖志十二者，一事而兩書，各引也。// 言姚注者，姚引服也。// 前兩卷體例悉本《鉤沈》，未敢掠美。// 後兩卷續服、再續補遺，援引悉以鄙見。// 再續即出。

◎摘錄春秋左傳服注續卷末：豫輯《服氏春秋左傳注》，輒有纂目，自知固陋，實之鴻生碩彥，頗以單詞孤證為嫌。余臺之而苦無儲書，力又耗也。會鏤板有日，心殊觖然。于族賢雲軒孝廉家借閱《皇清經解》言《春秋》者如江歲貢《地理考實》、惠學士《春秋說》、沈徵君《春秋小疏》、惠徵君《春秋左傳補注》、焦孝廉《春秋左傳補疏》、馬進士《春秋左傳補疏》、劉禮部《左氏膏肓評》近十種，復得若干條。而惠徵君《補注敘》云：「孔穎達奉敕為《春秋正義》，又專為杜氏一家之學。值五代之亂，服氏漸亡。」而劉禮部逢祿《左氏春秋攷證後證箋膏肓評》敘云：「《隋經籍志》有服虔《膏肓釋痾》十卷」，今鄭氏所箋尚存一二，而服氏之書亡。大雅宏達猶艱蒐錄，況區區老鄙哉！嘗鼎臠可也，窺豹斑可也。小甥沈豫識於漢讀齋之北窗。

◎摘錄春秋左傳服注補遺卷末：自杜注行而服氏微，范史《郡國志》，劉昭《補注》引杜者二百四十八條，而采服祇河南尹、陽樊兩條。服虔曰：「樊仲山之所居，故名陽樊。」沛郡有郟聚，服虔曰：「郟，晉別都而已。」梁去東漢未遠，而其說已散佚如是。茲將服氏各注別書，與左注可牽合者臚錄數則，未知當日子慎之心如何，而亦孔氏穎達《正義》單取鄭氏字面注傳，如僖二十四年傳「晉侯之豎頭須」疏：「鄭元注《周禮》：豎，未冠者之名。文二年不登於明堂，鄭元以為在國之陽，與宗廟別處。」如此之類，難以枚舉。未必康成專注《左氏》書也。椎輪大輅，積水層冰，容俟鴻儒踵事而增可已。豫謹識。

◎跋：國朝經學之盛超軼往代，而鉤稽古籍考索補亡亦稱極備。自國初以迄近時，輯錄者無慮數十百家，要以畢尚書之問經堂、孫觀察之平津館為尤萃。其書縱非全璧，然俾後之人藉以尋流討源，辨析古義，則其功為甚巨，烏得但以綴輯目之乎！補堂先生雲永名宗，蕭然老宿，少曾負笈遨遊，得山川之助，親承當代名公鉅卿之緒論，加以潛心力學，故能淵深宏雅。去秋嘗讀《蛾術堂全集》，歎無美之不臻。今年夏其猶子又筠二兄復出此編見眎，挑燈雒誦，益見述古之勤，老而彌篤。按《左氏》之注以服氏為最古，《正義》所引本屬寥寥，其零章斷句往往見於他書。得先生為之考核排纂，頓使三千年古書面目復

見於今，豈特有功服氏，並足嘉惠來學，當與畢、孫兩家之書共傳不朽矣。瑛淺陋無文，至於經學更未窺其涯涘，何敢妄贊一辭？徒以又筠之命，勉跋於後，殊自愧其言之冗且贅也。丙午秋七月，武林瞿世瑛跋。

◎孫殿起《販書偶記》卷二：《春秋左傳服注存》二卷，蕭山沈豫輯。道光丁未蛾術堂刊。又一部多續一卷、補遺一卷。

沈豫 左官異禮略 一卷 存

哈佛、國圖、中科院、南京、浙江、溫州藏道光十八年（1838）沈氏漢讀齋刻蛾術堂集十四種本

◎左官異禮略前敘：若夫雲龍鳥火，黃炎列其名；春夏秋冬，唐虞昭其守。斯則有事必有職，有職必有官。迨乎治典雜繁，爵秩浸廣，三百六十，至周大備矣。夫《周官》一書，縉紳之祖也，自宣、平以降，列侯分柄，命卿以外，多樹名號。如宋之多稱師、楚之多稱尹、晉之多稱軍，皆鋪張聲耀，掩飾瞀亂，非所以嚴仕版也。茲取隱／桓以下、定／哀以前有名殊而實似者，得若干條。若夫大宰／司徒諸官、卿／士／師／傅各職，與夫《周官》、《國語》、《尚書》、《風詩》名職相同者，多未之及。其體例與程廷祚《春秋考略》、沈椒《左傳職官》各別，亦百官之變革、史志之別錄乎？！蕭山沈豫。

◎左官異禮略後敘：豫於戊子歲暇日讀《左氏傳》，見官制與《周禮》異者，條記件繫，其若干帙正在謄繕底本，而揚州書賈攜吳氏《藝海珠塵》八集，取而讀之，有上元程氏廷祚《春秋職官考略》三卷、江蘇常熟沈淑《左傳》兩書。竊見程氏之考有官必書，而亦間有遺忘。并杜註不詳何職，而程氏概目為官，如襄二十六年子太叔為令正，而程氏按云「獨為令正之官」云云者，豫特取而辯之，非敢掊擊前哲，亦有疑共析意也。嗟夫！椎輪為大輅之始，層冰由積水所成，蓋踵其事而增華，窮其原而溯其委也。囊而輯之于右。時道光壬辰季夏二十有一日，誌于袁浦安穩槎之南楹。

◎民國《蕭山縣志稿》卷十八《人物》五：所著有《皇清經解淵源錄》一卷、《皇清經解提要》二卷、《羣書提要》一卷、《讀經如面》一卷、《讀易寡過》一卷、《周官識小》一卷、《左官異禮略》一卷、《羣書雜議》一卷、《讀史札記》一卷、《袁浦雜記》一卷、《讀史雜記》一卷、《秋陰雜記》一卷、《仿今言》一卷、《芙邨文鈔》二卷、《芙邨學吟》一卷，凡一十四種，總名曰《蛾術堂集》，晚年門人為刊行。

◎蛾術堂集序：補堂沈君，幼擅詞華，長耽經術。久客江淮，通知時事，聞見日擴，學問益深，恥蹈隨俗詭遇之習。課讀多暇，鍵戶探蹟，成《皇清經解淵源錄》一卷、《皇清經解提要》二卷、《羣書提要》一卷、《讀經如面》一卷、《讀易寡過》一卷、《周官識小》一卷、《左官異禮略》一卷、《羣書雜義》一卷、《袁浦劄記》一卷、《讀史雜記》一卷、《秋陰雜記》一卷、《仿今言》一卷、《芙村文鈔》二卷、《芙村學吟》一卷，凡一十四種，總名曰《蛾術堂集》。分而言之，乃閻百詩《潛邱劄記》、姜西溟《湛園劄記》之流亞；合而言之，實陸儼山《外集》、王弇州《四部稿》之體例也。儀徵阮芸臺相國，嘗言「為才人易，為學人難」，端履謂以才人而為學人尤難。往往工詩文者或疎於考證，窮經義者每窘於詞章。聖朝稽古右文，名流輩出，論者獨推吾浙朱竹垞、毛西河二先生為能兼擅其勝。然竹垞之學遜於西河，西河之才亦亞於竹垞，則甚矣才人而為學人之難也。補堂生長是邦，追蹤曩哲，其於經義也，沿流討源，實事求是，不必墨守成說，而妙論解頤，奇而不詭於正；其於詩文也，不屑步趨古人，而醖釀深厚，流露自然，故能錯采鏤金，而無雕琢痕跡，合詞華、經術而為一員，令才人、學人一齊頫首矣。原補堂著述之意，本欲規仿王伯厚《困學記聞》、顧亭林《日知錄》體例，薈萃羣言，部次先後，勒成一書，以信今而垂後。顧衰病侵尋，心力不給，門弟子懼其久而遂散失也，亟付剞劂以廣其傳。端履受而讀之，體大思精，閎通淹貫，才大而心細，學博而說約。其專門說經之書未脫稿者，尚以尺計，方將次第寫定，傳之其人。則讀是集也，雖未獲仰窺全豹，而管中所及，亦可謂略見一斑矣。因不辭而為之序。道光十有八年歲次戊戌六月朔日，同邑王端履識於老當益壯齋。

◎尚秉和《尚氏易學存稿校理・易說評議》：平生好學，攻研經史。所著有《皇清經解淵源錄》一卷《提要》二卷，《讀易寡過》一卷，《周官識小》一卷，《左官異禮略》一卷，《羣書雜議》一卷，《讀史札記》一卷，《秋陰雜記》一卷，《芙村文鈔》二卷《詩鈔》一卷，總名為《蛾術堂集》。

沈之本　春秋合纂　佚

◎嘉慶《重修揚州府志》卷四十八《人物》三：著有《易經要覽》《春秋合傳纂輯》《理學名言》《格致紀原》《曙園文集》諸書（《行述》）。

◎沈之本，字增培。江蘇高郵人。乾隆九年（1743）舉人，三十一年（1766）大挑知縣，分發福建，攝建寧篆，移篆邵武。兩次分校鄉闈，權邵武府同知，

以不附大府意罷歸。年七十八卒。子三：紫舒、業榮、廣。著有《易經要覽》《春秋合傳纂輯》《理學名言》《格致紀原》《曙園文集》諸書，參纂嘉慶《高郵州志》十二卷又首一卷。

沈□□ 春秋發微 佚

　　◎劉大櫆《海峰文集》卷四《春秋發微序》：吾嘗謂聖人之心，如日月懸象於中天，而光輝照灼乎海宇，其見之文章，則藏蓄高遠而不可以一端測也。昔者孔子作《春秋》，其言甚簡而其義至深，楚君子左邱明者，去聖人之世未遠，因舊史之遺文、故老之所睹記，及時而為之傳，其言既非無稽。而公羊、穀梁二子復承其師說而為之反覆推明。故經文雖樸略，而頗有端緒可尋。後之學者，乃得因三子之言以求其是非得失之所在，然則三子之功偉矣。惜乎三子不能盡明聖人之義，而復廁之以舛譌傅會之談也。故曰《左氏》失之誣、《公羊》《穀梁》失之鑿。夫信三子則為三子之所蒙，不信三子則又自以其私測聖人，而未必聖人之心之果在於此。吾友沈君兼山，沈潛於《春秋》之義數十年，其於三子之言，固已熟習於胸中，而要其胸中無三子之見也。靜一心以求聖人之心於千載之上，未嘗過信前人，而又非執一己之偏見也。然則其於聖人之心未必盡合也，而其不合者寡矣。書之於簡，命之曰《春秋發微》〔註11〕。

慎朝正 春秋闡義 五十五卷 首一卷 存

　　上海藏清抄本
　　◎一名《左傳闡義》《春秋左傳闡義》《春秋左氏傳要義》。
　　◎杭世駿《道古堂文集》卷四《春秋闡義序》：余少時嘗為《公羊》之學，或日或不日、或書地或不書地，糾繞煩碎，竊疑聖人褒貶之微指必不在是。既讀董遇之所訾，與夫杜預之言其失，而又於《釋例》見其端，遂一意於《左氏》，然猶樂其文繁理富而已。歸安慎子告我曰：「《公》《穀》理悖而事誤，《左氏》理得而事明」，嘗歎以為知言。既而出其《春秋要義》相質，句櫛字比，尚仍王崑繩、魏叔子文士之結習，於聖人竊取之義未合。余弗善也。別後又二十年，慎子之《闡義》成，旁羅眾說，擇善而從，舉鄭眾、劉實以下二十九家之例，悉掃而空之，而後宣尼之心事如青天白日懸象著明於天下，其為義也精矣。其

〔註11〕文末附評：判斷三子之得失如老吏斷獄，則後人之補苴自不可少。文境澄澈，如秋水之在寒潭。

說曰：世言《春秋》不合於聖人之旨者有三：聖人以忠恕為心，凡刻深之論，如法吏深文以苛致其罪者，非也；聖人以易簡處事，凡紛耘瑣碎，與一切穿鑿之說，非也；聖人以中為本以權為用，凡拘於凡例，與一切用後世淺見以測聖筆之予奪者，非也。知此三非，虛心玩索，一以《左氏》為斷，求之於義而不求之於例，義同則辭同，非由乎例之合；義異則辭異，亦不必曲狥乎例之變。隨事各異以著其情，蓋例之一定者易知，而情之難明者多晦。原情以各明其歸，輒《左氏》一書之大指盡是，而慎子一書之大指亦盡是已。或謂韓愈氏言《春秋》謹嚴、《左氏》浮誇，余謂《左氏》之文浮誇，其義不浮誇也。如以文，王崑繩、魏淑子輩曉曉可以置喙；如以義，抉聖之精，慎子不儼然經學中一大師哉？！

◎杭世駿《道古堂文集》卷二十八《慎端揆詩題辭》：慎子端揆荒村甲子自數晨夕，著《春秋闡義》及《毛詩原志》各數十卷，趙東山、范逸齋不能過也。

◎齊召南《寶綸堂文鈔》卷四《春秋左氏傳要義序》：吳興慎君朝正自攜所著《春秋左氏傳要義》五十六卷來萬松岡求余序。余病久廢學，其言安足為慎君重。然閱其書，如卷首總論云云，朗若燭照數計，胸中洒然，蒙翳盡豁。竊歎其力學數十年，博觀約取，於經不為從前凡例所蔽，於傳於注於疏於百家著述慎思明辨，可謂擇之精而語之詳也已。為之序曰：六經皆所以明人倫，《春秋》則專為人倫不明而作。自古善言《春秋》未有過於孟子者也，孟子知其事其文本因魯史之舊，惟其義為孔子所取，筆之削之，善惡判而勸懲彰，上足以紹唐虞示代之傳，垂法萬世。王迹雖熄，正朔未更，辨名正分，至謹至嚴。諸侯大夫陪臣，顧名思義，皆凜然於禮樂征伐大權之不可下移，所謂「成《春秋》而亂臣賊子懼」，又謂「《春秋》天子之事」，是也。其精義入神，隨事得失，輕重詳略，不爽權衡，雖游夏猶一辭莫贊，所謂「仲尼不為已甚」，又謂「《春秋》無義戰，彼善於此則有之」，是朝聘會盟侵伐取入諸事，似異而同，似同而異，事情百變，義亦百變，未可執而定是非者也。顧聖經意深詞簡，隱寄其義於事與文，後之學者不知事有本末始終、文有冊書舊式，又何所據以仰測聖人之心歟！傳《春秋》者有三，《左氏》之功遠邁《公》《穀》二傳。而漢立博士，《公》《穀》盛行，論者訾《左氏》但傳事不傳義，不知所難正在傳事耳。事明而後筆削之義可見，況傳義亦居其半耶？唐初詔作《正義》專據杜解，列為五經。宋儒程朱亦謂事當據《左》，固定論也。夫杜氏於左、孔氏於杜，原原本本，發明可謂詳備矣。假使不沿襲兩漢三家分門角立、曲護師承之弊，杜

於傳不合經即正其違，參以《公》《穀》；孔於杜不合經傳即糾其繆，補以諸家，則經義明而傳之，功益顯，何至因傳為例，因例釋經，例愈繁義愈晦也哉！啖、趙二子始知卻傳解經，然其弊也徒持臆見、憑空結構，與先儒屈經就傳、附會穿鑿者，弊正相等。今科舉所行，《胡氏傳》外，宋自泰山孫氏、臨江劉氏及元明數十家，或自為說，或集古人，通志堂所刻具在，淺者不必言，其高者非繁稱遠引、旁見側出，同戰國之策士縱橫，即苛刻為明文深周，內若漢廷之酷吏奏當然。則因傳解經，可繼杜、孔注疏，能去其疵而完其美，求聖人所取之義如孟子所言者，永嘉陳止齋、新安趙東山而後，其僅見此書也夫！慎君雖老，猶好學孜孜不懈。倘有疑義，君其尚為余告之。是為序。

◎齊召南《寶綸堂文鈔》卷六《荅慎生書》：報賢兄侍者前，去歲鄭廣文還里，辱手書存問，并以所著《左氏春秋要義》相質。僕雖殘疾居憂，杜門謝客，廢書不觀之日已久，然故舊友朋遠近有以經學見示者，自歎身已枯朽，於聖經既不獲自窺淵微，猶願稍集眾益，譬寠人偶得升斗即為奇珍，況見足下之全括一經，洋洋美備，疆場整然，而嘉穀茂盛，倉箱所收有不可以千萬計者哉！聖經謹嚴，至於《春秋》極矣。解經之難，亦至《春秋》而極。三傳能合短從長，皆經功臣也。如漢經師家必屈經以就傳，傳或反為經累而經不明。如唐啖、趙復必皆空傳以解經，經雖不為傳所掩，而經亦自晦。二者之失，均而已。三傳中，《公》《穀》傳義不傳事，先儒論之誠當。至謂《左氏》傳事不傳義，則實非也。事不傳則義無可見，能傳事以傳義，功孰有如左氏者乎？親見國史舊文，每事本末曲折條貫，猶斷獄者能實得其辭與情而案始立。經即其所常之律也，案稍不明，律於何定？故於經或先或後或略或詳、當時議論或是或非，亦載其說；舊史或書或不書，亦核其文。俾後世學者可以曉然於聖人筆削之深心、褒貶之大義，迥非公穀二家所及。今習《左氏》者多矣，杜注孔疏，家有其書而習焉並如不習。無他，但供詞章之用，不知因傳以解經。即注疏亦且置之高閣，矧有能正征南之違、糾穎達之失，於經傳直指迷津，而坦然明白乎哉！所著《要義》溯流尋源，引端究委，不因例拘，不因辭害，用心平正，不為穿鑿苛刻之深文，可謂能樹一幟，於陳止齋、趙東山之後，粹然自成一家而無憾者矣。足下年力方剛，就已成之學益用孜孜不怠，所到寧可量耶！來書況僕以南雷，僕庸陋，安能及前哲毫髮。但區區好古樂善之微忱，雖衰病猶不忘耳。敝邑當奇荒後，行旅甚稀，是以違遲至今始克裁答，幸鑒之諒之。僕舊疾未除，作字頗苦，草草寄復，書不盡言。召南再拜。

　　附原書：慎朝正謹啟大人閣下，正嘗讀閻百詩《潛邱劄記》欲師事黃南雷，神往者數十載而未獲，後因所親達意，南雷心許之。今正譾劣，萬不敢比於潛邱，而閣下則當世南雷也。外舅沈竹溪常謂潛究經史如閣下者，實為儒雅之宗。庚午秋武林晤杭董浦先生，知閣下適在省中。凌晨肅謁，又不獲見，曷勝惆悵。正向以經義沈晦，《春秋》尤甚，專門師說，傅會穿鑿，高明趨舍，泛濫無歸，此過論者所以有束之高閣之譏也。正不自揣，取三傳注疏及《通志堂經解》并陸氏三書讀之，撮其精要，附以鄙見，專從《左氏傳》以參合經旨、離析傳義，曲通旨要，其有不合者亦不敢強解以蹈陳鐵山面友之譏。前後纂輯，共得六十卷，欲私署曰《春秋左氏傳要義》。顧書成再閱，推測影響，其於比事屬辭之旨，不啻如扣槃而捫燭也。迨欲造謁以質所疑，而措置春糧，終莫能自致。近因鄭學博解組東歸，敢錄呈卷首以附致左右，用遂平時景仰之忱。伏懇閣下正其紕繆，刪其煩惑，并祈賜之序言以弁諸首。得如南雷之心許潛邱，實深榮幸。遠僻寒素，冒瀆尊嚴，不勝惶悚敬惕之至！

　　◎慎朝正，字端揆，自號菰城居士。歸安（今浙江湖州）潞村人。精經學，亦工詩。著有《毛詩原志》、《春秋闡義》五十五卷首一卷、《研露齋詩》。

盛大謨　于埜左氏錄　二卷　存

　　　　◎目錄：

公三十三年）、晉侯及秦師戰於彭衙秦師敗績（文公二年）、秦人伐晉（文公三年）、晉人及秦人戰於令狐晉先蔑奔秦（文公七年）。

卷下內傳下：楚子圍鄭（宣公十二年）、楚子圍宋（宣公十四年）、楚子舍解揚（宣公十五年）、宋人及楚人平（宣公十五年）、晉師歸（成公二年）、楚子送知罃（成公三年）、公會晉侯齊侯宋公衛侯鄭伯曹伯邾人滕人伐秦（成公十三年）、夏公會尹子單子晉侯齊侯宋公衛侯曹伯邾人伐鄭（成公十七年）、祁奚請老（襄公三年）、叔孫豹如晉（襄公四年）、宋人獻玉（襄公十五年）、鄭伯如晉（襄公二十四年）、晉程鄭卒（襄公二十五年）、吳子使札來聘（襄公二十九年）、子產相鄭伯如晉（襄公三十一年）、鄭人遊於鄉校（襄公三十一年）、子皮欲使尹何為邑（襄公三十一年）、楚子伐徐（昭公十二年）、子產授兵登陴（昭公十八年）、齊侯田（昭公二十年）、鄭子產卒（昭公二十年）、公會齊侯於夾谷（定公十年）、于越敗吳於攜李吳子光卒（定公十四年）、越及吳平（哀公元年）、公會吳於橐皋（哀公十二年）、公會衛侯宋皇瑗於鄖（哀公十二年）、西狩獲麟（哀公十四年）。

◎吳序：予少不羈，疏於正修，如闖山水，怪麗益助之放。及洎水知于埜子與之學，數年如坐春風中。索領異致，其言語文字皆非近時所有。欲予之入於道也，出為己之學以石予志。累累數千言，貳其所投猶不廢，而予因得以觀夫道焉。既又欲得于埜所為文者，于埜錄《左》文以示予。予受而讀之，喜欲狂，亦又放蕩無以羈矣。夫天貪發其奇欲，有所介於人，而故啟之左氏以洩其貪，又忌夫暴露之盡，而厚為迷，蓋使聵聾天下之耳目以留其秘。匿於私者，常畏有攻而出之，于埜雖賢，其未可與爭而洩之也。夫無乃干天所忌乎？然天之愛人，不欲於譁，安在其無所擇而恣之暴也？即于埜又安在顯其力於《左》林自以為奇？而于埜酖酖於是者，固亦不徒矣。古人有曰：「言之根柢於道而文不工，雖精焉，其無以傳。」于埜固將出入於《左》以吐其胷中豪邁英磊之奇，而豈以文章矯矯自好？又何問人知與不，而急急為是徇於路哉？予於是駸駸乎得所歸宿矣。讀是書者，其亦知所自入也夫！潮州吳東臥魯序。

◎徐序：予往從盛夫子遊，與于埜年並少。夫子督之嚴，暑夜月出，夫子執鷲扇坐廊下小榻，與諸生講學論文，娓娓千萬言。少頃，或徑入，或垂頭睡，唯于埜侍立，至雞鳴月落不倦。以此資性異人，又好學銳於進取，所為詩詞古文豪邁絕世。予嘗謂其詩似羅浮、文肖六一，臥魯言亦如之。《左傳》文家鼻祖，向來評點多取古人事跡，反覆辨論，又好摘其此華，掩失古人面目，其妙

不傳。于埜與予夜坐飲月軒，譚至《左傳》妙處，輒兩手攤開，嘑然大笑。其手錄《左》《國》約二百首，藏之枕篋，祕不輕出，得見者惟予與臥魯而已。予見其無奇不搜、無微不窮，如讀海外異書，可當仙遊。因謀諸友，釀金壽木，其人則李子如竹、盛子有仁、陳子匡時、李子素、胡子復榮、許子中立、胡子山、祝子嵩、潮州吳子東也。憶昔于埜初授《左傳》，目不及夫子几，攝足而望，忽忽遂至今。于埜年已冠而夫子亦鬚髮皓已。後之年少讀古人書者，慎毋讓于埜一人別有慧眼也。壬寅冬，饒州徐懷仁耕天序。

◎梅花書屋梓于埜左氏錄序後：筠浦先生梓《于埜左氏錄》，既為之序，子音受而讀之，喟然曰：邑先輩盛仲子于埜錄《左氏》，序曰《于埜左氏錄》，固自以為存之有待而志希乎古者，有取也。于埜去今遠矣，《左氏》尤遠矣，手錄具在誰歟！梓是書者不知于埜，何論《左氏》？蓋《左氏》獨古，于埜非今，于埜不僅以錄《左氏》名，《左氏》實得《于埜錄》而益著。夫古今來錄《左氏》者獨于埜乎哉！先生序而出之，俾讀《左氏》想見于埜、讀《于埜錄》想見左氏也。然則所謂存之有待者，今非其時耶！子音手此二十餘年，比來滇，藏弄行篋，一日侍飲梅花書屋，酒酣及此。先生索而付梓，其所以公是書於天下後世者，豈無所取乎？後之讀是書者，夫亦可以想見先生矣。乾隆五十六年辛亥秋中既望，武寧王子音序後。

◎自序：戊戌予與一山、臥魯讀書於飲月軒，陳尋復《左氏內外傳》，若有所得，率故字所無，熠熠日以出。卒怪之，欲出以卜於人。既而春燈影亂，潛作耕耘狀，神聚而意忘，蹌蹌鬼神，往來變怪雜交，索筆疾書，大註一二首狂吟。一山頗異之，臥魯余有所受，而亦未可以驟取而必得也。方一葉於清流之上，曳雲而拖練，漪皺以淪漣，沄沄相泊如沁異致。及夫絕淮泗、航渤澥，掉乎無垠，驚瀾之灩潏，汨沒上下，蛟謴震，萬派朝宗，而後失其所守、厭其所觀也。海之鯨、河之鯊鮑、龍門之大鮪，善取者狎而得之唯鯨也，不測其不測也，人無以測之。然自古於今，取鯨者幾人哉？知不測又狎焉者又誰哉？此觀之司馬沛於漢、韓漲於唐、歐陽濤於宋，洸洸然澎湃磅礴，如江河之行地，必有以陰濬而潛導之。國有策，周有檀莊，其淵源皆出於以一也。夫數人角力於後先，雖世數不一，然皆瑰偉奇壯之士，猶日搜攬於禹門，伺異麟搔怪鬐仰綸飛繳頓踏而取之用自托於不腐，然後知《左氏》之沄沸滄漠，混一瀰天而後人之所滇溢浸淫不涸者也。雖有神靈出入，豈能與之戰鬥風霆哉？然古人之書，不得其人則不傳，得人矣傳之又得其宗。唯是暗索默喻以濟所欲，不小市

其奇留於將來，終自蕭條磨滅私淑一人而去也。後乎此者，雖欲與之傳，又自思非一世名人，未可托以必傳。稍稍成就存之有待而志希乎古者有取也。即以求之，亦非無所得而然矣。書成，一山喜屬臥魯子訂焉。一于彭蠡，一于潮水，二子予將觀其所得云。于埜盛大謨。

◎原跋：先曾叔祖字雲公，著《左氏錄》，啟千載不傳之秘。書成，鈔者殆遍，一時紙為之貴。嗣付剞劂公同好，購者無問遠近焉。後戈博山先生攜販適江南，邁風覆舟，版沈，先生亦幾沈，歸泣以告。曾叔祖聞之曰：「子幸免，版失可重刻也。」而卒未能。今學者求是書，鈔寫不遑，烏知數傳後不泯滅乎！先君素存公為此懼，欲刻之，亦終未能。癸巳春，恢顥就所遺一帙呈陳秋河夫子，閱畢欣然曰：「厥帙補先儒所未及，勿聽其湮沒不傳。商諸同志，集貲付梨棗以示後人，其可乎？」恢顥曰：「夫子與諸公有是志也，是使曾叔祖永垂名於後世也，是使後世士人得私淑艾於曾叔祖也。固曾叔祖所慰望於地下者也，亦先君所囅然含笑於九京者也。恢顥刻骨銘心，永矢勿諼者也。」昔李穆堂先生云：「拾人遺文殘稿而存之，其功德同於哺棄兒、存朽骨」，則是舉也，功德不可謂不宏。因誌緣起附卷末，俾天下後世知此書之存，重賴諸君子力也。道光癸巳初夏，姪曾孫恢顥謹跋。

◎跋：于埜公《左氏錄》，銛珍如拱璧。宦楚北，藏行篋中，雖軍次于役，攜與俱。今春得邑人書，以公學行純粹，籲請入祀鄉賢祠，且曰：「是書凡三刻板：初戈博三先生攜往江南，舟覆沉焉；癸巳之刻燬於兵；梅花書屋之刻，其存亡未可知。子盍思所以存之？」嗚呼，我于埜公守道著書，成一家言，久已沾溉後學欽式士林。分宜林進士儒珎嘗致公書曰：「先生多存一日，則後生多一日典型，文章其後焉者也。」公為時賢所重如此。銛竊謂公不獨以文見，即以文論，片紙單詞，皆可傳于不朽。所著《字雲巢文稿》先府君已重鋟板，不脛而走矣。是書之刻，亦猶先府君之志也。乃函商伯子寶鈿、諸弟寶銘／寶鈞共謀付梓，以《國風錄》附。族人研家，老而好學，時以闡揚先生之學為任，因屬校讎焉。銛質窳識短，僕僕為風塵下吏，未能窺公之深。然公有讀意四十則，及吳公臥魯、徐公耕天之序在，書旨瞭然，銛故得識而寶之。茲重刊已竣，爰述其事之顛末如左。同治四年乙丑歲季春上澣，族孫寶銛跋於黃安尉署。

◎讀意（凡四十則）：

訓《左傳》者疣也，記《左傳》者蠹也，掇《左傳》者盜也。讀然後知《左

傳》，讀其意然後謂之讀《左傳》。嗚呼！讀書見大意，一齊大大放開眼孔看古人妙文也。

《左傳》之文海，《左傳》之文祖。

通造化。

全以神行，使讀者自得於言外。

左氏以前無此筆無此文，左氏以後無此筆無此文。

左文有對面，有側面，有反面，有正面。

左氏用筆有不經意處，有極經意處，有陡然警人處，有故意迷人處，有精采逼人處。

有章法，有關鍵，有伏應，有題前筆，有題後筆。

有香如臨風襲蘭，有韻如隔籬聽琴。于埜治經書餘，日取吟哦數過，迥覺心目超曠，灑然欲仙。

於可直接處，《左》筆故作曲折，于埜卻故意刪而讀之，益顯其妙。

於盡頭處，《左》筆忽開異境，于埜卻忽然續而讀之，益悟其妙。

於平靜處，《左》筆突湧波濤，于埜卻突然驚而讀之，益助其妙。

於脫離處，《左》筆暗相聯屬，于埜便放聲不讀。

於遙隔處，《左》筆嫣然回顧，于埜便放聲不讀。

於閒散處，《左》隱隱籠罩，于埜便放聲不讀。

於注意處，《左》筆十分躊躇，于埜便放聲不讀。

不讀者何？曰：不言也。

不讀者何？曰：不言也。

《左氏》善從空中著筆，然不解理會《左氏》如何空中著筆，卻只向空中索文字，則文字潛避不見矣。

《左氏》善從前後著筆，然不解理會《左氏》如何前後著筆，卻只向前後索文字，則文字潛避不見矣。

《左氏》善從縫裏著筆，然不解理會《左氏》如何縫裏著筆，卻只向縫裏索文字，則文字潛避不見矣。

後人作文，寫此人便說此人如何，唯恐讀者不曉此人如何。寫此事便說此事如何，唯恐讀者不曉此事如何。《左氏》寫此人卻不說此人如何，令讀者自悟如何。寫此事卻不說此事如何，令讀者自悟如何。然此種神妙，雖司馬子長亦不能及，後來史筆又不足云矣。

　　《左傳》引《詩》結，窈然以深，邈然欲遠，大覺全神活現，躍躍於言外，善會者自得之也。宣子偷得此法，卻成《韓詩外傳》，遂為千古奇書，卻瞞盡天下讀書人，亦不使之知其脫胎也，何為而不學《左傳》哉！

　　讀《左》文，要眼光，要心細，要精神完足。

　　于埜有十種看法：分看、合看、近看、遠看、趲看、回看、橫看、豎看、含情看、解紐看。看破造化洩處，乃為大看。

　　看不破，古人書耳；看得破，古人書耳。看不破，古人不怒也，古人蓋逆料後人看不破也；看得破，古人亦不幸也，古人蓋任從後人看得破也。

　　讀《左傳》者，見《左氏》傳《春秋》事，誤認為敘事書，便時刻有敘事二字往來胸中，如近日過商侯、林西仲輩，並欲使天下讀者時刻有敘事二字往來胸中，竟令《左氏》積成千古冤案，皂白莫分。豈知《春秋》，題也；《左傳》，文也。左氏特借題以發筆墨之奇，舉列國君卿盟會戰伐災祥變異等事，時奔赴腕下，供其驅使運用，則左氏胸中並無《春秋》，並無盟會戰伐災祥變異等事。讀者亦必胸中無《春秋》盟會戰伐災祥變異等事，以至胸中並無左氏，有不知文之為文、我之為我，乃可與讀《左傳》。

　　余仁石謂：「《左傳》若果敘事書，便如鄉人放租簿，一一登載，豈復有文字；後人讀《左傳》，竟作敘事書，便如翻閱放租簿，記其名姓，豈復有文字。」余妙其說，並登之，以質讀者。

　　諸選家評《左傳》，類多褒貶前人是非，自矜才辯，喇喇不休，腐爛語不惟無益，並令《左氏》精氣光怪湮沒於故紙堆中，煞是千古大恨。

　　或曰敘事好，或曰辭令妙，或曰句調佳。讀古人書，不能取古人神妙，又不肯留古人本色，只向此贊他好處，不可解也。

　　乍披《于埜錄》，非叱為異，即疑為僻，雖暗室然燭，終自滅耳。讀者先將坊本朗誦數次，冥心元鉤，試思其章法何如，用筆用意何如，接落轉變何如，手揮目送何處，精神聚會何處，一一參悟。忽取《于埜錄》觀之，當亦狂呼大笑，為之三浮大白。

　　《左氏》文字，姘嵹萬有，取挹不盡。《國策》《公》《穀》《莊》《騷》《檀》《馬》，皆各分其英華。後之學《左文》者，如鼠飲河，滿腹而止。吁，滿腹者，亦竟不可得矣！

　　凡讀書不得其大者，眼孔不光，胸次不闊，如何能上下古今？余嘗以讀文

不知《左傳》不可與論文，讀詩不知《國風》不可與談詩。腐儒老死牖下，不見古人。後生無傳授，有聰明者亦閉塞。吁！可慨也！

前人作史，未有不祖《左傳》。馬、班諸公，皆細心學《左傳》者。後人不知《左傳》，焉知《史》《漢》？然不先讀《史》《漢》，又焉知《左傳》？

余少有意於史，故潛心《左傳》，凡人所學，各有得力處，不可不知也。

太史公曰：「左丘失明，厥有《國語》。」或曰左氏不明於目，故號之明，人遂謂《內外傳》皆盲目時所造。余讀其文，頗疑其誕。蓋左氏胸中並無文字，忽觸妙緒，振筆疾書，不少瞻顧，稍縱則逝矣。非眼明手快，何以有此？豈可假墨於人，默作腹藁以傳遞乎？或亦書成之後，精枯血竭而有盲目之患乎？拾亦不可考知，姑存所臆以待有聞。

于埜是錄，非為敏人作捷徑、鈍人作藥石也。引而伸之，觸而通之，雖讀《左傳》可也，不讀《左傳》可也，以讀《左傳》者讀天下書，無不可也！

金聖嘆謂《左氏》用筆筆前筆後不用筆處無不到，是亦善讀《左傳》者。余嘗謂不得其所評焉。近於《咀華》中偶見克鄢傳，已嘗一臠。及晉侯歸傳，所言亦沿俗見，殊出不意。唐錫周謂「文至《左氏》，出奇無窮」，又云：「此書之佳，佳在無字句處」，是亦善讀《左傳》者。觀其所評，有刻意搜索處，大是解人。而愛博情分，終貽掛漏之憾。蓋《左氏》之文，藏神奇、斂光怪，恣離元奧極矣。簡中消息，唯簡中人領之，讀者自悟焉可也。不讀乎奚怪讀矣，毋亦思于埜挑燈研朱時乎？雖然，劬勞宣驕，聽人謂之耳。

于埜所批《左氏》，蓋幼時手抄一帙，因就其書錄之，合《內外傳》止百餘首。文雖不多，然於批郤導竅頗費苦心，姑存以予同志，使知一二云。

有來言于埜者曰：「《左氏》天下古今之《左氏》也，子以《于埜錄》居之，無亦李氏《藏書》《焚書》之意乎？」曰：「于埜所錄之《左氏》非天下古今之《左氏》也。既為于埜錄，自有于埜胸中之《左氏》，則亦有不可以《左氏》屬之于埜。以于埜之《左氏》為天下古今之《左氏》則妄也，即以天下古今之《左氏》為于埜《左氏》，又豈可哉？故顏之曰《于埜左氏錄》。

◎附書（六條）：

一、《左傳》註解，諸本悉載，此獨汰去，亦以讀此書者當有巨眼，非訓詁家所曉也。

一、《左傳》以《春秋》為題，凡傳有經者，悉以經文為題。其無經者，或依傳為題，非如俗本自撰題目，大失作傳本意。

一、俗本題目如周鄭交質、重耳出亡之類，與本年傳意不合，令讀者無可尋解。如穆叔重拜《鹿鳴》、子產壞晉館垣之類，竟將傳意露盡，令讀者不必觀文。即此數字，已失《左傳》微妙，學人細觀此書便見。

一、《左傳》文章長短詳畧，一字不可損益。俗本妄為刪削，豈但不曉文字，並不曉段落矣，甚可憫笑。

一、《左傳》當全讀，然不可不細讀。于埜此書為文人先開奧竇，後有讀者，各出心思，窮其未至，使于埜得見，為大幸也，望之！

一、諸選本無可觀者概不採入。即間有可取，必仍其姓字，誓不竊人有以市美也。是書既成後，於積秀書齋偶見唐子《咀華》，批閱數首，頗愜人意。買歸，又擇其可錄者入之以公同好云。

◎《于埜左氏錄》卷下《公會齊侯於夾谷》篇尾批：于埜批《左傳》至此，病廢月餘矣。月夜與臥魯倚徙苔徑，談《左》文妙處，忽忽欲動。呼臥魯取燈研朱，相與披閱。又苦精力衰疲不能久坐，旋自掩卷歎息。謂臥魯曰：「于埜讀《左傳》如是。」臥魯曰：「唯余知汝如是。」于埜曰：「然。」病癒，臥魯錄《左傳》，遂尾諸此。

◎是書五十四篇，末附《國風錄》二十一篇。書名頁題「《于埜左氏錄》，同治五年重鑴，課花別館藏板」，卷首書名下署「武寧盛大謨于埜批，族孫寶鈿、銛，寶銘、鈞，寶鐘、鏞重刊」。

◎孫殿起《販書偶記》卷二：《于埜左氏錄》二卷，武寧盛大謨撰。同治五年重刊。

◎盛大謨（1699～1762），又作盛謨（譽），字于埜，號字巢（一說字斗挹，號于埜）。江西武寧人。盛際斯子。乾隆初歲貢。任安義縣訓導。與弟鏡、樂並以詩文名，人稱「武寧三盛」。著有《國風錄》、《于埜左氏錄》二卷、《論語聞》一卷、《史存》、《字雲巢文稿》（一名《字雲巢集》《字雲巢文集》）、《盛于埜遺著》、《莫舟集外集》、《蠶墨》、《象居墨》、《定帆錄》、《隱雪草遊歷》、《草碧叢玉屑》諸書。

盛九鼎　春秋說　佚

◎許瑤光修，吳仰賢等纂光緒四年《光緒嘉興府志》卷八十《經籍一》：盛九鼎《春秋說》。

◎盛九鼎，嘉興府嘉興縣（今浙江嘉興南湖區）人。順治八年（1651）舉人。著有《春秋說》。

盛執 春秋辨論 佚

◎光緒九年（1883）博潤《松江府續志》卷三十七《藝文志·經部補遺》：《春秋辨論》（國朝盛執著）。

◎光緒《青浦縣志》卷二十七《藝文》上《書目·經部》：《春秋辨論》（盛執著）。

◎盛執，字絪初。松江府青浦縣（今屬上海）野望浜人。諸生。沈潛性理，為學一依於誠敬。嘗謂學者入手功夫，莫要於遷善改過，由改過以馴致於有善無過，即古聖日新又新之學。與人交無城府，怡怡肅肅，有犯無校，里黨多薰其德。著有《三禮備考》《春秋辨論》《庸言錄》。

施邦甸 春秋分類駢編 佚

◎林達泉、譚泰來、曹文煥等主修，李聯琇等纂修光緒《崇明縣志》卷之十六《藝文志》：施邦甸《易義彙參》、《毛詩集解》、《春秋分類駢編》、《鎖煙樓詩稿》。

◎施邦甸，原名慶元，字公漁，又字小田。江蘇崇明（今屬上海）人。施器瑞子。道光六年（1826）秀才，廩生。工詩善畫，著有《易義彙參》、《毛詩集解》、《春秋分類駢編》、《鎖煙樓詩稿》。

施鴻保 春秋左傳注疏五案 六十卷 佚

◎施鴻保《閩雜記》所附《施可齋先生傳》：有《春秋左傳注疏五案》六十卷，其訂正經史者則有《炳燭紀聞》十六卷，解釋杜詩者則有《讀杜隨筆》八卷，多發古人未發之覆。其他又有《閩雜記》二十六卷、《思悸錄》一卷、《可齋詩文集》若干卷，俱未梓。

◎施鴻保（1804～1871），號可齋。浙江錢塘人。道光四年（1824）秀才，深為林則徐賞識。曾與同郡邵懿辰、沈祖懋、馮培元等結社西湖。十四試不售，遂遊幕贛閩，與陳壽祺等善。工詩古文，尤精考證。著有《春秋左傳注疏五案》六十卷、《讀左隨筆鈔》一卷、《讀左隨筆注疏補》四卷、《炳燭紀聞》十六卷、《閩雜記》二十六卷、《讀杜詩說》二十四卷、《讀杜隨筆》八卷、《思悸錄》一卷、《可齋詩文集》、《鄉味雜詠》。

施鴻保 讀左隨筆鈔 一卷 存

紹興藏稿本

施鴻保 讀左隨筆注疏補 四卷 存

紹興藏稿本

施鸞坰 春秋列國世系考 佚

◎林達泉、譚泰來、曹文焕等主修，李聯琇等纂修光緒《崇明縣志》卷之十六《藝文志》：施鸞坰《春秋列國世系考》、《成周郊祀志》。

◎施鸞坰，江蘇崇明（今屬上海）人。著有《春秋列國世系考》、《成周郊祀志》。

施潤 讀左咀華 佚

◎王大同等主修，李林松主纂嘉慶《上海縣志》卷十八《志藝文・經部》：《讀左咀華》（施潤撰）。

◎應寶時修，俞樾、方宗誠等纂同治《上海縣志》卷二十七《藝文》：《讀左咀華》（施潤撰）。

◎光緒五年（1879）金福曾光緒《南匯縣志》卷十二《藝文志》：《讀左咀華》（施潤著）。

◎光緒九年（1883）博潤《松江府續志》卷三十七《藝文志・經部補遺》：《讀左咀華》（國朝施潤著）。

◎施潤，字澤寰，號秋水。南匯（今上海浦東新區）人。施惟訥孫、施念祖子。師鄒黄濤。乾隆三十三年（1768）舉人、三十七年（1772）進士。以母老，改鳳陽教授，迎母就養。既以憂歸，當事延主敬業書院。著有《讀左咀華》、《典類清英》、《居敬堂詩集》、《居敬堂稿》十卷。

施彦士 推春秋日食法 一卷 末一卷 存

國圖、湖北藏道光十二年（1832）崇明施氏求己堂刻求己堂八種本（江都陳逢衡校定）

南京清修梅山館刻巾箱本

◎一名《春秋推日食法》《春秋推日食三十七事》《推春秋日食三十七事》。

◎卷末為春秋上律表、逐求次年捷法、比月頻食說。

◎目錄：自序。凡例（策數、限數、陽曆食限、陰曆食限）。隱公三年二月日食（辰在寅）。桓公三年七月日食（辰在未）。桓公十七年十月日食（辰在戌）。莊公十八年三月日食（辰在辰）。莊公二十五年六月日食（辰在巳）。莊公二十六年

十二月日食（辰在亥）。莊公三十年九月日食（辰在申）。僖公五年九月日食（辰在申）。僖公十二年三月日食（辰在辰）。僖公十五年五月日食。文公元年二月日食（辰在寅）。文公十五年六月日食（辰在辰）。宣公八年七月日食（辰在酉）。宣公十年四月日食（辰在卯）。宣公十七年六月日食（辰在辰）。成公十六年六月日食（辰在巳）。成公十七年十二月日食（辰在戌）。襄公十四年二月日食（辰在丑）。襄公十五年八月日食（辰在午）。襄公二十年十月日食（辰在酉）。襄公二十一年九月日食（辰在申）。襄公二十一年十月日食（不合食限）。襄公二十三年二月日食（辰在丑）。襄公二十四年七月日食（辰在午）。襄公二十四年八月日食（不合食限）。襄公二十七年十二月日食（辰在戌）。昭公七年四月日食（辰在卯）。昭公十五年六月日食（辰在辰）。昭公十七年六月日食（辰在申）。昭公二十一年七月日食（辰在午）。昭公二十二年十二月日食（辰在亥）。昭公二十四年五月日食（辰在辰）。昭公三十一年十二月日食（辰在亥）。定公五年三月日食（辰在寅）。定公十二年十一月日食（辰在酉）。定公十五年八月日食（辰在未）。定公十四年五月日食（辰在辰）。辰在申再失閏辨誤（襄公二十七年）。杜氏減閏辨誤。

◎凡例：

策數：

歲策：三百六十五日二四二四〇九

至策：一百八十二日六二一二〇四五

氣策：三十〇日四三六八六七四一七

朔策：二十九日五三〇五八八五二

轉策：二十七日五五四五八九二

交策：二十七日二一二二〇八八

閏策：一十〇日八七五三四六七六

中策：一十五日二一八四三三七〇八五（中氣之實）

望策：一十四日七六五二九四二六

天周策：三百六十五度二五八五三八

半周策：一百八十二日六二九二六九

月（平行）策：一十三日三六八八二

限數：

閏限：一十八日六五五二四一七六

半轉：一十三日七七七二九四六

正交限：三百五十七萬六四

中交限：一百八十八萬〇五

盈初限：八十八日九〇九二〇二三

盈末限：九十三日七一二〇二二

縮初限：九十三日七一二〇二二

縮末限：八十八日九〇九二〇二三

陽曆食限六度：

空日五千七九五九二（內日月皆食，外月食日不食）

一什二日四四六九二八（內皆不食，外月食）

一什三日〇二六五（內月食，外日月皆食）

一什四日七六五三（內日月皆食）

二什六日〇五三〇四（外日月皆食）

陰曆食限八度：

一日一五九一八四（內月食日不食，外皆不食）

一什二日四四（外月食）

一什四日七六五三（內日月皆食）

二什六日〇五三〇四（外日月皆食）

◎推春秋日食三十七事序：《春秋》日月具有義例，而周正、夏正聚訟紛如，蓋自東遷以後，失曆失閏，冬春上篡，正朔下移，甚至春二月而日南至，十二月而火西流。所以孔子嘗譏司曆過，左氏亦謂再失閏。況夏五郭公，史文多闕，千載後其孰從而定之？杜征南為《左氏》功臣，而不諳曆法，所著《長曆》，惟憑經文朔日前卻閏月以求其合，而經誤傳誤卒不可定，後人又孰從而求之？孟子有言：「苟求其故，千歲日至，可坐而致。」夫冬夏至日，古法憑土圭測景、葭管飛灰，容有不齊。求其可以考曆法之疏密而堅定其是非者，莫如日食；則欲以曆證《春秋》之日月而破千古之疑似者，莫如求全經之交食。然而難言之矣。王伯厚云：「春秋日食三十六，曆家推驗精者不過得二十六，唐一行得二十七，本朝衛樸得三十五。惟莊十八年三月，古今算不入食法。」然橋李徐圃臣先生云：「此正坐不知春秋正朔漸變之故」，則固無足憑焉。郭守敬《授時曆》法亦密矣，然《元史・曆志》所推《春秋》三十七事，僖五年九月朔食既缺而不載，桓三年七月日食既僅推得六分四十一秒，又意在以經證曆，初非以曆明經，未嘗指出《春秋》失閏之漸。惟徐園臣先生能以曆證明經

術，考定全經朔日，著為《經傳注疏辨正》。而其書不傳，遍求諸上下兩江，卒不可得。乙亥秋杪，偕郁達夫游嘉禾，求遺書，謁先生從孫麗川丈，尋五龍橋讀書處，則已他人是保，而殘楮剩墨杳乎不可復知矣。無已，歸而求諸所得先生曆法，積年布算，則全經日食三十七事乃得其三十四。夫交食之法，分秒有差即不能合。而自宣十七年癸卯外，所書甲乙無不若合符節。並列於二千三百餘年後之珠盤，并衛樸所不能合、郭守敬所不及詳者，一一有以得其寔，豈非千古大快事哉？爰以所推交食全稿，錄為一帙，準徐氏法，以月建名月，比而核之，則僖公以前，合夏正者二，合夏正而失一閏者五；文公以後，合周正者十九，合周正而失一閏者六。夫亦可知《春秋》失閏之有漸，而周正之改月與否可由是而定，全經朔日亦可由是而推矣。惟僖公十五年五月交食，《元史》不無附會，而襄公二十一年及二十四年連月比食，古今曆法所不能得者，而衛樸能得之，此或別自有說，而彥何足以知之？姑俟諸深于《春秋》且精于曆法者。旹嘉慶丙子三月既望，崇明施彥士樸齋氏述。

　　◎錢綺《左傳札記》卷一：崇明施樸齋明府（名彥士）著《春秋推日食法》一卷，其書以今時曆術推算，較經所書多有差至兩月者，遂斷為《春秋》用夏正。其僅差一月及不差者，謂當時失閏。綺按鄭志古無推日食之法，然猶曰古雖無法，今既有之，何不可推？殊不知古今歲實小餘及黃赤距緯皆以漸而縮，故曆法須隨時改易，斷不能執一代之曆法以上考下求。孟子「千歲之日至可坐而致」只是言其大略，以後漢四分術與今時曆法相較，不及千八百年，天正冬至已差十三日有餘。況日月交食，須以日躔月離算交宮食限，其差更甚。又況春秋時曆法不正，傳中屢言司曆之過，正者可算而不正者不可算。施氏執今時曆法以推二千年前參錯不正之曆，并據此以扶用夏正之謬說，用心愈勤而害經愈甚矣。

　　◎《疇人傳》卷第五十二姚文田附施彥士：嗣又有施彥士，字樸齋，崇明人。道光元年舉人。生平究心實學，專以經濟致用為主，尤於天文輿地肆力最深，推步以徐圃臣為根柢，輿地以顧祖禹為濫觴。先是彥士撰有《求己堂八種》，其《海運圖說》即八種之一也。會三年冬，高堰隄決，運河失道，當時議籌海運經太倉，張剌史（作楠）、江蘇賀方伯（長齡）、陶中丞（澍）以彥士夙有成書，延訪入幕，勷辦海運。事成，上功於朝，議敘知縣，歷任內邱、正定、萬全等縣。道光十五年以勞瘁成疾卒於官，年六十有一。曾取《天元秫理》策應諸用數推勘《春秋》三十七日食，其自序云：「《春秋》日月具有義例，而周正、夏

正聚訟紛如，蓋自東遷以後，失秤失閏，冬春上篡，正朔下移，甚至春二月而日南至，十二月而火西流。所以孔子嘗譏司秤過，左氏亦謂再失閏。況夏五郭公，史文多闕，千載後其孰從而定之？杜征南為左氏功臣，而不諳秤法，所著《長秤》，惟憑經文朔日前卻閏月，以求其合。而經誤傳誤，卒不可定，後人又孰從而求之？孟子有言：『苟求其故，千歲日至，可坐而致。』夫冬夏至日，古法憑土圭測景、葭管飛灰，容有不齊。求其可以考秤法之疏密而堅定其是非者，莫如日食；則欲以秤證《春秋》之日月而破千古之疑似者，莫如求全經之交食。然而難言之矣。王伯厚云：『春秋日食三十六，秤家推驗精者不過得二十六，唐一行得二十七，本朝衛樸得三十五。惟莊十八年三月，古今算不入食法。』然橋李徐圃臣先生云：『此正坐不知春秋正朔漸變之故』，則固無足憑焉。郭守敬《授時秤》法亦密矣，然《元史·秤志》所推《春秋》三十七事，僖五年九月朔食既缺而不載，桓三年七月日食既僅推得六分四十一秒，又意在以經證秤，初非以秤明經，未嘗指出《春秋》失閏之漸。惟徐圃臣先生能以秤證明經術，考定全經朔日，著為《經傳注疏辨正》。而其書不傳，遍求諸上下兩江，卒不可得。乙亥秋杪，偕郁達夫游嘉禾，求遺書，謁先生從孫麗川丈，尋五龍橋讀書處，則已他人是保，而殘楮剩墨杳乎不可復知矣。無已，歸而求諸所得先生秤法，積年布算，則全經日食三十七事乃得其三十四。夫交食之法，分秒有差即不能合。而自宣十七年癸卯外，所書甲乙無不若合符節。並列於二千三百餘年後之珠盤，并衛樸所不能合、郭守敬所不及詳者，一一有以得其寔，豈非千古大快事哉？爰以所推交食全稿，錄為一帙，準徐氏法，以月建名月，比而核之，則僖公以前合夏正者二，合夏正而失一閏者五；文公以後合周正者十九，合周正而失一閏者六。夫亦可知《春秋》失閏之有漸，而周正之改月與否可由是而定，全經朔日亦可由是而推矣。惟僖公十五年五月交食，《元史》不無附會，而襄公二十一年及二十四年連月比食，古今秤法所不能得者，而衛樸能得之，此或別自有說，而彥何足以知之？姑俟諸深于《春秋》且精于秤法者。」

　　◎孫殿起《販書偶記》卷二：《推春秋日食法》一卷末一卷、《春秋朔閏表發覆》四卷首一卷，崇明施彥士撰。道光壬辰求己堂刊。

　　◎光緒《崇明縣志》卷十一《人物志》：楊潘凱〔註12〕字元仲，諸生，遷居太倉，其學好鉤考群籍，析其大旨，舉人施彥士嘗與折衷經世之學。

〔註12〕又名潘愷，號幔坡，崇明秀才。

◎李慈銘《越縵堂讀書記‧經部‧春秋類》：遊廠閱市，見有崇明施彥士樸齋所著《春秋朔閏表發覆》四卷，首有與張丹邨太守（作楠）往復書數通（按書眉有附記：張丹邨吾浙金華人，嘉慶戊辰進士，樸齋，道光辛巳舉人，出吾鄉湯文端之門）。其書多正陳厚耀之誤，固專門學也。又《歷代編年大事表》一卷、《推春秋日食法》二卷，買之不成，因倚櫝觀逾時而罷。同治癸亥正月二十一日。

◎趙爾巽《清史稿》卷一百四十五志一百二十《藝文》一：《春秋經傳朔閏表發覆》四卷、《推春秋日食法》一卷，施彥士撰。

◎林達泉、譚泰來、曹文煥等主修，李聯琇等纂修光緒《崇明縣志》卷之十六《藝文志》：施彥士《海運芻言》、《讀孟質疑》（《自序》略云：彥士讀《孟》時每得一閒，參互校勘，輯為年譜及事蹟一帙，名曰《讀孟質疑》）、《孟子外書集證》、《春秋日食考》、《春秋朔閏表微發覆》、《歷代編年大事紀》、《宗賢考》、《求己堂詩文集》。

◎上海古籍出版社 2015 年《續修四庫全書總目提要‧春秋類》「《推春秋日食法》一卷末一卷」：是書前有施氏自序，謂考曆法之疏密，而堅定其是非者，莫如日食。以曆證《春秋》之日月，而破千古之疑似者，莫如求全經之交食。夫交食之法，分秒有差，即不能合。王應麟云《春秋》日食三十六，曆家推驗精者，不過得二十六，唐一行得二十七，宋衛朴得三十五，惟莊十八年三月古今算不入食法。郭守敬《授時曆》法亦密矣，然《元史‧曆志》所推《春秋》三十七事，僖五年九月朔食既缺而不載，桓三年七月日食既僅推得六分四十一秒，又意在以經證曆，初非以曆明經，未嘗指出失閏之漸云云。施氏參徐發之《天元曆理》，準徐發之法以月建名月比而核之，積年布算，以所推交食全稿錄為一帙，為《推春秋日食法》一卷。《春秋》日食三十七事，得其三十四，自宣十七年癸卯外所書，無不若合符節。僖公以前合夏正者二，合夏正而失一，閏者五。文公以後合周正者十九，合周正而失一，閏者六。夫亦知《春秋》失閏之有漸，而周正之改月與否，可因此而定，全經朔日，亦可由是而推矣。此書卷末附范景福《春秋上律表》，及《附逡求次年捷法》、《日月頻食說》二文，誠便後學研習天文推步之術。此本據國家圖書館分館藏清道光十二年求己堂刻本影印。（孫文文）

◎施彥士（1775～1835），字楚珍，一字容之，號樸齋。江蘇崇明（今屬上海）人。嘉慶元年（1796）秀才、道光元年（1821）舉人。賀長齡、陶澍延訪入幕，襄辦海運。事成，歷官內邱、正定、萬全等縣知縣。以勞瘁卒於官。

學以經世致用為主，兼長天文輿地。著有《求己堂八種》：《讀孟質疑》三卷、《孟子外書集證》五卷、《海運芻言》一冊、《春秋經傳朔閏表微發覆》四卷、《推春秋日食法》一卷附一卷、《歷代編年大事表》一冊、《求己堂詩集》一卷、《求己堂文集》一卷。又著有《春秋算法題目》不分卷、《宗賢考》一卷、《開墾水田圖說》、《溝洫圖說》。曾纂刊《內邱縣志》四卷、《萬全縣志》十卷。

施彥士 春秋朔閏表發覆 四卷 卷首一卷 存

國圖、湖北藏道光十二年（1832）崇明施氏求己堂刻求己堂八種本（江都陳逢衡校定）

◎題辭：《春秋》著傳義，舊推文定公。夏時冠周月，無乃乖聖衷。生今莫返古，創制敢自庸。諸儒互推說，遷就亦罕通。繫正於子月，倒置易春冬。君云殷元祀，頒朔示統宗。其餘時與月，一仍前代蹤。惟周有正歲，意亦從同同。《小正》為民作，繼之者《豳風》。順時以出治，綏萬年屢豐。緣何司歷過，乃在周轍東。馴至再失閏，踵誤遂重重。中朔爭杪忽，歸餘詎獨終。訛易乖其侯，歲序難為功。夫子曰行夏，實亦周初從。麟經著事蹟，論治昭大中。厥類區以別，牽引滋之蒙。君言得未有，開闢無鴻濛。分析歸至當，玉鑑懸秋空。非憑胸臆測，推步有化工。持用告來者，一振聾瞶聾。南菀龔芳桂。

◎摘錄《張丹邨太守（作楠）書》（道光壬午冬季在太倉州任）：昨接到大著《春秋朔閏表發覆》及范介茲《春秋上律表》，以案牘如束筍，未及校。茲帶在漕倉繙閱，覺心之細、學之博、證之確、識之卓，洵不愧為杜征南之功臣、顧震滄之諍友，欽佩奚似！擬作序文，不敢草草下筆。少陵云「文章千古事，得失寸心知」，閣下成此書時，必有獨得之處，倘序書者不能拈出，率以浮詞敷衍，何異隔靴搔癢，敢此奉詢，祈將書中與原表異同之處及用何術推步詳悉示知，以作指南，省得弟在暗中索摸也。再顧氏《朔閏表》用杜氏隱元年起正月辛巳朔，閣下從之，然弟前讀泰州陳厚耀所補《春秋長秝》，又定隱元年正月為庚辰朔，陳氏為本朝秝算名家，《四庫提要》亦深以其退一閏之說為是（其說以隱公元年以前非失一閏，乃多一閏，因退一月以就之），且疑顧震滄未見其書因而異同。今讀大著，於隱二年八月之庚辰三年十二月之庚戌四年二月之戊申，根據鑿確，而陳氏則云如預之說，則此數處不能合。又讀大著《春秋日食法》，於隱三年二月己巳朔日食、桓三年七月壬辰朔日食推算俱入食限，而陳氏則云如預之說，則此二處皆失之。此書閣下必曾寓目，其說是否不刊？如實不可

從，亦祈逐條辨正見示。箴膏肓、發墨守，通人固不無異同也。又范介茲表，弟尚嫌其證據未廣，然專明一法，亦是一家之學。閣下昨未置可否，究竟是否可傳，及中或有未密處，亦祈一併示知。匆匆不備。

◎摘錄《覆張丹邨太守書》：夏間進謁，蒙示范公《春秋上律表》，並擬將拙著付梓，不勝愧汗。茲奉鈞函，又蒙過獎，擬作序文，兼詢及成此書本末、用何術推步，並與顧氏原表、陳氏《長秝》異同，暨范書疏密之處。彥久欲進質於左右而未敢瀆陳者也。茲承垂詢，詎敢少隱。彥頑鈍，又不克多購書，初得徐氏《天元曆理》，殫心半載始克握算。續得梅氏《曆算全書》、江氏《推步法解》暨新法《二百恆年表》而《八線表》未全，因祗就徐氏法推步交食。竊以杜氏《長秝》、顧氏《朔閏表》祗就經傳推較而未諳曆法。晉姜岌、唐一行、元郭氏各以曆推《春秋》日食，而未及全經朔日。徐氏能以曆考定全經朔日，而其書不傳。陳厚耀《長曆》或謂較預為密，而僅從《四庫提要》中署見一斑。且推至僖公五年止，以下因一一與杜曆相符，不復續載。則襄公二十七年傳注頓置兩閏之誣似未及辨正，而隱桓之初杜氏之得者轉未免異同。其說以隱公元年以前非失一閏乃多一閏似也。先儒謂周正建子，如失一閏，則建亥矣。而正月實建丑，非多一閏而何？然欲退一閏以就之，將以合杜氏所不能合，而不知二年八月之庚辰有不合，失在七月不置閏。三年十二月之庚戌有不合，鄭用夏正置閏不同之故。四年二月之戊申有不合，則有日無月，杜註、《正義》辨之明矣。如必退一月以求合，則杜氏之本合者（如三年十二月癸未等日）又將何以合之？且即退一月以合周正建子，而隱元年子月當得辛亥朔，今陳氏定為庚辰朔，較《長曆》實退兩月，是多退一閏矣。而朔日又進同卯月庚辰，毋乃進退兩無所據歟？況隱三年二月己巳朔日食辰在寅，桓三年七月日食辰在未，正足徵春秋之初失閏有漸，似尤不得泥周正建子以致疑也。捴之，置閏可移而交食不可移，此不敢求異於杜氏，亦不敢強同於陳氏。爰遵徐氏法推全經食限，而以置閏證經文；仿顧氏表推全經朔閏，而憑日食為天驗。更折衷於江氏，兼採梅氏定九、戴氏東原之說。而猶以為古今最高卑有行分黃赤、距度有大小，淺嘗焉而未窺其奧。去年得《數理精蘊》暨《秝象考成》《儀象考成》諸編，並蒙賜尊刻《八線》等表，高弧細草各種，而南轅北轍，未及稍窺萬一。又蒙示范公《上律表》，以時憲推《春秋》，何幸如之！雖其中朔日未合數條，似須兼推定朔。宣八年七月甲子日食在酉，而以為襄公二十七年十一月辰在申，再失閏之證亦似未協，然所得僖十五年五月日食限，自可廣推步之一法，通閣氏連

月比食之說，亦不同於武斷，可以備一解也。辱承下問，敢陳瞽說，是否有當，伏祈誨定！

◎摘錄《再答張丹邨太守書》（甲申六月十二日）：重午前接奉鈞函及陳氏《春秋長術》五冊，奚啻寵賜百朋！伏念先生學問愈大心愈虛，培植所及亦愈廣。當即郵書婺源江慎修先生曾孫北為處，具道校刊《推步法解》等書盛意。但恨路隔千餘，不能旦暮致耳。俟寄到，副本另呈。外隨遣兒曹鈔錄陳氏《長術》，兼遵校原本鈔訛處，一一拈簽，間附鄙見，并《書古曆／曆存後》二則。本不足上塵鈞鑒，惟念此事絕少解人，陳氏為本朝術算名家，所編《長術》猶暗用漢法，朔先一日，致多窒礙。況粗淺如彥，敢不求解惑者解以致終不解哉！又陳氏欲補正杜術，其實未見杜術。至據趙氏《屬辭》所引大衍曆，既不合於《春秋》，又不同於今曆，逐年錄入，徒亂人目，似不如徐圃臣先生遺法，以日食為綱而餘月為之目，以月建為經而餘日為之緯，可使二百四十二年中朔閏進退不煩言而得失自見。抑聞之胡梅磵云：「前人之失吾知之，吾之失吾不能自知也」，茲繳陳氏《長術》外，附鄙論二則，惟矜其愚、恕其妄而惠誨其不及也，不勝大幸！

◎摘錄《張丹邨太守書》（乙酉正月十二日。節錄）：頃注漕倉，無以自遣，覆讀大著，駁正陳氏《長術》諸條，如鞠盜之獲真贓，欽佩奚似。若將此數條增纂入《春秋朔閏發覆》中，不獨其書益加精彩，併可鬩申陳抑顧者之口，快極。承示婺源江君書，已閱過。如慎修先生遺書寄到時，幸得一讀為快也。

◎書中又如《書陳氏（厚耀）春秋古術後》、《陳氏春秋古曆朔食命甲異同十四條》、《述陳氏春秋曆存後》、《冬十二月火西流司曆過辨》（哀公十二年）、附《欽天監天文生陳靜菴（杰）書》諸篇可參。

◎《疇人傳》卷第五十二姚文田附施彥士：

又謂杜氏《長術》、顧氏《朔閏表》祇就經傳推較，而未諳術法。晉姜岌、唐一行、元郭氏各以私推《春秋》日食，而未及全經朔日。徐氏能以術考定全經朔日，而其書不傳。陳厚耀《長術》或稱較預為密，而僅從《四庫提要》中略見一斑，且推至僖公五年止，以下因一一與杜術相符，不復續載。則襄公二十七年傳注「頓置兩閏」之誣似未及辨正。而隱、桓之初，杜氏之得者，轉未免異同其說。以隱公元年以前，非失一閏，乃多一閏，似也。先儒謂周正建子，如失一閏則建亥矣，而正月實建丑，非多一閏而何？然欲退一閏以就之，將以合杜氏所不能合，而不知二年八月之庚辰有不合，失在七月不置閏；三年十二

月之庚戌有不合，鄭用夏正置閏不同之故；四年二月之戊申有不合，則有日無月。杜注《正義》辨之明矣。如必退一月以求合，則杜氏之本合者，如三年十二月癸未等日，又將何以合之？且即退一月以合周正建子，而隱元年子月當得辛亥朔，今陳氏定為庚辰朔，較《長秝》實退兩月，是多退一閏矣。而朔日又進同卯月庚辰，毋乃進退兩無所據歟？況隱二年二月己巳朔日食辰在寅，桓二年七月日食辰在未，正足徵春秋之初失閏有漸，似尤不得泥周正建子以致疑也。總之，置閏可移，而交食不可移。此不敢求異於杜氏，亦不敢強同于陳氏，爰遵徐氏法，推全經食限，而以置閏證經文，仿顧氏表推全經朔閏，而憑日食為天驗，因更撰《春秋朔閏表發覆》四卷。

論曰：杜著《長秝》，移置閏月，遷就求合，本不足據，故後人駁者甚多。文僖公據《漢志》稱：「太初元年丙子，與《淮南・天文訓》太乙在丙子合，遂以魯隱公元年當為戊午。開卷便錯，其他可知。」且既詆杜氏頻年置閏及一年再閏為非，而所撰之表不獨蹈其蔽，且復加尤，更有三年連閏及一年三閏之失。其以意排比，并同杜氏。惟云古文乙、己、卯、酉字形相似，經傳此二字涉誤最多，斯為篤論。若徐氏《天元秝理》據《竹書紀年》甲子，斥班固《秝志》之非，取《大統》法，稍變歲實，以上合於天元四甲子為秝元，初無足取，樸齋獨推崇甚至，謂能以秝證經。觀其於宣四年閏七月，六年閏六月，八年、十年、十二年并閏五月，則其為遷就求合也亦顯然可見。夫《春秋》雖屬聖經，日名無有關係，聖人之所重者不在此，且聖人嘗云：「吾猶及史之闕文也。」故桓五年正月，陳侯（鮑）卒，甲戌、己丑日名兩存，此闕疑之明證。漢末去古未遠，宋仲子以七秝考《春秋》，互有得失，已自不能全合。矧遠在二千餘年以後，歲實消長之秝法，而謬冀密合二千餘年以前紀載失真之日名，此杜氏所謂度已之蹟而欲削他人之足，吾知其必不然也。

◎趙爾巽《清史稿》卷一百四十五志一百二十《藝文》一：《春秋經傳朔閏表發覆》四卷、《推春秋日食法》一卷，施彥士撰。

◎張之洞《書目答問》卷一《經部》：《春秋經傳朔閏表發覆》四卷（施彥士。附刻范景福《春秋上律表》四篇。《求己堂八種》本。孔繼涵《春秋閏例日食例》，未見傳本）。

◎林達泉、譚泰來、曹文煥等主修，李聯琇等纂修光緒《崇明縣志》卷之十六《藝文志》：施彥士《海運芻言》、《讀孟質疑》（《自序》略云：彥士讀《孟》時每得一閒，參互校勘，輯為年譜及事蹟一帙，名曰《讀孟質疑》）、《孟子外書集證》、

《春秋日食考》、《春秋朔閏表微發覆》、《歷代編年大事紀》、《宗賢考》、《求己堂詩文集》。

◎上海古籍出版社 2015 年《續修四庫全書總目提要・春秋類》「《春秋朔閏表發覆》四卷首一卷」：《春秋》日月，俱有義例，周正夏正，聚訟紛如。東遷以後，失曆失閏，冬春上篡，正朔下移，甚至春二月而日南至，十二月而火西流。故孔子嘗譏司曆過，左氏亦謂再失閏，況史文多闕，千載後其孰從而定之？杜預所著《長曆》，惟憑經文朔日前卻閏月以求其合，而經誤傳誤，卒不可定。徐發以此正坐不知《春秋》正朔漸變之故，乃以曆證經，考定全經朔日，其書不傳。施氏乃以徐發之術積年布算，以月建名月比而核之，而後可知《春秋》失閏之有漸，全經朔日亦可由是而推矣。是書卷首，有龔芳桂題辭，次錄與張作楠往來書信四通，再次為《書陳厚耀春秋古曆後》，再次《陳氏春秋古曆朔食命甲異同十四條》、《書陳氏春秋曆存後》、《冬十二月火西流司曆過辨》、《附欽天監天文生陳靜菴書》。正文凡四卷，據《春秋》朔閏排列為表，每頁一年，分十三格，十二月及閏月各居其一格，內書其朔日之干支及經、傳之要事，平年則於末一格書「無閏」。頁眉列魯君及周王、齊、晉、衛、蔡、鄭、曹、陳、杞、宋、秦、楚之繫年，覽之瞭然，於《春秋》曆學不為無功。據《續疇人傳》，徐發據《竹書紀年》甲子斥班固《曆志》之非，取《大統法》稍變歲實，以上合於天元甲子為曆元，彥士獨推崇甚至。漢末去古未遠，宋仲子集七曆以考《春秋》，互有得失，已自不能全合。彥士於宣四年閏七月、六年閏六月、八年十年十二年并閏五月，則其為遷就求合，亦顯然可見。此本據湖北省圖書館藏清道光十二年求己堂刻本影印。（孫文文）

施彥士 春秋算法題目 不分卷 存

國圖、湖北藏清修梅山館刻本

施兆麟 春秋拾瀋 佚

◎嘉慶《蕭縣志》卷十三《人物》二：學問淹博，尤長於註疏。所著有《四書答問》《春秋拾瀋》。

◎同治《續蕭縣志》卷十六《藝文志・書目》：施兆麟《四書問答》《春秋拾瀋》。

◎施兆麟，字靈昭，號文郊。安徽蕭縣人。雍正十三年（1735）拔貢生。

主鳳山書院講習，一時續學之士如徐大猷、縱若愚輩皆出其門。選貴州獨山州同知，撫馭有方，以疾卒於官。著有《春秋拾瀋》《四書答問》。

石昕 春秋四傳合編 佚

◎民國《宿松縣志》卷三十二上《藝文志》一：《春秋四傳合編》，石昕著（同治《志稿》本傳）。《春秋》學除用三傳外，若宋儒胡安國傳自元延祐以來功令久列學官。清康熙欽定《春秋傳說彙纂》，亦但於《胡傳》中之託諷時事實與經旨違戾之處，隨事駁正之，而傳文固仍與三家並纂。此昕書之所以有合編也。義例頗近李鼎祚《周易集解》，掇取羣言，不輒自擅議，而於四傳得失同異之處持擇特精。

◎民國《宿松縣志》卷三十九《文苑》：著有《周易摘略》《春秋四傳合編》，儼然二經大師。

◎石昕，字東瑞。安徽宿松人。增廣生。幼穎異，操觚立就。至性耿耿。沉潛經義，深入閫奧。五膺房薦未售。邑令顧鳴鸞以真儒目之。著有《周易摘略》《春秋四傳合編》。

石韞玉 讀左卮言 一卷 存

乾隆六十年（1795）長沙官舍刻獨學廬全稿本

國圖藏道光十二年（1832）刻本

古香林叢書本

◎趙爾巽《清史稿》卷一百四十五志一百二十《藝文》一：《讀左卮言》一卷，石韞玉撰。

◎石韞玉（1756～1837），字執如，號琢堂、竹堂居士、獨學老人、花韻庵主人。吳縣（今江蘇蘇州）人，原籍丹陽。乾隆五十五年（1790）進士，授翰林院修撰。五十七年（1792）任福建鄉試正考官，旋視學湖南。嘉慶元年（1796）充日講起居注官，後入值上書房，旋官四川重慶府知府兼護川東道。十年（1805）陞陝西潼商道，又擢山東按察使兼署布政使。因事被劾革職，念舊勞賞編修。十二年（1807）引疾歸，主講蘇州紫陽書院二十餘年。喜藏書，有石韞玉印、觀我生、琢堂校藏、平江石氏圖書、吳中石氏凌波閣藏書、凌波閣藏書印諸藏書印。著有《讀左卮言》一卷、《凌波閣藏書目錄》、《獨學樓題跋》、《獨學廬詩文集》、《晚香樓集》、《花韻庵詩餘》、《花間九奏樂府》、《竹堂文類》，又嘗輯《明八家文選》《國朝文英》，修《蘇州府志》。

史銘桂 春秋或辯平 二卷 未見

◎《販書偶記續編》卷二《經部‧春秋總義類》：《春秋或辯平》二卷（清江南許之獬辯。楚北史銘桂平。道光七年諸雲書屋刊）。

◎史銘桂，湖北人。著有《春秋或辯平》二卷。

史學遷 麟經三易草 佚

◎光緒《山西通志》卷八十七《經籍記》上：《麟經三易草》，史學遷撰。

◎史學遷，字惟良。山西翼城人。萬曆十九年（1591）鄉薦，二十年（1592）進士。著有《麟經三易草》、《四書心言》、《四禮》一卷，編有《四禮圖》。

史致準 讀左評錄 一卷 存

國圖、北師大、上海、中科院藏光緒刻史伯平先生所箸書本

◎《光緒朝實錄》光緒三年諭：文山縣知縣史致準、永平縣知縣賀芳，學業未荒，精力不逮，均著以教職選用，以肅官方。

◎史致準，字伯平。陽湖（今江蘇常州武進區）人。任雲南文山縣知縣。著有《史伯平先生所箸書二種》二卷、《古曆考》、《太初曆辨》、《授時術增解》、《乾象上一道術詳注》、《景福術校注》、《欽天術校注》等書著有《讀左評錄》一卷、《大衍術校注》。

史宗恒 左傳分國摘要 二十卷 首一卷 存

上海、紹興、揚州大學藏乾隆四十一年（1776）三梧閣刻本

綿竹藏嘉慶十五年（1810）京都三梧閣刻本

石家莊藏嘉慶十七年（1812）維揚二酉堂刻本

湖南、遼寧藏光緒元年（1875）玉池山房刻本

湖北藏清刻本

浙江大學藏台灣經學文化事業有限公司稀見清代四部輯刊第十輯影印本

線裝書局 2020 年何俊主編左傳評注文獻輯刊影印乾隆四十一年（1776）三梧閣刻本

◎嘉慶《重修揚州府志》卷六十二《藝文志》一：《左傳分國輯要》四卷（史宗恆撰）。

◎史宗恒，字立方。揚州甘泉（今江蘇揚州江都區）人。著有《左傳分國摘要》二十卷首一卷、《左傳分國世系圖》一卷。

史宗恆 左傳分國世系圖 一卷 存

遼寧藏民國鉛印本

司徒修 左傳易讀 六卷 存

國圖、陝西藏道光十六年（1836）文選樓刻本（沈士荃、凌鳳翔檢校）

寶雞藏道光二十九年（1849）學德堂刻本

國圖、陝西、浙江省博物館藏咸豐六年（1856）安康來鹿堂刻本

國圖、吉林藏咸豐六年（1856）致遠堂刻本

咸陽藏咸豐六年（1856）芸香齋刻本

咸陽藏咸豐六年（1856）忠興堂刻本

吉林社科院藏咸豐九年（1859）植桂堂刻本

國圖藏咸豐十一年（1861）書業德記刻本

同治五年（1866）聚盛堂記刻本

石家莊藏同治十年（1871）敬文堂刻本

光緒五年（1879）雲興堂刻本

孔子博物館藏光緒七年（1881）書業堂記刻本

吉林大學藏光緒八年（1882）德盛堂刻本

孔子博物館藏光緒十年（1884）文英堂刻本

國圖藏光緒十四年（1888）寶興堂刻本

大連、齊齊哈爾、濟南、石家莊藏光緒十四年（1888）善成堂刻本

國圖、北大藏光緒十四年（1888）寶興堂刻本

石家莊藏光緒十五年（1889）聚元堂刻本

佳縣國禎藏光緒十五年（1889）永順堂刻本

陝西藏光緒十七年（1891）西安義興堂刻本

煙臺藏光緒十八年（1892）成文信刻本

煙臺藏光緒十九年（1893）成文堂記刻本

青海藏光緒二十年（1894）文淵書坊刻本（題增補春秋左傳易讀）

光緒二十六年（1900）成和堂刻本

綏德縣子洲藏光緒二十七年（1901）有益堂刻本（題新增詳批左傳易讀）

光緒二十七年（1901）有益堂刻本（題重校全註左傳易讀）

光緒三十一年（1905）周村三益堂刻本

宣統三年（1911）北京龍文閣書莊天津石印本

錦州師院藏 1916 年上海自強書局石印本

哈爾濱師大藏 1918 年上海會文堂書局石印本（題增補春秋左傳易讀）

民國上海大成書局石印本（題增補春秋左傳易讀）

上海廣益書局石印本（題校正左傳易讀）

清文聚堂刻本（題增補春秋左傳易讀）

清落野堂刻本

清宏道堂刻本

清福興堂刻本（題增補春秋左傳易讀）。

◎前有《春秋輯論》《左傳輯論》。

◎目錄：卷一隱公（計十一年）、桓公（計十八年）、莊公（計三十二年）、閔公（計二年）。卷二僖公（計三十三年）、文公（計十八年）。卷三宣公（計十八年）、成公（計十八年）、襄公（計三十一年。上卷元年至十年）。卷四襄公（下卷十年至三十一年）。卷五昭公（計三十二年。上卷元年至二十四年）。卷六昭公（下卷二十五年至三十二年）、定公（計十五年）、哀公（計十四年。獲麟後又十三年，共二十七年）。

◎郭維暹《春秋左傳易讀序》：蓋自左氏本孔子法戒之意而著為傳，故其書多與《四書》相表裏。學者讀《四書》而不讀《左傳》，猶斷港絕潢以求至於海也，其可得乎〔註13〕！則《左傳》誠要矣。每閱杜林《左繡》諸本，論事論文甚詳，而全文不減一字。讀者輒興望洋之歎。於是選本疊出，而純粹頗難。適得司徒則廬《左傳》選本，有經者列以經文，無經者別以附錄，旁註旁批，悉臻精當，自來選本未有若斯之至易且明者也。夫《左傳》之與《公》《穀》，皆足發明聖經：《左傳》長於記事，《公》《穀》精於解義。學者熟讀此本，再以司徒公所刊《公》《穀》選本參閱之，則庶乎可以解經，並可以讀《四書》矣。去冬余已將選《周禮》付梓，《左傳》今復告竣，爰序巔末以廣流傳云爾。時道光丙申仲春中旬，蘭坡郭維暹謹識。

◎祝廷彪序：去冬《周禮易讀》告竣，余不揣固陋，曾題數語綴之篇首。非敢自以為功也，聊以敘刻書之由云爾。丙申孟春，《左傳》亦將刻出。余因升任黔省，束裝北上。蘭坡郭太守復命余作序。余誠不識文，然聞司徒則廬先

〔註13〕 楊鍾鈺《春秋左傳擷要》卷首《春秋左傳易讀原序》無「學者讀《四書》而不讀《左傳》，猶斷港絕潢以求至於海也，其可得乎」句。

生所選《左傳》一書，繁簡得宜，註批詳明，俾初學隨讀隨解，與所訂《周禮》有同功焉。邇來小兒輩漸習經史，以此本甚屬簡便，足以嘉惠後學，用付棗梨，公諸同好。第不知讀經者得此，亦與余有同心否耶。時道光丙申正月上旬，毅齋祝廷彪偶識。

◎序：《尚書》為史家鼻祖，《左傳》為史家大宗，《通鑑綱目》薈萃諸史，而微言大義一本《春秋》，比事屬詞淵源《左傳》。儒者不善讀《尚書》則胎息必不深厚而肅穆茂密之氣無從出，不善讀《左傳》則文筆囿於庸近而敘事議論斷制之體不能諳。自《尚書》以下，孰如《左傳》之取法最大者乎？陝中舊刻，先大夫《綱鑑擇語》一書，小子照既校讀重鐫。若《左傳易讀》，亦舊刻也，亥豕魯魚，復加釐訂付梓。使讀《綱鑑》者先讀《左傳》，上溯大宗，下及支派源流次第，庶用力少而成功多耳。初學讀《左傳》輒苦其難，義疏繁重，聰穎者猶以記誦為艱。坊本杜林注離析章句，在童子魄力未大，或目迷神紛，反忘其首尾一氣、段落蟬聯之所以然。其中頓挫委折，問之茫然，殊難心知其意。蓋篇幅繁而神不足以攝之也。《左繡》詳於筆法，語太冗長，論太瑣屑，竟足以固蔽性靈，徒好畫龍，不復識真龍為何物。智者博涉及之，猶能自拔於畦封之外。資性稍下，乃奉為寶筏，終其身汨沒苦海，良可悼歎。《要詮》《輯要》等選，泥於分國，遺珠可惜。他若《左義》《補左》《綱目斟酌》，貴當全文可讀，而初學又不易讀。先大夫選其運用最著之篇，解義批語，芟其繁說，隨文旁訓。或一事始末前後互見，必為標出，一覽而知，篇幅不多，顧盼易周，精神易貫，疑易釋，誦易熟，筆法簡明。余初受書，津津讀之，至今猶憶兒時青燈味也。學者先取是編而卒業焉，而後及於全傳，而後及於《國語》《史記》以引證杜說，而後及於劉歆、賈逵、許慎、鄭眾、許淑、服虔、董遇、穎容諸說以推類而盡其餘，將一易而無不易矣。不特此也，由此而讀《通鑑綱目》以至諸家史誌、古文，皆得以駕輕車就熟道而識其要歸。夫孰非是編為之導歟！咸豐六年九月，男照謹識於山西藩署槐蔭堂。

◎題名：

則廬司徒修選訂，思泉沈士佺、璧卿祝宣奎偕凌鳳翔、仇永祿檢校，輔堂夏鴻時、秋槎葉淮、叔庠汪平均、椿岩姚洽、屏山張應綸、春農程鸞臺、冠山張肇元、寶巖何玉珍、漁珊陳僅、洛川董秉筠全參閱，張鳳翼、胡洽、羅應榮、趙禧／祺昌、張文鈞、郭時乘、楊必法、張士筠、歐約禮、張彩、張凌雲、陳可箴、張大連、周鎬、劉大章、史班濂、葉道垠全校字。

◎司徒修（1780～1837），字納德，號則廬。廣東開平人。嘉慶五年（1800）舉人。自道光六年（1826）先後知陝西韓城、永壽、安康、寶雞、平利等縣。任上勸興水利，廣積儲，刊《蠶桑須知》《樹桑百益》諸書散之民間，俾興蠶利。卒於任所。道光二十年（1840）祀名宦祠。著有《五經易讀》、《綱鑑擇語》（後改名《綱鑑擇言》）十卷。

宋景白 左傳鈔 佚

◎道光二十五年張同聲修、李圖纂《重修膠州志》卷二十《藝文》：宋景白《左傳鈔》。

◎孫葆田《山東通志》卷百二十七《藝文志》第十：是書見《州志》。

◎宋景白，字蓮友。山東膠州人。著有《左傳鈔》。

宋龍 春秋書法辨 佚

◎萬斯大《學春秋隨筆》所附鄭梁《跋翁傳》：應嗣寅，武林老儒，宿負經學，遇翁談經，則頤解心折。吳志伊記問博洽，見其《禮經》著述，當意不當意輒手抄以去。秦湘侯作《春秋綱》、宋子猶作《春秋書法辨》，翁遺書詰難，往復數四，必伸其說而後已。

◎萬斯大《學春秋隨筆》所附萬經《先考充宗府君行狀》：居杭來，四方名流多以經學相質，如無錫秦湘侯先生（沅）之《春秋綱》、太倉宋子猶先生（龍）之《春秋書法辨》、長洲金穀似孝廉（居敬）之《古曆辨》、常熟顧景范先生（祖禹）之《地名考》，皆遺書詰難，往復數四，諸先生未嘗不頫首心折。仁和吳志伊先生（任臣）家居時亦以教授為業，每出館，必叩先君，索所纂述，輒手錄之去。應嗣寅先生（撝謙）高風苦節，少所許可，與先君論經學辨難最多，雖不盡同，然實為先生所嚴憚焉。

◎光緒《崇明縣志》卷之十六《藝文志》：宋龍《春秋書法辨》《菊莊詩文稾》。

◎王清穆修，曹炳麟等纂民國《崇明縣志》卷十二《人物志・儒林》：自幼誦法程朱，以躬行實踐為主，晚尤邃經術，精於《春秋》。

◎宋龍，字子猶，別號菊齋。南直隸崇明（今上海崇明區）人。縣學生。與太倉陸世儀、陳瑚相切劘，為「婁東十子」之一。師事張采為高弟，鄞縣錢肅樂深器之，謂與崑山歸莊相似。然特沉靜，動不越禮，事親孝。明亡，棄諸

生，遷太倉，隱於醫。生平可參全祖望《鮚埼亭集外編》卷十二《宋菊齋傳》。著有《春秋書法辨》《菊莊詩文槀》。

宋慶雲 春秋朔閏日食考 二卷 存

南京、浙大藏同治十二年刻本

上海、南大、湖北、陝西、中科院藏光緒七年（1881）刻本

◎張聲馳等校。

◎孫殿起《販書偶記》卷二：《春秋朔閏日食考》二卷，雲間宋慶雲撰。同治十二年刊。

◎趙爾巽《清史稿》卷一百四十五志一百二十《藝文》一：《春秋朔閏日食考》二卷，宋慶雲撰。

◎《華婁續志殘稿‧藝文志‧華亭縣藝文志‧經部‧春秋類》：《春秋朔閏日食考》二卷，宋慶雲（秋泉）著。

◎宋慶雲，號秋泉。華亭（今上海松江）人。咸豐十一年（1861）恩貢。著有《春秋朔閏日食考》二卷。

宋實穎 春秋拾遺 十二卷 佚

◎秦瀛《己未詞科錄》卷七：著有《老易軒文集》三十卷、《春秋拾遺》十二卷、《讀書堂／玉磬山房》等集。

◎宋實穎，字既庭，號湘尹。長洲（今江蘇蘇州）人。順治八年（1651）舉人。官興華縣教諭。著有《春秋拾遺》十二卷、《老易軒文集》三十卷、《讀書堂集》、《玉磬山房集》。

宋書升 春秋長曆 一卷 佚

◎民國常之英《濰縣志稿》卷三十七《藝文》：宋書升《周易宋氏要義》十二卷（已刻未印，板存琉璃廠龍文齋）、《春秋長曆》一卷、《讀春秋隨筆》一卷（以上三種祖癸卤室郭氏藏）、《續春秋三界攷》一卷（山東圖書館藏）、《禹貢說義》一卷（仝上）、《夏小正釋義》二卷（傳鈔本）、《孝經大旨》一卷（山東圖書館藏）、《古韻微》一卷（仝上）、《校正三元甲子編年》一卷（傳鈔本）、《詩略說》四卷（宋氏家藏）、《山左金石約錄》二卷（傳鈔本）、《旭齋文鈔》一卷（已刊入《濰縣叢刊》）、《旭齋詩鈔》二卷、《旭齋零稿》一卷、《燈商隨筆》一卷（以上四種習庵丁氏藏）、《孟氏義攷》、《尚書要義》、《春秋分類攷》、《周禮

明堂攷》、《論語義證》、《禮記大旨》、《爾雅拾雅小爾雅廣韻校》、《二十四史正譌》。

◎宋書升（1842～1915），字晉之，一字貞階，號旭齋，又號初篁。山東濰縣（今濰坊）人。光緒十八年（1892）進士，欽點翰林院庶吉士。精樂律、甲子。曾掌教山東。懼以仕廢學，遂不出。袁世凱徵召再三，托病不赴。喜藏書。著有《孟氏易攷證》（一名《孟氏義攷》）、《周易要義》（一名《周易宋氏要義》）十卷、《尚書要義》、《詩略說》四卷、《禹貢說義》一卷、《夏小正釋義》二卷、《周禮明堂考》、《禮記大旨》、《春秋長曆》一卷、《春秋分類考》、《讀春秋隨筆》一卷、《續春秋三界考》一卷、《詩略說》四卷、《孝經大旨》一卷、《論語義證》、《爾雅拾雅小爾雅廣韻校》、《古韻微》一卷、《二十四史正譌》、《校正三元甲子編年》一卷、《山左金石約錄》二卷、《旭齋文鈔》一卷、《旭齋詩鈔》二卷、《旭齋零稿》一卷、《燈商隨筆》一卷。

宋書升 春秋分類考 佚

◎民國常之英《濰縣志稿》卷三十七《藝文》：宋書升《周易宋氏要義》十二卷（已刻未印，板存琉璃廠龍文齋）、《春秋長曆》一卷、《讀春秋隨筆》一卷（以上三種祖癸卣室郭氏藏）、《續春秋三界攷》一卷（山東圖書館藏）、《禹貢說義》一卷（仝上）、《夏小正釋義》二卷（傳鈔本）、《孝經大旨》一卷（山東圖書館藏）、《古韻微》一卷（仝上）、《校正三元甲子編年》一卷（傳鈔本）、《詩略說》四卷（宋氏家藏）、《山左金石約錄》二卷（傳鈔本）、《旭齋文鈔》一卷（已刊入《濰縣叢刊》）、《旭齋詩鈔》二卷、《旭齋零稿》一卷、《燈商隨筆》一卷（以上四種習庵丁氏藏）、《孟氏義攷》、《尚書要義》、《春秋分類攷》、《周禮明堂攷》、《論語義證》、《禮記大旨》、《爾雅拾雅小爾雅廣韻校》、《二十四史正譌》。

宋書升 讀春秋隨筆 一卷 佚

◎民國常之英《濰縣志稿》卷三十七《藝文》：宋書升《周易宋氏要義》十二卷（已刻未印，板存琉璃廠龍文齋）、《春秋長曆》一卷、《讀春秋隨筆》一卷（以上三種祖癸卣室郭氏藏）、《續春秋三界攷》一卷（山東圖書館藏）、《禹貢說義》一卷（仝上）、《夏小正釋義》二卷（傳鈔本）、《孝經大旨》一卷（山東圖書館藏）、《古韻微》一卷（仝上）、《校正三元甲子編年》一卷（傳鈔本）、《詩略說》四卷（宋氏家藏）、《山左金石約錄》二卷（傳鈔本）、《旭齋文鈔》一卷（已刊入

《濰縣叢刊》)、《旭齋詩鈔》二卷、《旭齋零稿》一卷、《燈商隨筆》一卷（以上四種習庵丁氏藏）、《孟氏義攷》、《尚書要義》、《春秋分類攷》、《周禮明堂攷》、《論語義證》、《禮記大旨》、《爾雅拾雅小爾雅廣韻校》、《二十四史正譌》。

宋書升 續春秋三界考 一卷 存

山東博物館藏紅格稿本（一冊）

◎民國常之英《濰縣志稿》卷三十七《藝文》：宋書升《周易宋氏要義》十二卷（已刻未印，板存琉璃廠龍文齋）、《春秋長曆》一卷、《讀春秋隨筆》一卷（以上三種祖癸卣室郭氏藏）、《續春秋三界攷》一卷（山東圖書館藏）、《禹貢說義》一卷（仝上）、《夏小正釋義》二卷（傳鈔本）、《孝經大旨》一卷（山東圖書館藏）、《古韻微》一卷（仝上）、《校正三元甲子編年》一卷（傳鈔本）、《詩略說》四卷（宋氏家藏）、《山左金石約錄》二卷（傳鈔本）、《旭齋文鈔》一卷（已刊入《濰縣叢刊》)、《旭齋詩鈔》二卷、《旭齋零稿》一卷、《燈商隨筆》一卷（以上四種習庵丁氏藏）、《孟氏義攷》、《尚書要義》、《春秋分類攷》、《周禮明堂攷》、《論語義證》、《禮記大旨》、《爾雅拾雅小爾雅廣韻校》、《二十四史正譌》。

宋賢 春秋雞窗手澤 十三卷 佚

◎光緒九年（1883）博潤《松江府續志》卷三十七《藝文志・經部補遺》：《春秋雞窗手澤》十三卷（明宋賢著）。

◎《華婁續志殘稿・藝文志・華亭縣藝文志・經部補遺》：《春秋鷄窗手澤》十三卷，明宋賢（及甫）著（《府續志・藝文補遺》)。

◎宋賢，字及甫，號定宇。華亭（今上海松江）人。嘉靖二十三年（1544）進士。令新昌，會歲凶，賢捐俸賑卹，經度畎澮，塞東溪以禦潦，濬西溪以備旱，歲得大稔。徵拜御史，又按四川。丁父憂歸，哭泣喪明，不復出。年七十五卒。著有《春秋雞窗手澤》十三卷。

宋言揚 左傳彙編 佚

◎孫葆田《山東通志》卷百二十七《藝文志》第十：是書見《採訪冊》。

◎宋言揚，字春濃。山東膠州人。著有《左傳彙編》。

宋在詩 說左 一卷 存

埜柏先生類稿（乾隆刻、道光刻）

◎宋在詩（1695～1777），字雅伯、宜亭，號埜柏（老人）。山西安邑人。康熙六十年（1721）進士。入翰林，散館改主事，鴻臚寺少卿，大理寺卿，提督四川全省學政，官至內閣學士。著有《說左》一卷、《論語贅言》二卷、《憶往編》一卷、《見聞瑣錄》三卷、《懷古堂偶存文稿》四卷、《懷古堂偶存詩稿》二卷、《埜柏先生類稿》八種。

宋徵璧 徐孚遠評閱 左氏兵法測要 二十卷 首一卷 存

國圖藏崇禎刻本

◎楊開第修、姚光發等纂光緒《重修華亭縣志》卷二十《藝文》：《左氏兵法測要》二十卷（國朝宋徵輿著。《四庫全書》存目。案是書載《左傳》戰事，又舉識時為證。宋《府志》作宋徵璧著，今從《雲間文獻》正）。

◎光緒九年（1883）博潤《松江府續志》卷三十七《藝文志・經部補遺》：《左氏兵法測要》二十卷（國朝宋徵璧著）。

◎光緒《青浦縣志》卷二十七《藝文》上《書目・經部》：《左氏兵法測要》（二十卷，國朝宋徵璧著，文淵閣存目）。

◎宋徵璧（約1602～1672），原名存楠，字尚木，又字讓木。江南華亭（今上海松江）人。天啟七年（1627）舉人，崇禎十六年（1643）進士。與從弟徵輿（字轅文，號直方）有「大小宋」之目，又與宋存標（字子建，號秋士）、徵輿稱「雲間三宋」。與陳子龍等交厚。入清授秘書院撰文中書舍人，遷禮部郎中，官至潮州知府。著有《抱真堂詩稿》八卷、《抱真堂詩話》、《三秋詞》，評閱《左氏兵法測要》二十卷首一卷。

舒位 春秋詠史樂府 一卷 存

上海藏稿本

1919年世楷堂重刻昭代叢書・壬集補編本

◎篇目：蔓難圖、碩人怨、純臣篇、公矢魚、滕薛朝、鄭子都、營菟裘、郜大鼎、戰繻葛、子同生、懷璧謠、莫敖趾、雍糾妻、新臺水、噬齊歡、大豕啼、射鈎行、曹劌見、金僕姑、內外蛇、繩息嬀、楚大閽、五大夫、佞人來、鳳凰占、二五耦、桓宮楹、未亡人、神降莘、慶父材、鶴乘軒、城曲沃、風馬牛、專之渝、四字獄、賦狐裘、虞不臘、城虎牢、會葵邱、蒴諸孤、伏劍恨、新城巫、九百里、汎舟役、鄭小駟、作州兵、五公子、鑄三鐘、新里行、與子

歸、魚門胄、公傷股、柯澤行、公子篇、緜上田、替隗氏、聚鷸冠、國子銘、請隧行、原城圍、戰城濮、夢河神、狩河陽、深室獄、生三犧、北門管、二陵謠、面如生、享江羋、彭衙行、新故鬼、祀爰居、霸西戎、賦黃鳥、戰令狐、送帑行、敗長狄、繞朝策、獲且長、公孫敖、蕭封人、泉宮蛇、楚大饑、田孟諸、申池遊、馬矢埋、去一凶、戰大棘、古良史、九州鼎、姬姞耦、食指動、若敖鬼、穀於菟、討少西、太宮臨、邲之戰、七德歌、子反牀、三俊才、亢杜回、問殽烝、郤子登、庶有豸、東門氏、案之戰、獻齊捷、鄭賈人、新田樂、通吳行、鍾儀操、克三都、夢大厲、地室縣、絕秦歡、非吾節、戰鄢陵、盟僑如、惟祝我、蒙衣輦、瓊瑰泣、尸三卿、東門車、立周子、簡之師、三物成、魏司馬、鹿鳴三、樹六檟、和戎利、狐駘髽、子蕩怒、無忌仁、河之清、改載書、桑林舞、賦青蠅、馬首東、鞭師曹、朝無人。

◎卷首云：擬《春秋》詠史長短句詩，強名之曰《樂府》，大旨以左氏《內傳》為經而以《國語》《公》《穀》為緯，并雜采諸他書之論《春秋》時事者，凡一百四十首。昔人之為詠史樂府也，惟楊抱遺、李畏吾為最著，近尤西堂則有《明史樂府》，顧皆詳于後代而略于《春秋》。今茲所詠者補其闕，或褒焉或譏焉，或存而不論焉，長言不足則他事相行，莊論易倦則詼諧間出，雖其音節未必有合乎古，抑亦征南之一癖與！蓋嘗論春秋人物，于君許楚共、晉悼，于臣則魏絳、羊舌肸、公孫僑三人而已。迨至共、悼既歿，僑不能相大國，絳與肸皆不得為正卿。灌而往、檜以下，讀史者索索然矣，故詠史詩至于此也，非傚伯恭《博議》之例也。

◎春秋詠史樂府跋：說《春秋》者不下數百家，舒鐵雲孝廉獨以樂府體詠之，于春秋君臣只許楚共、晉悼、魏絳、羊舌肸、公孫僑五人，所見卓矣。而又筆挾風霜，詞無枝葉，其評論之透快、斷制之謹嚴，能令讀者首肯。雖使《酷吏傳》中之郅都為之，恐亦無此手筆。昔人稱虞集詩如漢廷老吏，余謂惟此樂府足以當之，非揭奚斯之美女簪花可比也。辛丑初冬，吳江沈楙惪識。

◎舒位（1765～1815），字立人，小字犀禪，號鐵雲（山人）。祖籍直隸大興（今北京），生長於吳縣（今江蘇蘇州）。乾隆五十三年（1788）恩科舉人。母歿，以毀卒。著有《春秋詠史樂府》一卷、《瓶水齋詩集》十七卷、《瓶水齋詩別集》二卷、《乾嘉詩壇點將錄》、《瓶笙館修簫譜》（《卓女當爐》、《樊姬擁髻》、《酉陽修月》、《博望訪星》）、《桃花人面》及《琵琶賺》等。

蘇本潔 左傳杜注補義 一卷

◎提要：是編因顧炎武《左傳杜解補正》有所未盡，乃作此以補之。多推求文句體味語意而罕所引據考證，故名曰「補義」。前有康熙庚子陶貞一序，稱本潔原本兼補林堯叟注義，貞一為刪之，知所據者坊刻《杜林合注》之本。非注疏本也。

◎蘇本潔，字幼清。江蘇常熟人。康熙五十二年（1721）舉人。官興化府知府。著有《左傳杜注補義》一卷。

蘇逸雲 讀左肊說 一冊 存

國圖藏 1948 年臥雲樓排印本

◎是書一冊，先總說，繼分說。

◎題《讀左肊說》：

注解旁搜杜與林，力持修綆汲淵深。窮年兀兀眠錢板，初日團團競惜陰。隨筆啟蒙無曲說，損書問寡見沖襟。征西傳癖為吾灸，隻義單辭譬斷金。

素王王魯說縱橫，誣妄爬梳不可清。鍼卻膏肓徒聚訟，訊其咕嗶孰希聲。鶃音久梗菁莪化，鶴唳還驚草木兵。易遇如今良靡易，拜經幾見日逢庚。

閩侯陳震敬題，庚辰十月，時年七十有三。

◎題《讀左肊說二首》：

游夏未能贊一辭，卻教盲左翼宣尼。瑕瑜《公》《穀》寧相掩，五傳空貽鬼子嗤。

口誦心維見最精，傳疑傳信本公評。眼光如炬高於頂，互校邱明未失明。

許曉山敬題，壬午秋日。

◎自敘：己卯秋，避地香江，有從予受《左傳》者。客中無書可考，遇有疑義，或所見與先賢未合，輒書數語示之。課畢，彙成二卷，名曰《肊說》。聊寫己見，並作發蒙之助耳。昔王陽明居龍場有《五經肊說》之作，挈彼例此，固有深淺廣狹之殊，惟先生序云：「龍場居南夷萬山中，書卷不可攜」，與余在港同。又云：「五經，聖人之學具焉。」然自其已聞者而言之，其於道也亦筌與糟粕耳。夫筌非魚，而舍筌無由得魚也；糟粕非醪，而舍糟粕無從得醪也。予之寫此，其有魚醪之存耶？抑筌中之筌、糟粕之糟粕耶？非所敢知已。民國卅一年癸未立夏，逸雲敘於亞逸依淡山之茅廬。

◎摘錄（一）總說：

春秋有特盟，有參盟，有同盟，有殊盟，有蒞盟，有來盟，有聘而遂盟，此外有所謂私盟者、乞盟者、為城下之盟者與蠻夷戎狄盟者。凡經之所書，注《春秋》者各著其始。至經所不書，則從缺如。

《左傳》亦有後人附益之處，未必是盲左原書。前人因其言晉國魏氏事多誇辭，已有疑義，與《公》《穀》二傳尤多逕庭。如君氏卒，《左》曰：「聲子也」；《公》《穀》作尹氏卒，曰：「尹氏，天子之大夫也。」此其《春秋》有五傳，左、穀、公之外尚有鄒、夾二氏。韓退之詩「《春秋》五傳束高閣」注曰：「鄒氏無書，夾氏未有書。」謂左邱明受經於孔子者，劉向、劉歆、桓譚、班固也；謂左氏非邱明者，自唐之趙匡始。王安石有《春秋解》，證左氏非邱明者十一事（今書已佚）。朱子謂「虞不臘矣」為秦人之語；葉夢得謂紀事終於智伯，當為六國時人（《四庫全書總目提要》言之甚詳）。孔穎達疏曰：「前漢傳《左氏》者有張蒼、賈誼、尹咸、劉歆；後漢有鄭眾、賈逵、服虔、許惠卿等。」

杜預（元凱）有《左傳》癖，作《左氏集解》，謂《公》《穀》為異端（杜又有《春秋釋例》十五卷）。

《春秋》託始於魯隱，杜於《左氏集解》已詳言之。

絕筆獲麟，自不可易。左所傳《春秋》至孔某卒，《公》《穀》皆至獲麟止，較《左傳》為當。

素王素臣之目，似非君子之言。黜周王魯，尤為矯誣。

◎蘇逸雲（1878～1958），又名壽喬，號臥雲居士。福建龍巖東城社興村人。清末任省咨議局議員。1912 年任光澤縣知事。1916 年任國會眾議院秘書，1917 年回省任省長公署機要秘書。1919 年後任省立九中教員、《龍巖縣志》總纂。1922 年任龍巖縣知事。1926 年任省立九中校長。1928 年移居廈門鼓浪嶼，任堤工處秘書。抗戰後南渡新加坡，任《星洲日報》星系八家報館聯合辦事處坐辦。1949 年至香港。1950 年往檳城至 1958 年逝世。著有《讀左肊說》、《臥雲樓筆記》、《臥雲樓餘審》等。

蘇輿 春秋繁露考證 一卷 存

國圖、北大、上海、復旦、南京、天津、中科院藏宣統二年（1910）王先謙長沙刻本

◎孫殿起《販書偶記》卷二：《春秋繁露義證》十七卷、《年表》一卷、《考證》一卷，平江蘇輿撰。宣統庚戌長沙刊。

◎上海古籍出版社 2015 年《續修四庫全書總目提要・春秋類》「《春秋繁露義證》十七卷卷首一卷考證一卷」：董仲舒《春秋繁露》為後人所輯，非完書也，且多有錯亂。後經清人之校訂，方稍稍可讀，至凌曙始為之作注。蘇氏以為，凌注稱引繁博，然義蘊未究，故作新注，以明董子旨趣。觀其徵引，以何休《解詁》為主，兩漢經師家說、詔令奏議、諸子傳記及宋明儒之語錄、清儒之考訂，亦多節取，無門戶之見。又以己意裁斷諸家之說，多有精當之處。如董子言治《春秋》之法，有「屠其贅」之說，凌注未詳，俞樾以為非經本有之義，當杜絕之。蘇輿則以為，下文云「有所見而經安受其贅」，則「屠其贅」當指經傳無明文而可以例推之者，於義為長。諸如此類，皆至當之言。然是書非專為考訂而作。時康有為推尊董子，以為孔門口說之微言，改制之微旨，賴董生大明。故是書於微言、改制等處，皆力辨之，以明康氏之非。如以口說微言，秦漢之人去聖未遠，可得而聞也，千載之後，不可得而聞也。此說甚確。然亦有矯枉過正之處，如以為董子所言改制者，僅為正朔服色之類，無實質內容，董子若生於太初後，必不言改制，而《三代改制質文篇》，亦是託《春秋》以諷時主。實董子亦言政教文質之改，非僅為新民耳目而已，則蘇氏不免失於武斷。又如降「三科九旨」為條例，非為微言，《春秋》宜講明者，唯有大義，則皆為偏頗之論。是書又多有割裂董、何，苛責何休之弊。如以為董子僅言《春秋》託魯言王義，未嘗尊魯為王，黜周為公侯，何氏直云王魯，遂啟爭疑。實則何休亦言王魯為假託，非真以魯為王，云王魯者，乃簡略之稱也。蘇氏又云，以《春秋》當新王諸義，不見於傳，蓋為改正而設，與《春秋》義不相屬，自何休取以注專，轉令經義支離，為世詬病矣。實則以《春秋》當新王，為董子原文，改制之說，董、何並無二致。諸如此類，皆強為之說。由是觀之，自疏解文字而言，是書之廣博、精審過於凌注，然於公羊學之大關節處，則屢有偏差。蓋是書實屬有為之作，當分別觀之。此本據上海辭書出版社圖書館藏清宣統二年刻本影印。（黃銘）

◎蘇輿（1874～1914），字嘉瑞，號厚庵，晚號閑齋、更生。平江（今湖南平江）人。嘗師從吳獬、杜貴墀、王先謙。光緒二十三年（1897）舉人，三十年（1904）賜進士，三十二年（1906）補郵傳部郎中。著有《春秋繁露義證》十七卷首一卷、《春秋繁露考證》一卷、《自怡室詩存》四卷、《辛亥濺淚集》

二卷、《翼教叢編》六卷、《晏子春秋校本》七卷，輯有《二陶遺稿》、《鯉庭獻壽圖題詠集》二卷。

蘇輿 春秋繁露義證 十七卷 首一卷 考證一卷 存

湖北藏手稿本

國圖、北大、上海、復旦、南京、天津、中科院、內蒙古自治區、寧波市天一閣博物館藏宣統二年（1910）王先謙長沙刻本

中華書局 1992 年新編諸子集成鍾哲點校本

續修四庫全書影印宣統二年（1910）王先謙長沙刻本

中華書局 1992 年排印新編諸子集成本

北京大學出版社 2016 年儒藏精華編第 95 冊李有梁點校本

◎目錄：楚莊王第一，玉杯第二，竹林第三，玉英第四，精華第五，王道第六，滅國上第七，滅國下第八，隨本消息第九，盟會要第十，正貫第十一，十指第十二，重政第十三，服制像第十四，二端第十五，符瑞第十六，俞序第十七，離合根第十八，立元神第十九，保位權第二十，考功名第二十一，通國身第二十二，三代改制質文第二十三，官制象天第二十四，堯舜不擅移、湯武不專殺第二十五，服制第二十六，度制第二十七，爵國第二十八，仁義法第二十九，必仁且智第三十，身之養重於義第三十一，對膠西王越大夫不得為仁第三十二，觀德第三十三，奉本第三十四，深察名號第三十五，實性第三十六，諸侯第三十七，五行對第三十八，闕文第三十九，闕文第四十，為人者天第四十一，五行之義第四十二，陽尊陰卑第四十三，王道通三第四十四，天容第四十五，天辨在人第四十六，陰陽位第四十七，陰陽終始第四十八，陰陽義第四十九，陰陽出入上下第五十，天道無二第五十一，暖燠常多第五十二，基義第五十三，闕文第五十四，四時之副第五十五，人副天數第五十六，同類相動第五十七，五行相生第五十八，五行相勝第五十九，五行順逆第六十，治水五行第六十一，治亂五行第六十二，五行變救第六十三，五行五事第六十四，郊語第六十五，郊義第六十六，郊祭第六十七，四祭第六十八，郊祀第六十九，順命第七十，郊事對第七十一，執贄第七十二，山川頌第七十三，求雨第七十四，止雨第七十五，祭義第七十六，循天之道第七十七，天地之行第七十八，威德所生第七十九，如天之為第八十，天地陰陽第八十一，天道施第八十二。

◎春秋繁露義證序：蘇厚菴為《春秋繁露義證》將成，而告余曰：「董生此書說《春秋》者不過十之五六，吾為此書，而深有會於《春秋》之旨。書成後當更為《公羊董義述》以盡吾意。漢代《公羊》家宜莫先董生，何劭公釋傳不及董生一字者何？」余因舉眭孟事告之曰：「或以此故，子更求之。」國變之後，厚菴歸里，間與余言《董義述》，每舉一事，余為欣賞者久之。歲癸丑，大病新愈，將赴會垣，余贈以詩，有「溫故知新是我師」及「天為斯文留絕學」之句，並以公錢栞行其《繁露義證》。嗣復以例言及董生年表來，十月返其煙舟故居，忽與余有違言，音問遂絕，以甲寅四月十四日故。其妻託楊芷園兄弟將《義證》稿來，又增一序文，並言其展轉床蓐，自悔前書錯謬，聞余得子，思為詩以賀，未就。余為悽然，念厚菴從余數十年，言行素謹，前之致書，或亦久病僨倒，不能自主，不足深論。其《義證》固可傳之書也。吾鄉魏默深先生為《董氏春秋發微》未成，今厚菴復嗣，余讀《鍾離意別傳》，意為魯相，發孔子教授堂下，床首懸甕，中素書曰：「後世修吾書董仲舒」，則仲舒修書預知之數百年前。此聖人在天之靈所昭鑒也，豈宜久晦而不章。厚菴已矣，余更以俟夫後之為公羊學者。甲寅閏月，長沙王先謙撰。

◎自序：余少好讀董生書，初得凌氏注本，惜其稱引繁博，義蘊未究。已而聞有為董氏學者，繹其義例，頗復詫異。乃盡屏諸說，潛心玩索，如是有日，始粗明其旨趣焉。《繁露》非完書也。而其說《春秋》者，又不過十之五六。然而五比偶類，覽緒屠贅，尚可以多連博貫，是在其人之深思慎述。而緣引傅會以自成其曲說者，亦未嘗不因其書之少也。余因推思董書湮抑之緣，蓋武帝崇奉《春秋》本由平津，董生實與之殊趣。生於帝又有以言災異下吏之嫌，雖其後帝思前言，使其弟子呂步舒以《春秋》義治淮南獄，且輯用生《公羊》議，時復遣大臣就問政典，抑貌敬以為尊經隆儒之飾耳。史公稱公孫弘以《春秋》白衣為天子三公，天下學士靡然嚮風，則當日朝野風尚可以概見。其後眭孟以再傳弟子誤會師說，上書昭帝，卒被刑誅（董云「雖有繼體守文之君，不害聖人之受命」，殆謂如孔子受命作《春秋》，行天子之事耳。弘乃請漢帝索求賢人而退，自封百里，是直欲禪位也。故史獨稱嬴公一傳能守師法）。當時禁網嚴峻，其書殆如後世之遭毀禁，學者益不敢出。乃至劭公釋《傳》，但述胡毋，不及董生，階此故已。歆崇古學，今文益微，《公羊》且被譏議，董書更何自存？是以荀爽對策，請頒制度之別；應劭譔集，中有斷獄之書。則知易代幸存，都未流布，今並此而佚，惜哉！非隋唐人時見徵引，則宋世且無從輯錄此書矣。雖真贗糅

雜，而珍共球璧，豈不以久晦之故與？國朝嘉道之間，是書大顯，綴學之士，益知贊研《公羊》。而如龔（自珍）、劉（逢祿）、宋（翔鳳）、戴（望）之徒（劉、宋皆莊存與甥，似不如莊之矜慎），闡發要眇，頗復鑿之使深，漸乖本旨。承其後者沿訛襲謬，流為隱怪，幾使董生純儒蒙世詬厲，豈不異哉！《義證》之作，隨時劄錄，宦學多暇，繕寫成帙。以呈長沙師，師亟取公錢刊行。舛駁疏舛，自知不免，惟通識君子，恕其愚蒙匡其闕誤，則幸甚。宣統己酉十月，平江蘇輿敬識於宣武門內小絨線胡同寓廬。

◎例言：

《漢藝文志》載董仲舒百二十三篇、《公羊董仲舒治獄》十六篇，《後漢書・應劭傳》仲舒作《春秋決獄》二百三十二事，當即志之十六篇，而無《春秋繁露》名。《漢書》本傳載仲舒說《春秋》得失，聞舉《玉杯》《蕃露》《清明》之屬復數十篇，是《蕃露》止一篇名，當在百二十三篇中。此書隋唐《志》始著錄，唐宋類書時見徵引（《論衡》所引情性陰陽之說與今不同，又旱祭女媧之議今亦未見，或是百二十三篇中元文。《公羊序》疏引《繁露》云「能通一經曰儒生，博覽羣書曰鴻儒」，又莊十三年疏引《繁露》云「論功則桓兄文弟，論德則文兄桓弟」，《禮記・文王世子》疏引《繁露》云「成均為五帝之學」，《周禮・大司樂》注亦引董仲舒語云「成均，五帝之學也」，疏特出《繁露》釋之，是亦以為《繁露》語。今本竝無之，則知唐時《繁露》尚多於今本。《漢書・宣紀》注臣瓚引董仲舒書曰：「有其功無其意謂之戾，無其功有其意謂之罪」，又宋趙德麟《侯鯖錄》引董仲舒曰：「太平之世，則風不鳴條，開甲散萌而已；雨不破塊，濡葉津根而已；雷不驚人，號令啟發而已；電不眩目，宣示光耀而已；霧不塞望，浸淫被泊而已；雪不封陵，弇害消毒而已；雲則五色而為慶，雨則三日而成膏，露則結珠而為液。此聖人在上，則陰陽和而風雨時也。政多紕繆則陰陽不調，風發屋，雨溢河，雹至牛目，雪殺驢，此皆陰陽相盪為祅沴之故也」，周密《齊東野語》載《西京雜記》載董仲舒曰：「木極陰而有溫泉，火至陽而有寒焰」，亦均似《繁露》語。此外引仲舒書尚多，惟如《御覽》四百七十二引董子曰「禹見耕者五耦而式」云云，此等疑是董無心所著書，當分別觀之），蓋東漢古學盛而今學微，故董書與之散佚，茲後人採掇之僅存者，前人已疑其非盡本真（詳見《攷證》。朱子亦曾言《繁露》《玉杯》等篇多非其實，又朱子策問云：「問漢氏專門之學，如歐陽／大小夏侯／孔氏《書》、韓氏《詩》、后氏／戴氏《禮》、董氏《春秋》、梁丘／費氏《易》今皆亡矣。其僅有存者又已列於學官，其亦可以無憾於專門矣」云云），然微詞要義往往而存，不可忽也。西漢大師說經，此為第一書矣（西漢書

有兩體，一今所傳毛公《詩傳》為注經體，朱子《答張敬夫書》云：「漢儒可謂善說經者，不過只說訓詁」，又《語類》云：「漢初諸儒專治訓詁」，是也。一說經體，如此書及《韓詩外傳》，是也。然《韓詩》述事以證經，此書依經以募義，尤為精切。今所云漢學但是注體，故遂與義理分途。杭世駿乃云：「董生《繁露》、《漢詩外傳》偭背經旨，鋪列雜說，不知著書之體者也」，又《尚書大傳》及《說苑》《列女傳》等書皆於說經體為近）。茲於其可疑者略為別白，間復離其節次，錯簡誤文時據諸家說及羣書逐正，竝注元文於下。

何休序《公羊解詁》云：「往者略依胡母生條例，多得其正。故就隱括使就繩墨」，而無一語及董《條例》。當是五始、三科、九旨、七等、六輔、二類、七缺之說（何以新周、故宋、以《春秋》當新王為一科三旨，此實誤會。董決不以此為科旨，其引《春秋》杞子乃借以證興禮之意，說見本篇注），究其義，與此合者十實八九。胡母生與董同業，殆師說同也（《東塾讀書記》舉何注同《繁露》者止三條，晁氏志：「董仲舒以《公羊》顯，又四傳至何休」，案唐時配享孔子廟庭有何休，無董仲舒，蓋不知何學本於董氏。惟胡安國列《春秋》綱領七家有董無何，余別有《公羊董義述》）。茲閒為采入，以證淵源其說焉，而失者閒為辨正。此外如兩京經師家說，及詔令奏議，與本書比傅者，頗復采錄，用徵條貫之同，而得致用之略。諸子及各傳記亦多節取。緯家說同出今學，引用特慎（《家語》《孔叢》雖為偽誤，要是古說，閒亦采錄）。

此書凌氏曙始有注本（明朱睦㮮《萬卷堂書目》有吳廷舉《繁露節解》一冊，今未見）。凌之學出於劉氏逢祿（見包世臣所作《墓表》），而大體平實，絕無牽傅，惟於董義少所發揮，疏漏繁碎，時所不免（如「子曰」「嗚呼」之類並為詳釋，《王道篇》「吳王夫差行強於越，臣人之主，妾人之妻」，見《越世家》，而誤云「以楚人之王為臣，楚人之妻為妾」；《觀德篇》「諸夏滅國首無駭」見於隱二年，而以為首齊師滅譚；《三代改制篇》「薦尚肝」云云與《明堂位》異，不知是今文異說，而以為誤文，斯類不勝枚舉），隨文改正，不復徵引，以省複冗。其可采者仍加「凌云」以別之。各家解釋足資考證者，並為收入（與盧氏同參校者為趙驤明、江恂、秦蕙、張坦、陳桂森、段玉裁、吳典、錢唐、秦恩復、陸時化、陳兆麟、齊韶，錢有校語數條，今據盧本錄入。凌本所引莊侍郎存與、張編修惠言、劉庶常逢祿、李庶常兆洛、沈孝廉欽韓、鄧文學立成說亦並采用。戴望說据孫詒讓《札迻》引。朱一新說見《無邪堂答問》及與某氏書。○光緒丁戊之間，某氏有為《春秋董氏學》者，割裂支離，疑誤後學。如董以傳所不見為微言，而刺取陰陽性命氣化之屬，摭合外教，列為微言，此

影附之失實也。三統改制，既以孔子《春秋》當新王，則三統上及商周而止，而動云孔子改制，上託夏商周以為三統，此條貫之未晰也。鄫取乎莒，及魯用八佾，並見《公羊》，而以為口說出《公羊》外，此讀傳之未周也。其他更不足辨）。

　　是書宋本不多見，然據明校所引宋本參之，知已不免訛誤。乾隆時館臣據《永樂大典》所收樓鑰本對勘補訂刪改，漸成完帙，且於創行聚珍板之始首先排印（詳見《聚珍板程式》，即今所稱官本）。盧氏文弨曾取聚珍本覆加考核，參以明嘉靖蜀中本及程榮、何允中兩家本，今所稱盧校本是也。凌注本亦以聚珍為主，參以明王道焜及武進張惠言讀本。予復得明天啟時朱養和所刊孫鑛評本，合互校訂，擇善而從（從盧校本為多。據朱刊孫鑛評本凡例又稱此書尚有婺女潘氏本、太倉王氏本與宋本同。又聞明蘭雪堂本仿宋刻最佳，今亦未見）。其官本曾校他本作某，與今所見各本同者不復列，異則出之。凡校語不關書義者，別為圈隔，以便省覽（其顯然譌奪者不復列，得兩通者存之）。

　　◎摘錄卷首《春秋繁露攷證》：

　　案此書之大恉在乎仁義，仁義本乎陰陽。陽居大夏，陰主大冬，見天之任德不任刑也。又言除穢不待時，如天之殺物不待秋，則董子之論固非倚於一偏者。其《重政篇》云：「聖人所欲說，在於說仁義而理之，不然，傳於眾辭觀於眾物，說不急之言而以惑後進者，君子之所甚惡也。」即此可知其立言之本意矣。我皇上新考試詞，臣取仲舒語「以仁安人，以義正我」命題，臣竊仰窺聖德聖治，固已與天地同流、陰陽協撰矣，而於是書猶有取爾，況在學者，其曷可以不讀？向者苦其脫爛，乃今而快覩全書，尤為深幸。臣服習有年，見其以天證人，析理斷事實切於養德養身之要，而凡政治之原、郊祀之典、用人之方、弭災之術，俱無所不備。即其正名辨制，委曲詳盡，亦始入學者所必當研究也。謹就二三學人覆加考核，合資雕版，用廣其傳。冀無負朝廷昌明正學嘉惠士林之至意。至書中如《考功》《爵國》等篇尚有不可強通者，在以詒夫好學深思之士，或能明其說焉。乾隆五十年十月，舊史官臣盧文弨謹書目錄後〔註14〕。

　　〔盧本《春秋繁露》參校本及新校人名氏〕聚珍版本（以是本為主。又取蜀中本，明嘉靖甲寅潙陽周大夫所刻有永寧趙維垣序雲出宋本。又明程榮、何允中兩家本）。江陰趙曦明敬夫校。江都江恂于九校。江都秦鼇序唐校。臨潼張坦茞田校。常熟陳桂森耕巖校。金壇段玉裁若膺校。瓊山吳典學齋校。嘉定錢唐學源

〔註14〕此段原低一格。

校。江都秦恩復敦夫校。太倉陸時化潤之校。餘姚盧文弨紹弓合校。休寧陳兆麟仰韓校。江寧齊韶敬傳校。

〔凌曙《春秋繁露注》序〕昔仲尼志在《春秋》行在《孝經》，《春秋》為撥亂反正之書，聖德在庶修素王之文焉。周室既衰，秦并天下，焚書阬儒，先王之道蕩焉泯焉。炎漢肇興，鴻儒蔚起，各執遺經，抱殘守闕。《公羊》至漢始著竹帛，書紀散而不絕，此中蓋有天焉。廣川董生下帷講誦，實治《公羊》。維時古學未出，《左氏》不傳，《公羊》為全孔經，而仲舒獨得其精義，說《春秋》之得失頗詳。蓋自西狩獲麟為漢制法，知劉季之將興，識仲舒之能亂，受授之義，豈偶然哉！据百國之寶書，乃九月而經立，于是以《春秋》屬商，商乃傳與公羊高，高傳與其子平，平傳與其子地，地傳與其子敢，敢傳與其子壽，自高至壽，五葉相承，師法不墜。壽乃一傳而為胡母生，再傳而為董仲舒。太史公謂漢興五世之間，唯仲舒名明於《春秋》，其傳公羊氏也，觀諸藝文所載著述甚夥，今不概見，所存者唯《春秋繁露》十有七卷。原書亦皆失次，然就其完善者讀之，識禮義之宗，達經權之用，行仁為本，正名為先，測陰陽五行之變，明制禮作樂之原，體大思精，推見至隱，可謂善發微言大義者已。漢武即位，以文學為公卿，欲議古立明堂城南以朝諸侯，草巡狩封禪改麻服色事未就，及仲舒對冊，推明孔氏，抑黜百家，立學校之官，州郡舉茂才孝廉，皆自仲舒始之。然終未盡其用。當武帝時，公卿以下爭於奢侈，僭上亡度，民皆背本趨末，仲舒乃從容說上，切中當世之弊。及仲舒死後，功費愈甚，天下虛耗，武帝乃悔征伐之事無益也。劉向謂仲舒有王佐之才，雖伊、呂無以加，筦、晏之屬殆不及也。今其書流傳既久，魚魯雜揉，篇第褫落，致難卒讀。淺嘗之夫，橫生訾議，經心聖符，不絕如線。心竊傷之，遂乃購求善本，重加釐正。又復采列代之舊聞，集先儒之成說，為之注釋。及隋唐以後諸書之引《繁露》者，莫不考其異同，校其詳略，書目姓氏咸臚列於下方。夫聖情幽遠末學難窺，賴彼先賢以啟禱昧，事跡既理，義例斯得，輔翼經傳，舍此何從。曙也不敏，耽慕其書，傳習有年，弗忍棄置。至於是書之善，正誼明道，貫通天人，非予膚淺之識所能推見。登堂食蕡，願以俟諸好學深思之士。嘉慶二十年四月既望，國子學生江都凌曙書于蜚雲閣。

〔凌曙注本凡例〕一、是書以聚珍本為主，按語臚列于下，凡「官本按」、「他本作某」者皆是。一、是書明王道焜本向有注者加「原注」二字，引盧學士抱經本加「盧注」二字。一、是書缺文據聚珍本增入。一、是書錯簡凡有「此

下當接某處」者，皆依官本及武進皋文編修讀本、盧學士刻本改正。一、是書所引《春秋》皆《公羊》家言，故兩傳不敢羼入，惟書中引《穀梁》之文僅一條，故引《穀梁》以注之；至於土地人名，間有引杜注者，以無關義例故也。

〔孫氏校勘記跋〕（光緒甲午刊本）按《春秋繁露》自宋已來已多訛缺，乾隆時館臣據《永樂大典》所收樓鑰本對勘，補訂刪改，復成完帙。且於創行聚珍版之始即首先排印（詳見《聚珍板程式》），蓋意在廣為流播。顧閩中所翻刻聚珍本諸書竟缺此種，不知當時何以遺漏。豐順丁氏所藏聚珍原印本則此書宛在，是所急應補刻者。提調傅太使請於上官，決意重刻。並以吾鄉盧氏文弨曾取聚珍本覆加考核，刻之於《抱經堂叢書》中者，似更詳備，爰飭梓人依式墨板。既竣事，星華因思盧本雖讐校精密，特官本校語未及全載，且近日江都凌氏有注，亦頗具異同。復節採德清俞氏《平議》數條，因併錄為此帙，附刻於後，以視近日淛局重翻盧本之仍有訛脫，或略勝云。光緒乙未秋季，會稽孫星華季宜識。

〔魏源《董子春秋發微》序〕《董子春秋發微》七卷何為而作也？曰：所以發揮《公羊》之微言大誼，而補胡母生《條例》、何邵公《解詁》所未備也。《漢書・儒林傳》言董生與胡母生同業治《春秋》，而何氏注但依胡母生《條例》，於董生無一言及。近日曲阜孔氏、武進張氏皆《公羊》專家，亦止為何氏拾遺補缺，而董生之書未之詳焉。若謂董生疏通大詣，不列經文，不足頡頏何氏，則其書三科九旨燦然大備，且宏通精淼，內聖而外王，蟠天而際地，遠在胡母生、何劭公章句之上。蓋彼猶泥文，此則優柔而饜飫矣；彼專析例，此則曲暢而旁通矣。故抉經之心、執聖之權、昌天下之道者，莫如董生。今以本書為主，而以劉氏《釋例》之通論大義近乎董生附諸後，為《公羊春秋》別開闡域，以為後之君子亦將有樂於斯。至《繁露》者首篇之名，以其兼撮三科九旨，為全書之冠冕，故以《繁露》名首篇。後人妄以《繁露》為全書之名，復妄移《楚莊王》一章於全篇之首，矯誣之甚。故今仍以《繁露》名首篇，其全書但曰《董子春秋》，以還其舊（輿案：《繁露》為篇名甚確，但唐宋各書引均以為全書名，其來已久。至云稱《董子春秋》以還其舊，則未必然。《論衡・案書篇》：「董仲舒著書不稱子者，意殆自謂過諸子也」，知漢世無此稱）。至其《三代改制質文》一篇，上下古今，貫五德五行於三統，可謂窮天人之絕學，視胡母生《條例》有大巫小巫之歎（輿案：《三代改制》一篇，言公羊學者多盛稱之。其實此篇乃言典禮，「以《春秋》當新王」諸語則漢世經師之設詞也。說詳本篇）。況何休之偏執，

至以叔術妻嫂為應變，且自謂非常可憙之論，玷經害教，貽百世口舌者乎！今分七卷，臚列其目於前，以詔來學：繁露第一，張三世例，通三統例，異內外例（輿案：董自有十科六指，此仍是以何例說董學）。俞序第二，張三世例。奉本第三，張三世例。三代改制質文第四，通三統例。爵國第五，通三統例（輿案：《爵國篇》明舉周制及《春秋》，似與三統無涉）。符瑞第六，通三統例。仁義第七，異內外例（附）公始終例。王道第八，論正本謹微兼譏貶例。順命第九，爵氏字例（尊尊賢賢）。觀德第十，爵氏字例（尊尊親親）。玉杯第十一，予奪輕重例。玉英第十二，予奪輕重例。精華第十三，予奪輕重例。竹林第十四，兵事例（戰伐侵滅入國取邑表）。滅國第十五，邦交例（朝聘會盟表）。隨本消息第十六，邦交例。度制第十七，禮制例（譏失禮）。郊義第十八，禮制例（譏失禮）。二端第十九，災異例。天地陰陽第二十，災異例。五行相勝第二十一，災異例。陽尊陰卑第二十二，通論陰陽。會要第二十三，通論《春秋》。正貫第二十四，通論《春秋》。十指第二十五，通論《春秋》。

〔朱一新《無邪堂答問》一〕（周按：下略）。

◎劉聲木《桐城文學撰述考》卷四「蘇輿撰述」：《董子年表》一卷考訂一卷、《春秋繁露義證》十七卷卷首一卷、《公羊董義述》□卷。

蘇輿 公羊董義述 佚

◎劉聲木《桐城文學撰述考》卷四「蘇輿撰述」：《董子年表》一卷考訂一卷、《春秋繁露義證》十七卷卷首一卷、《公羊董義述》□卷。

蘇園 左傳引詩錄 不分卷 存

國圖藏清抄本

眭思永 春秋參義慎考 佚

◎乾隆《丹陽縣志》：生平好古，潛心理學，所著有《三禮輯義》四十九卷、《尚書參義》六卷、《春秋參義慎考》、《公穀彙義》三十八卷、《孝經本義》一卷、《爾雅參義》六卷、《詩／易述蘊》各四卷、《家語正義》十卷、《孔叢訂義》五卷行世。又《周易通考》、《三禮通考》《古今喪服考》《大戴禮刪翼》等書藏於家。

◎眭思永，字修年，一字更壹，號身壹。兄明永殉難華亭後隱居句曲山中，自號鬱麓樵。江蘇丹陽人。工詩善畫，博雅多才，尤用力於格致之功。大學士

張廷玉、鄂爾泰薦修《三禮》，書成敘優等。著有《殆編讀周易臆》二卷、《易經疏註補義》、《易述蘊》四卷、《周易通考》、《尚書參義》六卷、《詩述蘊》四卷、《春秋參義慎考》、《公穀彙義》三十八卷、《孝經本義》一卷、《爾雅參義》六卷、《家語正義》十卷、《孔叢訂義》五卷、《三禮通考》、《古今喪服考》、《大戴禮刪翼》、《殆編》三十餘卷、《鬱麓樵詩文集》。

眭思永 公穀彙義 三十八卷 佚

◎乾隆《丹陽縣志》：生平好古，潛心理學，所著有《三禮輯義》四十九卷、《尚書參義》六卷、《春秋參義慎考》、《公穀彙義》三十八卷、《孝經本義》一卷、《爾雅參義》六卷、《詩／易述蘊》各四卷、《家語正義》十卷、《孔叢訂義》五卷行世。又《周易通考》、《三禮通考》《古今喪服考》《大戴禮刪翼》等書藏於家。

孫邦僑 春秋左傳異義錄聞 不分卷 存

溫州藏稿本

孫承澤 春秋程傳補 二十卷 存

故宮、浙江、四川大學藏康熙九年（1670）刻本

海南出版社 2000 年故宮博物院編故宮珍本叢刊影印康熙九年（1670）刻本

◎春秋程傳補目：第一卷隱公。第二卷桓公。第三卷莊公上。第四卷莊公下、閔公。第五卷僖公上。第六卷僖公中。第七卷僖公下。第八卷文公上。第九卷文公下。第十卷宣公上。第十一卷宣公下。第十二卷成公上。第十三卷成公下。第十四卷襄公上。第十五卷襄公中。第十六卷襄公下。第十七卷昭公上。第十八卷昭公下。第十九卷定公。第二十卷哀公。

◎春秋程傳補序：《春秋》一經出於夫子手筆，蓋窮理盡性之書也。自漢以來，諸儒誤以傳為經，崇門學習，紛紛互祖，三傳明而經愈晦。又自類例之說盛，舉一事立一例，執例以求經，甚且屈經以就例，某褒某貶，拘拘於一字之間，使夫子大道為公之心，流為意必固我之私，豈善讀經者哉？近世甘泉湛氏乃謂《春秋》魯史舊文，列國之報也，夫子特筆而書之云爾。審如其言，則「竊取」之義謂何？游夏何以不能贊一詞？此又矯妄之過也。自伊川程子之傳

出，而《春秋》之旨始明，《胡氏傳》之所本也。其書考事不盡憑三傳而不盡離三傳，取義不盡拘類例而不盡屏類例，隨事窮理，因理正性，當日之功罪見矣。邵子以《春秋》為盡性之書，讀此不益信哉！但其書未竟而黨論興，至桓公九年閣筆，門人間取經說續其後，然終非完編。而又詞氣高簡，後學未能盡窺。余於是廣集諸儒之說，妄為補之。其高簡者重複申明，缺畧者細為繕補，然一採諸儒之長，不敢輕擅一得。至於探微索隱，刪煩芟蕪，頗費苦心。歷寒暑而書成，或曰：「《胡傳》既本程子，固有完書，何事復補？」曰：胡氏當王氏罷《春秋》之後，宋室已微，感時觸事，別具深情，視《程傳》稍有煩詞矣。或曰：「程子以傳為案、經為斷，胡謂《程傳》不盡憑三傳？」曰：此非程子之言，記者之誤，尹和靖已力辯之。三傳乃解經之文，《春秋》乃魯史之綱，夫子所手裁，寧以三傳為案哉？朱子因程子有傳，不復註《春秋》，其推尊者至矣。學者而欲明是經也，豈可以《程傳》為未完之書而忽之哉！康熙九年庚戌春閏二月，退谷孫承澤識，時年七十有六。

◎提要：是編以程子《春秋傳》非完書，集諸儒之說以補之。其詞義高簡者重為申明，闕略者詳為補綴。書成於康熙九年，按伊川《春秋傳》，《宋史‧藝文志》作一卷，陳亮《龍川集》有跋云：「伊川先生之序此書也，蓋年七十有一矣。四年而先生歿。今其書之可見者才二十年。」陳振孫《書錄解題》云：「略舉大義，不盡為說，襄、昭後尤略。」考程子《春秋傳序》作於崇寧二年，書未定而黨論興，至桓公九年止。門人間取經說續其後，此陳亮所謂可見者二十年也。是書桓公九年以前全載程傳，十年以後以經說補之。經說所無者，采諸說補之。中取諸新安汪克寬《纂疏》者居多。《纂疏》即明代《春秋大全》所本。其書堅守胡安國《傳》，則仍胡氏之門戶而已，未必盡當程子意也。又所補諸傳，皆不出姓氏，於原文亦多所芟改。其桓公九年以前程子無傳者，亦為補之。則是自為一書，特托名於程子耳。考陳亮跋有云：「先生於是二十年之間，其義甚精，其類例甚博。學者苟優柔饜飫，自得於意言之表，不必惜其闕也。」然則何藉承澤之補乎？

◎《皇朝文獻通考》卷二百十五《經籍考》五：《春秋程傳補》二十卷，孫承澤撰。承澤見書類。臣等謹按：承澤以程子《春秋傳》為未完之書，重為增輯，於桓公九年以前則全錄《程傳》舊文；十年以後補以經說；經說所無，集諸儒之說以補之；其九年以前《程傳》之所無者，亦為補綴。然所採取多本新安汪克寬《纂疏》，則是胡氏安國之徒，而非程子之意矣。

◎《浙江採集遺書總錄・閏集・羣經類》：

《五經圭約》十二冊（刊本），右國朝按察使僉事金壇蔣鳴玉撰。係鳴玉子超所輯。乃約取先儒經說，附以己意。

《五經翼》二十卷（刊本），右國朝侍郎北平孫承澤輯。皆古人所作五經序論。《易》自王弼、孔穎達始，《書》自孔安國始，《詩》自子夏、毛萇始，《春秋》自何休、杜預始，《禮》自朱子始，並及明代諸家，謂皆足以羽翼昌明正學者。而以自著《周禮舉要》終焉。

以上二書俱係全本。按前經部已列《春秋圭約》、《禮記圭約》、《詩經朱傳翼》各種。

◎孫承澤（1593～1676），字耳北（伯），號北海，又號退谷（逸叟／老人）、退翁、退道人。山東益都人，世隸順天府上林苑（今河北大興）。崇禎四年（1631）進士。官至刑科給事中。順治元年（1644）後歷吏科給事中、太常寺卿、大理寺卿、兵部侍郎、吏部右侍郎等職。富藏弄，精鑒別，其故寓研山堂內有「萬卷樓」。著有《孔易》七卷、《易翼》二卷、《尚書集解》、《禹貢考》、《詩經朱翼》、《春秋程傳補》二十卷、《儀禮經傳合解》、《歷代史翼》、《水利考》、《治河記》、《春明夢餘錄》、《天府廣記》、《庚子消夏記》、《畿輔人物考》、《元朝典故編年考》、《寰宇志略》、《典制紀略》、《九州山水考》、《溯洄集》、《山居小箋》、《研山齋集》、《硯山齋集考》、《山石》、《道統明辨》、《諸儒集鈔》、《考正晚年定論》、《閒者軒貼考》等四十餘種，多傳於世。

孫從添 過臨汾 春秋經傳類求 十二卷 存

哈佛大學、國圖、北大、清華、人大、上海、復旦、山西、中科院、北師大、雲南大學藏乾隆二十四年（1759）歙縣吳禧祖舊名堂刻本

四庫存目叢書影印乾隆二十四年（1759）歙縣吳禧祖舊名堂刻本

◎卷一首題：常熟孫從添石芝、長洲過臨汾東岡纂輯，歙縣吳禧祖惺夫校定。

◎同校姓氏：過翊輔仔、過向淳依宗、谷英也宜、徐宗靖仙李、江嘉霖玉亭、過張耀自激、徐元晉春圃、徐仁立次言、過建章西巖、過元暉容在、曹淳然伊耕、徐仁顯尹彰、江嘉謨勉亭、陸廷勳方輿、徐灼寓庸、過元時羲受、過興慶映蕚、孫儼勝思、周存義士毓、過元昉穆君、過華清日永、葛恩榜耀椿、徐炘拙菴、過元昉東始、江嘉閶思閔、過翁學槎、江嘉誼正其。

◎目錄：卷之一慶祥、災荒、怪變、感召、術數、崇信、黷慢。卷之二昏姻、朝聘、會盟、爵命、輿服、饗射。卷之三禮樂、名氏、祠祀、喪葬。卷之四征伐、侵、襲、圍、門、攻、以師、戰陳、敗師、克、入、追逐、焚、墮、取、以歸以來。卷之五因執獲止、獻捷歸俘、滅、退舍、師還、弗及、敗績、處宮、降服、行成、乞師、棄師、次救、田獵講武。卷之六巡狩、告朔、禁令、賦役、工作、旌異優恤、任用、考績、起復、放黜削奪、暴虐失道、狥縱。卷之七即位、立、納、入、攝位、讓國、無君。卷之八出居、出奔、大去、次、至、居、在、如、歸、復、入、納、逃、奔命、僑寓。卷之九戌守、遷徙、潰敗、亡失、疆界、封建、分屬、附庸、私邑、形勢、諸侯為王卿士、兼官、攝位、仕他國、沉淪、持祿、致仕、隱遯。卷之十父母、子孫、兄弟、夫婦、師傅、朋友親故、忠良孝弟、學業、識慧、技能、年貌。卷之十一叛亂、弑逆、姦淫、刑戮。卷之十二辭令、財賄、君臣世代、小國、官職、地名。

◎春秋經傳類求序：明經莫盛於兩漢，《春秋》《左》《公》《穀》各有名家，祖述師承，繁於解詁，於是墨守、膏肓、廢疾之說興，咸自繡其槃帨，甚者附於讖緯，而聖人之深意反因之而不彰。宋胡氏一斷之以經而傳之，今學官以之取士。夫聖人因魯史而作《春秋》，比事屬辭，華袞斧鉞著乎其間。學者苟好學深思，讀其文而義自見，又何以嘵嘵聚訟為哉！石芝孫先生之《春秋經傳類求》也，經以經而緯以傳，首《左》《公》《穀》，次《胡氏》，異同並列，事類燦然，使好學深思者以己意逆四傳之志，而因以求《春秋》之大旨，經生莫便於此矣。先生長於經濟，世之鉅公多重之。參制於軍書數十年，而諸子百家以逮勾漏、涪水之書，無不旁通博覽。顧知先生之淹該者或不知其長於時務，而資其贊畫者又不知其沉潛於經學。吁，其能盡先生之用乎？然其人與書之足以傳世無疑矣！過君東岡，與先生終始成是書者，又篤信之君子也。并誌之。乾隆己卯季春，閩漳王南珍撰。

◎春秋經傳類求序：吾友過東岡與孫石芝纂成《春秋類求》一書，蓋以經傳分類彙錄，由是而循序求夫義理之大要也。余交東岡在乾隆辛酉歲，此書已成大半。入其室，見經籍滿案，濡首其間，輒寫輒讀，大抵營饘粥對賓客而外，日惟求此，不汎涉他事。至今年而書成，距辛酉又十七年矣。東岡之大父筠谷纂脩蘇州府暨吳縣、長洲、崇明四學志，筠谷之兄振鷺有《清華堂文選》行世，而評選《古／今文覺斯》家無錫字商侯者，於筠谷亦兄弟行也。至今稱毘陵姑

胥之先輩，必及三君子，實皆源流乎先世成山先生之家學，先生為有明聞人，所著《分省人物考》流傳海內，余奇愛之。然則過氏自先生以歷商侯兄弟，世以纂書名家，殆頡頏乎江左青箱之學矣。自微言絕而眾說起，或鏤心織辭，或高睨大談，各是所是，所從來久。余以為質未臻乎高明，情獨專於一經，孳孳求之，惘然自失者，視彼摘奇搴新、相眩以粲粲之華榮，亦各從其志也。謂克繩祖武乎？東岡因弗自信而推此志也，尚使先世之遺緒綿延如線，余於東岡則非諛辭矣。是書類例既有石芝參相稽謀，而沈宗伯、惠徵士皆吳中明經者，當有定論，余烏足以云。乾隆丁丑八月，錢唐陳撰撰。

◎春秋經傳類求序：蘇子瞻《春秋論》有云：「當時之簡牘既亡，其詳不可得而聞矣。然以類而求之，或亦然歟？」旨哉言乎！此《經傳類求》一書之所自來也。夫六藝經傳以千萬數，以言乎《春秋》，則千五百年以名為傳者，左氏、公羊、穀梁、騶氏、夾氏而外，秉觚牘、焦思慮以為論註疏說者，無慮千百。夫不盡見其書而欲折其是非，不能也。即盡見其書而欲折其是非，亦非學者所得率然而為之也。公、穀距左氏不遠，其所為傳與左氏牴牾者莫可悉數，而漢以後諸儒距公穀遠甚，其所為論說與左、公、穀牴牾者又莫可悉數。然則後之學者距諸儒又遠甚，而欲別為異說以自名家，非不各有依據，而求於聖經之微言奧旨，殆所謂患沙渾水而更投土以益之者。故吾謂即盡見其書而欲折其是非，尤非學者所得率然而為之也。騶、夾二氏不傳，惟左、公、穀立於學官，宋儒胡氏撰《春秋傳》，間有異同，大較要不離於左、公、穀三家之說。自頒行科舉成式以來，《春秋》主此四傳，非講學者限於所至，蓋即此四傳所牴牾者類而求之，以究乎聖經之所在，庶少有畔岸之可趨焉。孫子石芝、過子東岡，按經文及四傳杜林等注，分類纂輯，間有一事而分入幾類者，亦有一類而復分幾門者，寧詳勿略，寧繁勿簡，為類百有二十，為卷一十有二，文百有餘萬。而吳惺夫苑卿又慮其轉相纂錄不無舛訛闕漏之失也，於是又為之校勘而訂定之，使經傳類集粲然在目。學者攷傳以據經，依經以證傳，精微眇以存其意，通倫類以貫其理，夫然後而求所謂千百年論註疏說之書，則百家騰躍終入環內，明體而達用，或不悖乎聖人之大道，又何必別為異論曲說以紛紛汩汩乎其間哉。古人謂綴緝聖人遺書庶不致浪度歲月，然則三子之成是書，殆非易易。而惺夫更授梓以行世，非有心嘉惠後學者，其誰能之？余故閱其書而識之如此。乾隆己卯十月，歸愚沈德潛撰。

◎春秋經傳類求自述：

《春秋》當以類而求之，本於蘇氏之說，而朱子亦云：「此經當以類例相通」，是以此書專於按類纂錄，無論經傳註，凡有一句一字可以分類者悉分類。

程子曰：《春秋》一句即一事，是非便見於此。故每類前列書法，後載事類，而事類之下復載書法，似前綱而後目。

事類分經傳二類，前列經，後列傳。有經無傳者入經類，有經有傳者以傳入經類，有傳無經者入傳類。

《左氏》《公羊》《穀梁》《胡氏》皆傳也，而杜林等註，有發傳所未發者，亦並入傳類。

經有一句而各本互異者，如莊六年齊人來歸衛俘，《公》《穀》作齊人來歸衛寶，《胡氏》據《公》《穀》以為俘者正文，寶者釋辭。今依《左氏》本入歸俘類，復依《公》《穀》《胡》入財賄類。又如隱三年君氏卒，《左氏》謂隱公之母聲子，《公》《穀》作尹氏。尹氏者，天子之大夫也，《胡氏》據《公》《穀》亦作君氏。今依《左氏》本入魯夫人薨類，復依《公》《穀》《胡》入王臣卒類。

經有一句數義者，如文二年作僖公主，按經義作主入廟，分入工作、祠祀二類。又如文三年晉陽處父帥師伐楚以救江，分入伐、救二類。又如大雩義兼旱祭，分入災荒、祠祀二類。又如西狩獲麟分入怪變、田獵、獲三類。

經有一字兩義者，如僖二十八年天王狩于河陽，按狩有巡狩、蒐狩二義，分入巡狩、田獵二類。

經有一事兼數義者，如僖四年公會齊侯宋公陳侯衛侯鄭伯許男曹伯侵蔡，潰，遂伐楚，次于陘，傳謂有鐘鼓曰伐無鐘鼓曰侵民逃其上曰潰；次，止也，分入侵伐潰四類。又如定四年蔡侯以吳子及楚人戰于柏舉，楚師敗績，傳謂師能左右之曰以，皆陳曰戰，大崩曰敗績，分入以師、戰陳、敗績三類。又如僖十五年公會齊侯宋公陳侯衛侯鄭伯許男曹伯盟于牡邱，遂次于匡，公孫敖及諸侯之大夫救徐，分入會盟、次救二類。又如僖十六年春王正月隕石于宋，是月六鷁退飛過宋都，按隕石隕星也，入恆星不見類，六鷁，水鳥也，入鸛鵒來巢類。

經有數句而各本互異者，如莊二十四年曹羈出奔陳、赤歸于曹郭公，杜註：「羈，曹世子也。赤，曹僖公也。郭公，經闕誤也。」《公羊》《穀梁》謂赤者郭公也，郭公者，失地之君也。今於出奔類依杜註以羈奔赤歸入曹國一類，復以《公》《穀》以赤歸郭公另纂一條。

　　經有一事蹈年者，如昭二十二年劉子單子以王猛入于王城、二十三年尹氏立王子朝、二十六年天王入于成周。今按年摘出彙入立、入二類。又如昭二十五年公孫于齊次於陽州、二十六年公至自齊居于鄆秋公至自會居于鄆、二十七年公如齊公至自齊居于鄆冬公如齊公至自齊居于鄆、二十八年公如晉次于乾侯、二十九年公至自乾侯居于鄆公如晉次於乾侯、三十年公在乾侯、三十二年公在乾侯公薨于乾侯，今按年摘出，彙入出奔、次、至、居、在類，并分入喪葬類。又如哀二年晉趙鞅帥師納衛世子蒯聵於戚、十六年衛世子蒯聵自戚入于衛，今按年摘出，彙入納類。

　　經有一句而各傳詳略互異者，如桓三年有年、宣十六年大有年，《公羊》謂：「有年以喜書也，大有年亦以喜書也」、《穀梁》謂：「五穀皆熟為有年，五穀大熟為大有年」，獨《胡氏》謂：「桓宣享國十有八年，獨此二年有年，他年之歉可知也。」先儒不刊之論，固當竝存，故依《公》《穀》入慶祥經類，復依《胡氏》以他年之歉入災荒傳類。又如桓六年蔡人殺陳佗，《左氏》謂陳厲公蔡出也，故蔡人殺五父而立之；《公羊》謂浮乎蔡，蔡人殺之；《穀梁》謂獵于蔡，蔡人殺之。今以三傳竝入刑戮經類，復依《公》《穀》分入姦淫、田獵傳類。又如莊二年夫人姜氏會齊侯于禚，《左氏》謂要結姻好，蓋莊公為文姜所制，使必娶于母家，而齊女特年未及，故莊公要結之。今以《公羊》入會盟經類，復依《胡氏》入昏姻傳類。又如昭三十五年有鸜鵒來巢，《左氏》謂：「書所無也」，并載魯大夫師己謂：「文武之世童謠有『公在外野』、『公在乾侯』之語，今鸜鵒來巢，昭公將有出奔之辱。」而《公羊》亦曰：「記異也」，獨《胡氏》謂：「此公子宋有國之祥」，故意《左氏》《公羊》入怪變經類，復依《胡氏》入慶祥傳類，與宋仲子魯季友有文在手及鄭穆公夢蘭之事連類。又如宣十一年楚子納公孫寧、儀行父于陳，《左氏》謂：「書有禮也」，《胡氏》又謂：「此二臣致亂之臣，楚莊又使陳人用之」，故以《左氏》入經納類，又以《胡氏》入任用傳類。又如昭十八年宋衛陳鄭災，《左傳》載鄭裨竈欲用瓘斝禳火，子產不與，亦不復火，《胡氏》謂子產有令政，以德消變，故以《左氏》入崇信，又以《胡氏》入感召類。又如哀十四年西狩獲麟，《左氏》以為不祥，《公羊》以為異，獨《胡氏》謂《春秋》成而鳳麟至，故以三傳竝入經文之下，復專以《胡氏》入感召類。

　　經有一事而各傳互異者，如桓八年祭公來遂逆王后于紀，《左氏》曰：「禮也」，《公》《穀》二傳亦皆據昏姻立論，獨《胡氏》引劉敞謂：「三公坐而論道，

其任重矣」。今命魯侯以昏姻之事，則大夫可矣，何必三公？王以輕使為失，祭公以遂行為罪，故依經入昏姻類，復依《胡氏》入任用傳類，與靈王使劉公賜齊侯命連類，以參考得失。又如昭十一年楚師滅蔡執蔡世子有以歸用之，《左氏》謂：「五牲不相為用，況用諸侯乎？蓋用之殺以祭山也。」而《公羊》謂：「用之防也，蓋以築防也。」今分入滅、執、刑戮、祠祀經類，復依《公羊》入工作傳類。又如昭二十五年七月上辛大雩季辛又雩，《左氏》謂：「書再雩，旱甚也」，《穀梁》《胡氏》傳義相同，《公羊》訓雩為旱祭，獨於是年謂：「又雩者，非雩，蓋聚眾以逐季氏」，今依各傳分入災荒、祠祀二類，復依《公羊》入放黜傳類，與逐東門氏、逐叔孫僑如連類，所謂見無禮於其君者誅之，如鷹鸇之逐鳥雀也。

　　經有一事而傳註詳略互異者，如莊元年王使榮叔來錫桓公命，杜註：「追命。桓公，襄稱其德」，《公羊》謂：「命者，加我服也。」今依杜註入爵命類，復依《公羊》入輿服傳類。又如僖三年六月雨，《穀梁》謂：「喜雨也」，《公羊》傳註謂賢君精誠之應。按《詩》稱僖公儉以足用，寬以愛民，務農重穀，則誠賢君也，故依《穀梁》入慶祥類，復依《公羊》註入感召傳類，與子產以德消變連類。又如僖八年禘于大廟用致夫人，杜註：「致者，致新主於廟」，《公羊》謂：「致者，不宜致也，譏以妾為妻也」，今各依傳註分入祠祀、昏姻二類。

　　經有諱書而傳直書其事者，如莊三十二年子般卒，《左傳》謂共仲殺之，不書殺，諱之也。文十八年子卒，《左傳》謂襄仲所弒，不書弒，諱之也。今依經入喪葬類，復依傳入弒逆傳類。又如僖元年夫人姜氏薨于夷，《左傳》謂共仲通于哀姜，哀姜欲立之，閔公之死也，與知之，故齊人取而殺之于夷，不言齊人殺，諱之。今依經入喪葬類，復依傳分入姦淫、刑戮傳類。

　　經有諱而不書傳特書之者，如《左傳》襄四年邾人莒人伐鄫滅紇救鄫侵邾，敗績於狐駘，不書，諱之。今依傳分入征伐、救、侵、敗績傳類。

　　經文有缺漏而傳備載者，如成十三年公至自京師，遂會晉侯齊侯宋公衛侯鄭伯曹伯邾人滕人伐秦，《左傳》謂晉師以諸侯之師及秦師戰于麻隧，秦師敗績，戰敗績不書，經文闕漏。今依經入征伐類，復依傳分入戰陳、敗績傳類。

　　經文有全闕而傳文獨存者，如《左傳》桓六年諸侯之大夫戍齊，杜註：「魯親班齊餼，則亦使大夫戍齊矣，經不書，蓋史闕文。」今依註入戍守傳類。又如《左傳》成二年公會晉師于上鄍，不書，史闕，今依傳入會盟傳類。

經有例所不書者，如昭三十二年經，林註：「諸侯有事于京師皆不書，僖十三年十六年成周不書、襄二十四年成周不書」，今各依《左傳》入成守、工作傳類，以著侯伯宣力王室之常職。

經有因不告不赴而不書者，如《左傳》隱元年紀人伐夷，不告故不書；莊十八年虢公晉侯鄭伯使原莊公逆王后于陳，不告故不書；又如《左傳》文九年晉箕鄭等使賊殺先克，不赴故不書。今各依傳入征伐、昏姻、刑戮傳類。

經有因非公命非國命而不書者，如《左傳》隱元年費伯城郎不書，非公命也；成二年孫桓子、臧宣叔如晉乞師，皆不以國命，故不書。今各依傳入工作、乞師傳類。

經有因微賤而不書者，如《左傳》宣十八年公使如楚乞師不書，微者行。又如襄元年彭城降晉不書，賤略之。今各依傳入乞師、降服類。

有經所不盡書而其義未聞者，如成二年齊侯伐我北鄙，按《左傳》：「齊侯伐我北鄙，圍龍。以公之嬖人盧蒲就魁門焉，三日，取龍，遂南侵，及巢邱。」註謂：「取龍、侵巢邱不書，其義未聞。」今依經入征伐類，復依傳分入圍、門、取、侵傳類。

有經所不書而其義未聞者，如《左傳》襄十年楚子囊鄭子耳伐我西鄙，註：「諱而不書，其義未聞」。今依傳入侵類。又如《左傳》襄二十六年：「齊烏餘襲我高魚，克而取之」，註：「無所諱而不書，其義未聞」，今依傳分入襲、克、取傳類。

傳有先經始事者，即入經文之下。其有傳義他及者，則另入傳類。如莊八年《左傳》鮑叔牙奉公子小白出奔莒，管夷吾召忽奉公子糾來奔，此為莊九年公伐齊納子糾齊小白入于齊傳也，即入九年，納入經類。文十二年《左傳》胥甲不肯薄秦於險，為宣元年晉放胥甲傳也，即入宣元年放黜經類。又如隱七年陳侯請妻鄭公子忽，鄭伯許之，乃成昏；桓六年齊侯欲以文姜妻鄭太子忽，太子忽辭。俱為鄭忽失齊昏援致十一年失奔傳也，入昏姻傳類。又如莊三十二年有神降於莘，為僖二年晉滅夏陽傳也，入怪異傳類。又如僖十二年諸侯諸侯懼狄難，城衛楚邱，為明年狄侵衛傳也，入工作傳類。又如僖二十一年子魚謂宗襄公貪諸侯，禍尚未已，為二十二年戰泓傳也，入識慧傳類。又如僖三十三年臧文仲謂齊猶有禮，君其朝焉，為公如齊傳也，入禮樂傳類。又如文公元年公孫敖聞內史叔服能相人，見其二子，為公孫敖奔莒傳也，分入技能、年貌傳類。又如文元年秦伯復使孟明為政，為明年秦晉戰彭衙傳也，入任用傳類。又如成

六年晉遷于新田，為季孫如晉傳也，入遷徙傳類。又如成十四年孫文子甚善晉大夫欲以為援，為襄十四年衛侯出奔傳也，入朋友、親故傳類。又如昭九年鄭裨竈謂五年陳將復封，為十三年陳侯吳歸于陳傳也，入術數傳類。

傳有後經終義者，亦即入經文之後。其有傳義他及者，亦另入傳類。如定八年單子劉子討翬之黨以定王室，蓋終王室之事也，即入經文昭二十二年王室之後。又如昭二十年衛侯賜北宮喜析朱鉏謚，而以齊氏之墓予之，蓋終齊豹殺衛侯兄之事也，又入喪葬傳類。蓋原始要終，考經據傳，貫而通之，似無不可。

傳有依經辨理者，如襄十五年劉夏逆王后于齊，《左氏》謂「卿不行，非禮也」，《公羊》謂「外逆女不書，此何以書？過我也。」僖二十八年公會晉侯宋公蔡侯鄭伯衛子莒子盟于踐土，《穀梁》曰：「諱會天王也」，凡此類俱即入昏姻、會盟經文之下，以考書法。

傳有錯經合異者，經從告、傳言實也。襄二年鄭師伐宋，《左傳》謂鄭師侵宋，今依經入征伐經類，復依傳入侵傳類。又如僖十八年宋公曹伯衛人邾人伐齊，《左傳》：「宋襄公以諸侯伐齊」，今依經入征伐類，復依傳入以師傳類。

凡經無義例而傳釋其所以者，則入經文之下。其有傳義他及者，亦另入傳類。如莊十年齊師滅譚，《左氏》謂「譚無禮也」，依經入滅類。復依傳入禮樂傳類。莊三十二年城小穀，《左氏》謂「為管仲也」，依經入工作類，復依傳入旌異、優恤傳類。襄六年莒人滅鄫，《左氏》謂「鄫恃賂也」，依經入滅類，復依傳入財賄傳類。襄二十一年會于商任《左氏》謂「錮欒氏也」、二十二年會于沙隨《左氏》謂「復錮欒氏也」，依經入會盟類，復依傳入禁令傳類。襄三十年宋災、宋伯姬卒，《左氏》謂「待姆也」，依經分入災荒、喪葬類，復依傳入師傅傳類。

凡得失小，經無異文而傳備其事者，分纂經傳二類。如隱二年莒人入向，《左氏》謂「莒子娶于向，向姜不安莒而歸，莒人入向，以姜氏還」，依經入入類，復依傳入昏姻傳類。

凡經無正文、傳之所廣記而備言者，悉入傳類。如《左傳》隱九年北戎侵鄭，入侵傳類。又如《左傳》莊二十二年，陳公子完與顓孫奔齊，齊侯使敬仲為工正，飲桓公酒，初，懿氏卜妻敬仲，其妻占之吉。其少也，周史筮之，遇觀之否，此因陳完有禮于齊，子孫世不忘德，故傳備言其終始，依傳分入出奔、任用、饗射、術數傳類。

夏五郭公，杜註皆以為闕文，而郭公《公》《穀》皆以為失地之君，惟夏五《公羊》曰：「無聞焉爾」，《穀梁》曰：「傳疑也」，《胡氏》亦謂疑而不益，見聖人之慎也，於事類無取，故未纂入。

獲大城曰入國，逆而立之曰入，自外而入曰入。入有三義，故征伐、即位、出奔俱有入類。

次于聶北救邢，此師旅之次也。公孫于齊次于陽州，此奔亡之次也。故次有二類。

他國立之曰納，伐齊納子糾之類是也。納者，納黨與也。楚子納公孫寧儀行父于陳之類是也，故即位、出奔俱有納類。

凡事類繁多，如會盟征伐之類，公會王人作一類，公會某公某侯又另起。

一國之後又纂一國，亦另起。

每國每一事，悉以單圈○隔之。

凡事類無多，如有年止二事，其下即纂喜雨，則以雙圈◎隔之。

凡感召、術數、攻、退舍、行成、禁令、旌異優恤、任用、狗縱、攝位、讓國、封建，分屬附庸、私邑、形勢、諸侯為王卿士、仕他國、致仕隱遯、父母、子孫、兄弟、夫婦、師傅、朋友、親故、忠良孝弟、學業、識慧、技能、年貌、辭令、財賄等類，事載於傳，文不見經，故但有傳類，無經文書法。

經止哀十四年獲麟，《左氏傳》終哀公，故事類依《左氏》，纂至哀二十七年。

《春秋》每一事必有始終，如齊魯交兵始于奚而終于艾陵。又如隱七年天王使凡伯來聘，此周聘之始、宣十年天王使王季子來聘，周聘止此。僖十年公如齊，此魯朝齊之始，宣十年公如齊，魯朝齊止此。凡此《春秋》終始，皆依註註入戰陳、朝聘等各類。

六藝經傳以千萬數，累世不能通其學，當年不能究其理，《春秋》文成數萬其指數千，橫渠張子謂此書非理明義精殆未可學。先哲具上知之資，好古敏求，猶且云然，豈況未學尚未贏受，敢纂言於聖經？祇以《春秋》為見諸行事之書，義包五經，竊欲按類考其成敗得失終始，以稍求夫經文之義理，是以相與鈔錄，淹積歲月，稍稍成帙，於《左氏》《公羊》《穀梁》《胡氏》及杜林等註，粲然目前者，猶求之茫然也。其餘各家，曾未窺見，是以不敢稍置一論。

朱子成《通鑑綱目》，繼魯史之絕筆，示萬事之大關，尚謂藏之巾笥，私便檢閱，自備遺忘而已。鄙陋妄竊，鈔錄私閱，方切惕悚，烏敢出而問世，猥

辱同志。謂於稽攷頗便，遂授剞劂。然分類命名取義、先後次第、去取詳略恐都未當，而或全鈔或節錄，則重見闕陋訛濫碎亂之失，更所不免。

謬訛既多，何敢自謂成書。發凡言例，用述數則，以志歲月滋久，淺之乎徒有其志而未及也。

◎提要：是書始刻於乾隆己卯。取《春秋三傳》及胡安國《傳》分為一百二十門。每門前列書法後載事類，事類之中又自分經傳。其自述謂本於蘇軾「《春秋》當以類求」一語。雖亦欲發比事屬辭之旨，然割裂繁碎彌難尋檢。卷首列《春秋諸國圖說》一篇亦取之蘇軾《指掌圖》，不知《指掌圖》後人贗作，非軾書也。

◎《稽瑞樓書目》：《春秋經傳類求》十二卷，邑人孫從添、過臨汾同撰。從添字石芝，好聚書。

◎雷夢水《販書偶記續編》附錄《經部》：《春秋經傳類求》十二卷（清常熟孫從添、長洲過臨汾同撰。乾隆己卯舊名堂精刊）。

◎翁同龢《翁文恭公日記》光緒二十七年辛丑八月朔：晴，晚仍熱，無雨意。竟日看盧志，甚無謂。邑人孫從添（石芝）《春秋經傳類求》十二冊（乾隆己卯刊），一見即還。

◎孫從添，字慶曾，號石芝。江蘇常熟人。諸生。讀書室曰上善堂。善醫。著有《藏書紀要》《上善堂書目》，與過臨汾合著《春秋經傳類求》十二卷。

◎過臨汾，號東岡。長洲（今江蘇蘇州）人。與孫從添合著《春秋經傳類求》十二卷。

孫琮 公羊傳選 一卷 存

康熙刻山曉閣文選本

山曉閣選古文全集本

◎山曉閣選古文全集目：

卷一：夏五月鄭伯克段于鄢（《左傳》）。八月虞辰宋公和卒。宋公陳侯蔡人衛人伐鄭。五月春公矢魚于棠。北戎侵鄭。十有一年春滕侯薛侯來朝。秋七月壬午公及齊侯鄭伯入許。夏四月取郜大鼎于宋戊申納于太廟。楚王侵隨。季梁料楚師。蒲騷之役。楚屈瑕伐羅。齊無知弒其君諸兒。九年春齊人殺無知公及齊大夫盟于蕇。十年春王正月公敗齊師于長勺。鄭厲公殺傳瑕原繁。陳人殺其太子御寇。驪姬謀立奚齊。晉侯使太子申生伐東山皋落氏。楚屈完來盟于師盟

于召陵。冬晉人執虞公。秋七月公會齊侯宋公陳世子歀鄭世子華盟于甯母。冬晉里克殺其君之子奚齊。十有一月壬戌晉侯及秦伯戰于韓獲晉侯。冬十有一月己巳朔宋公及楚人戰于泓宋師敗績。重耳歷諸國。秦伯納重耳。介之推不言祿。夏齊人伐我北鄙。冬楚人陳侯蔡侯鄭伯許男圍宋。

卷二：二十有八年春晉侯侵曹晉侯伐衛。公子買戍衛不卒戍刺之，楚人救衛。三月丙午晉侯入曹執曹伯畀宋人。夏四月己巳晉侯齊師宋師秦師及楚人戰于城濮楚師敗績。六月衛侯鄭自楚復歸于衛衛元咺出奔晉。冬公會晉侯齊侯宋公蔡侯鄭伯陳子莒子邾人秦人于溫天王狩于河陽壬申公朝于王所。晉人秦人圍鄭。冬十有二月己卯晉侯重耳卒。三十有三年春王正月秦人入滑。夏四月辛巳晉人及姜戎敗秦師于殽。二月春王二月甲子晉侯及秦師戰于彭衙秦師敗績。秦人伐晉。衛侯使甯俞來聘。夏四月宋公王臣卒。戊子晉人及秦人戰于令狐。晉先蔑奔秦。諸侯會于扈。二年春王三月壬子宋華元帥師及鄭公子歸生帥師戰于大棘宋師敗績獲宋華元。秋九月乙丑晉趙盾弒其君夷皋。楚子伐陸渾之戎。楚司馬子良生子越椒。楚子圍鄭。夏六月乙卯晉荀林父帥師及楚子戰于邲晉師敗績。十有五年春公孫歸父會楚子于宋。夏五月宋人及楚人平。夏四月丙戌衛孫良夫帥師及齊師戰于新築衛師敗績。六月癸酉季孫行父臧孫許叔孫僑如公孫嬰齊帥師會晉郤克衛孫良父曹公子首及齊侯戰于鞌齊師敗績。秋七月齊侯使國佐如師己酉及國佐盟于袁婁。楚之討陳夏氏。晉人求知罃。晉侯禮鍾儀。晉侯使呂相絕秦。晉侯使欒黶來乞師。甲午晦晉侯及楚子鄭伯戰于鄢陵楚子鄭師敗績。楚殺其大夫公子側。九月晉人執季孫行父舍之于苕丘。

卷三：祁奚舉善。魏絳以刑佐民。夏叔孫豹如晉。冬楚公子貞帥師伐鄭。冬公會晉侯宋公衛侯曹伯莒子邾子滕子薛伯杞伯小邾子齊世子光伐鄭十有二月己亥同盟于戲。王叔與伯輿爭政。十有四年春王正月季孫宿叔老會晉士匄齊人宋人衛人鄭公孫蠆曹人莒人邾人滕人薛人杞人小邾人會其于向夏四月叔孫豹會晉荀偃齊人豪人衛北宮括鄭公孫蠆曹人莒人邾人滕人薛人杞人小邾人會吳於向。宋太宰為平公築臺。秋齊師伐我北鄙。邾庶其以漆閭丘來奔。秋晉欒盈出奔楚。晉人徵朝于鄭。晉欒盈復入于晉入于曲沃。冬十月乙亥臧孫紇出奔邾。子產止重幣。夏五月乙亥齊崔杼弒其君光。子產獻陳捷于晉。聲子請復椒舉。秋七月辛巳豹及諸侯之大夫盟于宋。吳子使札來聘。子產辭政。子產壞晉館垣。北宮文子相衛襄公以如楚。子產論為邑。叔孫豹晉趙武楚公子圍齊國弱宋向戌衛齊惡陳公子招蔡公孫歸生鄭罕虎許人曹人于虢。天王使劉定公勞

趙孟于潁。晏嬰使齊。夏楚子蔡侯陳侯鄭伯許男徐子滕子頓子胡子沈子小邾子宋世子佐淮夷會于申。正月大雨雹。公如晉。韓宣子如楚。鄭人鑄刑書。楚子伐徐。秋晉荀吳帥師伐鮮虞。

卷四：晉韓起聘于鄭。費無極讒太子。晏子諫誅祝史。楚囊瓦城郢。九月己亥公孫于齊次于陽州齊侯唁公于野井。冬十月戊辰叔孫婼卒。冬十月天王入于成周尹氏召伯毛伯以王子朝奔楚。晏子論禮可為國。秋晉士鞅宋樂郊犁衛北宮喜曹人邾人滕人會于扈。伍員肆楚。冬黑肱以濫來奔。冬仲孫何忌會晉韓不信齊高張宋仲幾衛世叔申鄭國參曹人莒人薛人杞人小邾人城成周。夏六月癸亥公之喪至自乾侯戊辰公即位。秋七月癸巳葬我君昭公。三月公會劉子晉侯宋公蔡侯衛侯陳子鄭伯許男曹伯莒子邾子頓子胡子滕子薛伯杞伯小邾子齊國夏于召陵侵楚。冬十有一月庚午蔡侯以吳子及楚人戰于柏舉楚師敗績楚囊瓦出奔鄭庚辰吳入郢。吳報檇李。秋七月庚寅楚子軫卒。十有一年春齊國書帥師伐我。用田賦。秋公會衛侯宋皇瑗于鄖。於越入吳。白公勝作亂。春王正月（《公羊傳》）。春王正月戊申宋督弒其君與夷及其大夫孔父。虞師晉師滅夏陽。春晉趙盾衛孫免侵陳。夏五月宋人及楚人平。秋七月齊侯使國佐如師己酉及國佐盟于袁婁。齋侯唁公于野井。春西狩獲麟。春王正月（《穀梁傳》）。夏五月鄭伯克段于鄢。秋築王姬之館于外。臧孫辰告糴于齊。春新延廄。虞師晉師滅夏陽。晉殺其大夫里克。春王正月戊申朔隕石于宋五是月六鷁退飛過宋都。秋九月乙丑晉趙盾弒其君夷皋。初稅畝。

◎孫琮（1638～1705？），字執升（質聲），號寒巢，又號禮菴居士。祖籍徽州，寓居浙江嘉善。與同里魏坤為友。讀書處名山曉閣。著有《山曉閣詩》。康熙三年（1664）至康熙二十五年（1686）輯評《山曉閣選古文全集》（《國策選》四卷、《史記》八卷、《國語選》四卷、《公羊傳選》一卷、《穀梁傳選》一卷、《左傳選》十卷、《西漢文選》七卷、《東漢文選》五卷、《韓昌黎文選》四卷、《柳柳州文選》四卷、《歐陽廬陵文選》四卷、《蘇老泉文選》二卷、《蘇東坡文選》六卷、《蘇穎濱文選》二卷、《曾南豐文選》一卷、《王臨川文選》一卷計十六種六十四卷，後合併為三十二卷，計收文八百二十篇：卷一至卷四左傳文一百三十四篇；卷四公羊傳九篇、穀梁傳十一篇；卷五、卷六國語六十一篇；卷七、卷八戰國策四十三篇，卷八先秦文二篇；卷九至卷十二西漢文一百零九篇；卷十三至卷十六史記三十九篇，卷十七、十八東漢文四十六篇；卷十九、二十韓愈文五十七篇；卷二十一柳宗元文四十二篇；卷二十二唐代李白、

孫樵諸家文二十一篇；卷二十三、二十四歐陽修文七十一篇；卷二十五蘇詢文二十五篇；卷二十六至二十九蘇軾文七十五篇；卷三十蘇轍文二十二篇；卷三十一曾鞏文十五篇、王安石文十二篇；卷三十二范仲淹諸家文二十六篇）、《山曉閣選明文全集》及《續集》、《山曉閣重訂昭明文選》（與孫洙合著）、《孫執升點評歷代史論》。

孫琮 穀梁傳選 一卷 存

　　康熙刻山曉閣文選本
　　山曉閣選古文全集本

孫琮輯 左傳選 十卷 存

　　康熙刻山曉閣文選本
　　山曉閣選古文全集本
　　上海藏清遺經堂刻本
　　◎一名《山曉閣左傳選》。

孫琮評選 東萊博議 四卷 存

　　嵊州藏清刻本
　　◎宋呂祖謙原撰。

孫大呂 春秋國邑釋今 二卷 存

　　復旦藏清末抄本
　　◎孫邦榮增校。

孫發曾 左氏蒙談 十八卷 佚

　　◎嘉慶《連江縣志》卷之七《藝文》：孫發曾《左氏蒙談》十八卷、《藥源詩草》□卷、《藥源文集》□卷。
　　◎嘉慶《連江縣志》卷之七《人物·文苑》：所著有《左氏蒙談》《藥源詩草》《藥源文集》藏於家。
　　◎孫發曾，字廣葉，號弁石，一號藥源。福建連江人。領康熙戊午鄉薦，己丑明通榜授教諭。歷將樂、歸化、建安諸鐸，後遷泉郡教授。乞歸家居十餘年。著有《左氏蒙談》、《藥源文集》、《藥源詩草》，參纂乾隆《連江縣志》。

孫範 左傳分國紀事本末 二十二卷 存

國圖藏康熙四十一年（1702）刻本

復旦、天津、重慶、吳江區、湖南省社會科學院、慕湘藏書館藏崇禎十一年（1638）刻本（孫胤奇參）

國圖藏明末刻本

◎左傳分國紀事本末序：杜元凱之言曰：「《左氏》躬覽載籍，必廣記而備言之。其文緩，其旨遠，將令學者原始要終，尋其枝葉，究其所窮，優游猒飫，使自得之。」旨哉斯言！後之讀《左氏》者，不爛熟、不通貫，考此則昧彼，舉前則遺後，雖有彊記之學，而欲其瞭成敗於指掌、舉義類如家珍，明目張膽，剖紛支匱而誳強禦，恍見昔人從容之意、武毅之色，其可得耶！今人之學愈不迨古：古人溫故知新，殫力竭智，處於下愚而不敢辭；今則少有穎慧，雖急於飲食，關於性命之書不屑困苦尋懌，雲煙過眼，畧咀昉潤以塗耳目，事至取裁，如坐暗室，終朝點竄如行未經，所謂爛熟通貫者，千百人中不見一人，故彼此不更相笑也。好《左氏》者多而得《左氏》之意者少，其間得《左氏》意而見奇者，世爭喜之。其通《左氏》之辭與意、時與事聯屬而駱驛者，反薄以為老生誦習之嘗事，不知《左氏》一書限於繫年繫月之例，而當日意旨脈絡絲分棊布，或合或分、或伏或見、且斷且續、且止且行、有擊有應，微細根尋，俱非無故，且其寓義優和不迫，是非所在，彷彿端倪，非綜彼條貫、覘其體勢，則意言之外，莫能浹洽，此元凱原始要終之論所不可廢。朱子亦言：「須看得一部《左傳》首尾通貫方略，見《春秋》筆削大意。」沖嘗思看得《春秋》以前一事透徹，勝看破漢唐以後十事，後來事勢不出昔人範圍，經權之妙，唯前獨備耳。類事而能說者謂之經生，測情而覷歸者名之學究，強詞臆說則古人之孟賊，向知有《左氏本末》，求之未獲。吾鄉有方嚴靜穆之君子孫君匡儀，復有輯焉，且語沖將以數年為期，再加以咨考之勤，期無負昔人，庶幾所謂優游猒飫與！獨沖數年未獲者，一旦見之，以鈍根彷徨之士，坐享其逸，所以愧而且喜也。時大明崇禎戊寅歲七月望，錢塘吳太沖謹序。

◎小引：余兄匡儀沉默寡言，闇然自守，處震驚而不怵，御旁午而不囂，生平以韓、范自期，饑驅而仕，通籍十年，貧且益甚，其廉澹固性所然也。居贛之蓮塘，此地係寇平初建，貢額無輸，獄訟尠至。清晝閉門，惟以讀書窮理為務。更留心于外虜內寇，整思機畧，實于《春秋左傳》殫厥心焉。余讀二十一史，治亂興衰之故、是非得失之林，靡不畢具。及讀《左氏》全書，

而蘊義宏深，事情兼總，尤見大意。第其間變化錯綜，起伏照應遽難窺測。余兄取而分其國、叢其事，俾學者疏觀往事而知來者之不愆，洞見古人，而知在我之有據，於以運之當事，如元凱之鎮襄陽，如鵬舉之營京洛，又何難滌蕩頑夷、芟除孟賊、坐致清寧之績歟！則讀是書者，識見出其中，經濟亦出其中矣。余見韓、范之志，雖非身遂傳之其人，功斯可以不朽云。弟奇正伯父述。

◎序略：韓宣子聘魯，觀書於太史氏，見《易象》與魯《春秋》，曰：「周禮盡在魯矣」，子輿氏曰：「其事則齊桓、晉文」，然則《春秋》一書，齊桓、晉文之士而周之禮也。仲尼經之，左氏傳之，以襃大桓文、存周禮也。說《春秋》者，曰義、曰事，義斷於聖心，末學難曉；事則有乎《左氏》，可循覽而得也。東遷以來，世雖稍降，而異人不乏，無論諸國所載英猷偉識，足以匡王定國，包竟安民；至如大眾來臨，風雨不測，知勇俱困，用能於其間窺審敵情，握施宏籌，定安危於呼吸，非譚兵之助歟？古名將家獨好誦習《左氏》，有以也。顧其為書，年經國緯，緒端紛出，雖部勒位置首尾應接各有條貫，然覽者未能一目便了。是用倣之史家，變編年為紀事，以事繫國，以國繫君，有一事而連綴三五國上下數十年者，則原其事之所始與其所歸，還繫所應屬之國，庶覽一事之本末，而即因事以知其國勢之強弱、人才之盛衰，二百四十餘年之故，網羅胸中，出為濟世匡時之用，是今日所為輯傳意也。戊戌新秋日，廣霞居士損反書於安雅居。

◎孫範《左傳分國紀事本末序略》：東遷以來，世雖稍降而異，人不乏無論。諸國所載英猷偉識，足以匡王定國，保竟安民。至如大眾來臨，風雨不測，知勇俱困，用能於其間，窺審敵情，握施宏籌，定安危於呼吸，夫非談兵之助歟！古名將獨好誦習《左氏》，有以也。顧其書年經國緯，緒端紛出，雖部勒位置，首尾應接，各有條貫，然覽者未能一目便了。是用仿之史家，變編年為紀事，以事繫國，以國繫君，有一事而連綴三五國上下數十年者，則原其事之所始而與其所歸，還繫所應屬之國，庶覽一事之本末而即因事以知其國勢之強弱，人才之盛衰，二百四十餘年之故，網羅胸中，出為濟世匡時之用，是今日所為輯傳意也。戊寅新秋日，廣霞居士孫範書於安雅居。

◎引用諸書：新安趙氏汸《屬辭》。會稽季氏本《私考》。周藩宗正西亭公睦㮮《辨疑》。金壇王氏樵《經世》。丹陽姜氏寶《全考》。嘉禾黃氏正憲《翼附》。景陵鍾氏惺《史懷》。不標姓氏者係范螽見。

◎左氏分國凡例：

《左傳》所載國譜，自周以下凡二十四國，滕、薛、杞、小邾，會盟一與之外，無他事可紀，故集中所緝止十六國。首魯，《春秋》，魯史也。次鄭，鄭邇周也。次衛，衛匹魯也。次齊宋秦晉楚，《春秋》雖魯史，所載者五霸事也。秦先晉者，惠、懷、文皆秦所納，秦事亦晉事也。吳次楚者，黃池之會，吳晉爭先，吳亦爭霸于中原矣。陳、蔡偪楚，許偪鄭，邾莒偪齊偪魯，事皆散入所偪之國，惟不涉他國者，仍存本國。他如雜紀、雜占，無國可附，悉載之後，以備《左氏》全書云。

一、關鍵處置：▭。

一、提綱結案：───。

一、照應眼目：ˬˬˬˬˬˬ。

一、大段落：ㄴㄴㄴㄴㄴㄴ。

一、小段落：ㄴㄴㄴㄴㄴㄴ。

◎《明史》卷九十六《志》第七十二《藝文》一《春秋》：孫範《左傳紀事本末》二十二卷。

◎阮元《文選樓藏書記》卷五：《左傳分國紀事》十卷（明舉人孫範著。錢塘人。刊本。是書以事係圖，變編年為紀事體）。

◎《浙江採集遺書總錄・乙集・經部・春秋類》：《春秋左傳分國紀事》二十二卷（《經義考》作二十卷。刊本），右明舉人錢塘孫範撰。亦倣史家體，以事繫國，以國繫君，有一事而連綴三五國、上下數十年者，取便學者循覽云。

◎羅振玉《經義考目錄》卷六《春秋》三十九：孫氏（範）《春秋左傳分國紀事》二十卷（存）。

孫馮翼 春秋三傳異同測義 未見

◎孫馮翼，一名孫彤，字鳳卿，號鳳埔。直隸奉天承德（今瀋陽）人。孫星衍姪。以蔭生官至通判、候補郎中。性嗜藏書，好輯佚。著有《易義考逸》一卷、《禹貢地理古注》、《江寧金石待訪錄》、《許慎淮南子注輯本》、《明堂考補正》、《春秋三傳異同測義》等。編有《問經堂書目》、《四庫全書輯永樂大典本書目》。又輯有《問經堂叢書》三十一卷，收《神農本草經》三卷、《桓子新論》一卷、《典論》一卷、《尸子》、《皇覽》、《司馬彪莊子注》、《甘氏星經》、《淮南萬畢術》、《燕子書》、《說文正字》等。

孫國仁 左傳賦詩義證 一卷 存

上海藏稿本砭愚堂叢書本

◎孫國仁，著有《逸書徵》三卷、《逸詩徵》三卷、《孟子集語》一卷、《左傳賦詩義證》一卷、《墨子引書說》一卷、《四書語錄證》一卷、《孟子弟子門人考》一卷、《史記弟子傳名字齒居考》一卷、《漢書人表略校》一卷、《各史地志同名錄》二卷、《禮記月令考異》十二卷、《月令輯佚》一卷，收入《砭愚堂叢書》。

孫和鼎 春秋名義彙補 佚

◎康熙《嘉定縣志》卷之二十四《書目》：《春秋義例通考》《春秋名系彙譜》《經史論辨》（俱孫和鼎）。

◎乾隆《嘉定縣志》卷之十一《藝文志‧書籍》：《春秋義例通考》《經史論辨》（並孫和鼎）。

◎光緒《寶山縣志》卷之十二《藝文志‧書目》：《春秋義例通考》（孫和鼎著）。《春秋名義彙補》（同上）。《經史論辨》（同上）。《石鼓文考》（同上。秀水朱彝尊《經義考》引劉芳詰云：此書據《左傳》定為成王之鼓，所辨甚確）。《潁庵詩稿》（同上）。

◎光緒《重修寶山縣志‧藝文志》上：《春秋義例通考》、《春秋名義彙補》、《經史論辨》、《石鼓文考》（朱彝尊《經義考》引劉芳詰云：此書據《左傳》，定為成王之鼓，所辨甚確）。《穎庵詩稿》（並孫和鼎撰）。

◎光緒《嘉定縣志》卷二十四《藝文志》一《經部》：

《春秋名系彙譜》四卷，孫和鼎著，下同。自序曰：「上溯三皇，原其始以察則也；下迄呂秦，究其終以觀變也。生名終諱、胙土命氏之典，皆廢於秦。後世雖或舉行，難云復古。故以秦為終。仍繫以《春秋》者，原其所自作也。」

《春秋義例通考》。

◎孫和鼎，寶山（今上海寶山區）人。孫元化子、孫和斗兄。著有《春秋名系彙譜》四卷、《春秋義例通考》、《經史論辯》。

孫和鼎 春秋義例通考 佚

◎康熙《嘉定縣志》卷之二十四《書目》：《春秋義例通考》《春秋名系彙譜》《經史論辨》（俱孫和鼎）。

◎乾隆《嘉定縣志》卷之十一《藝文志・書籍》：《春秋義例通考》《經史論辨》（並孫和鼎）。

◎光緒《寶山縣志》卷之十二《藝文志・書目》：《春秋義例通考》（孫和鼎著）。《春秋名義彙補》（同上）。《經史論辨》（同上）。《石鼓文考》（同上。秀水朱彝尊《經義考》引劉芳譽云：此書據《左傳》定為成王之鼓，所辨甚確）。《潁庵詩稿》（同上）。

◎光緒《重修寶山縣志・藝文志》上：《春秋義例通考》、《春秋名義彙補》、《經史論辨》、《石鼓文考》（朱彝尊《經義考》引劉芳譽云：此書據《左傳》，定為成王之鼓，所辨甚確）。《潁庵詩稿》（並孫和鼎撰）。

◎光緒《嘉定縣志》卷二十四《藝文志》一《經部》：

《春秋名系彙譜》四卷，孫和鼎著，下同。自序曰：「上溯三皇，原其始以察則也；下迄呂秦，究其終以觀變也。生名終諱、胙土命氏之典，皆廢於秦。後世雖或舉行，難云復古。故以秦為終。仍繫以《春秋》者，原其所自作也。」

《春秋義例通考》。

孫和斗　三傳分國紀事　十二卷　佚

◎光緒《嘉定縣志》卷二十四《藝文志》一《經部》：《三傳分國紀事》十二卷，孫和斗著。

◎光緒《重修寶山縣志・藝文志》上：《東周通紀》《三傳分國紀事》《書學聖蒙》《國邮家冤錄》《議窳園稿》（並孫和斗撰）。

◎孫和斗，寶山（今上海寶山區）人。孫元化子、孫和鼎弟。著有《三傳分國紀事》十二卷、《東周通紀》、《書學聖蒙》、《國邮家冤錄》、《議窳園稿》。

孫嘉淦　春秋義　十五卷　首一卷　存

國圖、山西、中科院、中央民族大學藏雍正三年（1725）刻本

◎俞鴻編訂。

◎自敘〔註15〕：《春秋》，編年之史也。紀列國之事，明一代之禮，立萬世之防，故曰「我欲托之空言，不如見之行事之深切著明也」，又曰「其事則齊桓、晉文，其文則史，其義則丘竊取之矣。」由此觀之，文因舊史，特因事以見義也。然而會盟侵伐，不言其故，事有不詳，義無由見，傳者懵焉。乃區區

〔註15〕又見於楊方達《春秋義補註》卷首。

於日月名氏爵號之間，本無義而強鑿之，宜其輾轉牴牾而難通也。自唐啖叔佐、趙伯循、陸伯沖創通經旨，不守三傳，宋元諸儒遞相祖述，如劉原父、呂樸卿、程積齋、黃若晦之流，亦能細辨凡例之陋，深詆褒貶之非。顧於事之始末，終有未明。理可返心，而求事不能憑虛而悟。茫茫千載，九原不作，將誰使正？蓋極諸儒之研窮，無解於斷爛朝報之譏也。夫《春秋》者，孔子作之以教後世也。顧乃闕其事而不詳，隱其義而不著，以待後人之射覆乎？且設三傳不作，《春秋》其奚用焉？淦自束髮讀書，心竊疑之。因盡去諸傳，手錄經文，沉潛反復，亦已有年，而後乃今若有所見矣。夫會盟侵伐，不言其故者，非不言也，不待言也。記曰：「屬辭比事，《春秋》教也」。事前有辭，事後有辭，比而屬之，始終本末具在焉。但使尋其起止，通其脈絡，則二百四十年國政之原委、邦交之離合、君卿之賢否、制度之沿革，如絲之綸如珠之貫。其間正君臣、親父子、序長幼、謹夫婦之禮，敦交友之信，徵之天人性命之原，顯之禮樂政刑之大，使夫窮而在下者可以識正誼明道之功，達而在上者可以得撥亂反治之要。蓋內聖外王之義，不啻燭照數計而龜卜也。因不揣固陋，為之注釋，義不盡用諸儒，事不盡用諸傳，即經以考事，即事以見義，使天下後世曉然知經本甚明，無借於傳。於凡例褒貶之外，別有以得聖人之用心，而一代之禮與萬世之防，自玩索而有得焉矣。峕雍正三年孟冬上浣之吉，合河孫嘉淦題於姑孰署中。

◎卷首末云：右總論《春秋》之旨。「天下有道」一章，孔子自敘也。其餘諸家各抒所見，其大旨皆不謬於聖人。學者得其門而入焉，去褒貶進退之例，遵屬辭比事之教，聯絡經文，得其肯綮，則一代之事始終具見，而微文大義不辨而自明矣。

◎彭紹升《二林居集》卷十七《故光祿大夫吏部尚書協辦大學士孫文定公事狀》：初，公在翰林，著《春秋義》一書，板行于世。久之瞿然悔曰：「吾學無真得，奈何妄測聖經？」遂並所著《詩刪》《南華通》一切毀之。時默坐澄思，以蘄自信。嘗曰：「朱陸異同，何其紛紛也。聖人之道，克己而已矣。當動念時追己從生、究己終極，即此便是窮理，己克則禮自復，何知行之不合乎？」又以聖人之道在六經，贊皇極、正人心，皆由于此。晚歲直經筵，因欲發明《易》《詩》《春秋》要領成書。

◎提要〔註16〕：嘉淦以《春秋》一書，比事屬詞，經本甚明，無藉於傳，

〔註16〕山西巡撫採進本，十五卷。

乃盡去各傳，反覆經文，就事之前後比而屬之，尋其起止，通其脈絡，其事俱存，義亦可見，至日月、名氏、爵諡之間則不復為之穿鑿。然大抵以《公羊》「常事不書」之說為根本，於《春秋》本旨未能盡愜。後自覺其失，旋毀其版。此猶其初刊時所印行云（語詳楊方達《春秋義補注》條下）。

◎提要「楊方達《春秋義補注》」條：初，孫嘉淦作《春秋義》，大旨祖胡安國之說，後漸悟其非，旋自燬版（案嘉淦自燬其版事，見此書凡例第三條中）。

◎陳兆崙《紫竹山房文集》卷十六《光祿大夫吏部尚書協辦大學士諡文定孫公神道碑》：著有《近思錄輯要》《春秋義》等書，餘多不存。近有《詩經補註》若干卷。《易解》垂就而卒。

◎孫孝愉等《皇清誥授光祿大夫經筵講官太子少保吏部尚書協辦大學士賜諡文定顯考懿齋府君行述》：府君之入上書房也，嘗謂不孝曰：「吾受聖恩，得周旋於細旃廣廈，若猶摭拾細故以圖塞責，吾實恥之。聖人之道在六經，《書》既殘缺，《戴記》駁而不純，《易》《詩》《春秋》為聖人全經而解說紛繁，皇上聰明天縱，亙古未有。萬幾之暇，或可秉受聖裁，講明要領，仰窺聖德之淵深，以垂教來世。此千載一時也。」於是乘間進說，上命日進講義一章，皆面加裁定。十八年，《詩義折中》告成。復命從事易傳象爻，甫畢而府君病矣……在翰林時讀《春秋》，每患四傳互異，曰：「聖人作經，豈必待傳而後明者？」因盡去傳注，錄經文，反復沉思者數年，怳然曰：「比事屬辭，《春秋》教也。但將經文屬比思維，則情事之端委、禮制之沿革與夫天經地義，聖人所筆削垂教者燎然明白，又何有時日名號之紛紜也。」因辟除名例標經旨，著《春秋義》一書，已刊行。及蒙世宗憲皇帝訓飭，後翻然悔曰：「吾學於聖人無真得，而妄測聖經，是誣往而欺來也。」隨將刊板並所著《詩刪》、《南華通》等書盡削毀，嗣後不復著書。

◎賜進士出身誥授光祿大夫太子太保文淵閣大學士兼工部尚書兼管禮部事務加二級海寧陳世倌《誥授光祿大夫經筵講官太子少保吏部尚書協辦大學士孫文定公墓表》：若其覃精理學，研究六經，所著有《春秋義》已成書矣，旋自削毀。晚年乃著《詩經補註》，每進一篇，皇上輒霽顏稱善。既成復命著《易傳》，補義象爻，甫畢而公疾革。命翰林學士梁君等續成之，此公之原本經術發為文章而有功後學者也。

◎光緒《山西通志》卷八十七《經籍記》上：《春秋義》十五卷，興縣孫嘉淦撰。

◎趙爾巽《清史稿》卷一百四十五志一百二十《藝文》一:《春秋義》十五卷,孫嘉淦撰。

◎孫嘉淦(1683～1753),字錫公,號懿齋、靜軒。山西太原興縣臨河里人。康熙五十二年(1713)進士,歷官國子祭酒、河東鹽政至吏部尚書、刑部尚書、協辦大學士,諡文定。子孝愉、孝則,孫鏞、鑾、鑄、鎬。著有《周易述義》十卷、《詩義折中》二十卷、《春秋義》十五卷、《南華通》七卷、《司成課程》一卷、《近思錄輯要》十四卷、《成均講義》、《詩刪》十卷、《孫文定公奏議》十卷、《孫文定公文錄》二卷、《南遊記》一卷。張清林、張貴榮點校有《孫嘉淦文集》。

孫鑛 批點春秋左傳 十五卷 存

國圖藏萬曆四十四年(1616)閔齊伋等刻本

◎一名《孫月峰先生左評分次經傳》《分次春秋左傳》。

◎孫月峰先生左評分次經傳序:《春秋》志憤也,經何言乎志憤也?憤莫大於刑,刑莫大於亂臣賊子,故以萬六千六百七十二字時寄一憤,以繩檢二百四十二年之間,此《春秋》之所為刑書也。孔子脩《春秋》,使子夏等十四人求周史記,得寶書;又魯君資孔子之周,曰老聃觀書於柱下。《春秋》成,以授左丘明。丘明躬為魯太史,博綜諸故籍,而以憤世為救世之具。此脈則得之孔氏,心眼通靈,照攝千古。故其狀君子若入其純忠懇義之衷,狀奸逆若睨其陰畫腹籌遂邪乘欲之初,狀理道若貫綜其冥默往復消長天人之際。他若言戰猶在軍,言禮儼為儐,言占對不齊口出,言禱筮妖邪等之我居泚蔡身尸鬼神矣。後之讀者,可游目鼓喙而頷含之者,顧二千年來人不勝書、書不勝汶汶也,何幸當我世而有心眼通靈之月峯先生也!先生才駕隆古,胤接大忠,有先世之憤,每謂文章之法盡於經矣,而讀《左傳》似無所得。晚年得力寖深,其批評之覈,妙入神解,想當染翰援隱,正類法家推勘,追前心之所從來,發後藝之所從出,鬐剔賆敗,示人吐茹,始覺一手氣有登降。千秋隻眼,到此獨開。使人一展卷頃便疑身是古人、眼作古見,蒼茫見古天地炤爛、見古日月紛迤、見古君公卿佐賢傑士女若與謦欬相周旋也者,先生良工心苦哉!至音在旋,應和尤捷,復有吾鄉閔赤如遇五用和昆從手刓分次經傳,特受先生之評,以朱副墨,一覽犁然,經傳藉題評開前古之新,題評翼分次樹今日之古,余獲之不減賈逵、劉兆朱墨經傳也。因念雪水一衣帶,何名雋之夥,而於《春秋》獨拳拳也!無

論齊梁之有隱侯、文阿，咸以義疏為穎達所收，佐纂《正義》，即諸傳記所載《春秋》僅數十家，吾苔更有張嘉父《通訓》、章茂深《類事始末》、沈存中《世次／名氏》諸譜及葉石林《傳考》與《讞》各有三種。若文伯誤名為柴，著有《比事》；崔彥直雖籍涪陵詔下湖州，取其例要，後先昭著，已据八人，今赤如昆友復以分次題評擅有其一。噫！何雪水一衣帶而名雋之夥於《春秋》獨拳拳也！僕本憤人，生處憤世，每憤正士道消、是非瀾倒，卒莫抵極。自對此書，覺窓雲似為變虹夜篝，於以結暈，和瀋潰筆，梗澀不能下，安得素王素臣復生，此時共提七寸之管，衮者衮、鉞者鉞，使白簡青史如孫先生，朱墨之清明，敬死不恨矣。萬曆丙辰仲秋西吳後學韓敬譔。

◎閔氏家刻分次春秋左傳凡例：

按左氏之傳《春秋》也，經自為經，傳自為傳，未始相配合也。晉杜元凱始分經麗傳，列一年之經於前，而傳則總係於後。宋林唐翁復於傳內每事加圈以別之，覽者殆如列眉矣。然以一年之經傳相麗，又不若一經一傳者鱗次櫛比，無復混淆，則又以補元凱、唐翁所未逮耳。忘其癖耆，敢正大方。

一、《春秋大全》及四傳諸刻已舉傳文分屬各經下，則今日之分次亦非僭為割裂矣。但前刻皆主《胡氏傳》，而析《左》以附之，零星破裂，前後倒置，其先經、後經、依經、錯經之義，竟爾不顯。今悉以《左氏》傳文為主，而依經之次第以分綴焉。有經文在前而傳在後者，亦有經文在後而傳在前者。考之杜本，係是傳誤則移以補經，其或從告從赴不同，及事之始終顛末不齊者，則仍舊兩列，不敢強合也。其有經文數條而事本一節，傳文亦自聯絡成篇，則總冠經於前，而列傳於後，不敢細為分裂，以失作者之意。

一、舊本有經無傳者，下註「無傳」二字。今每經自書一行，傳則另起行低一字，無傳則以他經另起，閱者無不了然也。其數經一傳者，則聯書相接，但每經空一字以隔之，閱者未睹傳而已知為一事矣。

一、舊本有傳無經者，上書「附錄」二字，此始於《大全》也。《大全》以《胡傳》為主，而《左氏》之無經者，無所歸著，故以附錄標之，謂附於《胡傳》後也。而於《左氏》本傳亦稱附錄，可乎？況有立案以起後、完案以終前，或一事而前後過接相為照應，立意之妙，正在於此。今於此類悉另起，而上加一圈以表無經。

一、時刻字畫訛謬不可勝指，今以古本訂定而作書，悉正於《說文》。時習之謬，無不滌去。

　　一、《左傳》有語意深奧及故實隱僻者，非註不可，但他本即以註語嵌入本文；亦有義本易明，反多贅附，瑣屑甚矣。今每傳摘其難解者，考定註釋字音，間以己見相正，名曰《左傳音釋》，另為一帙，附于卷後，以便考究。其淺易者，悉不錄。

　　一、傳中人物，或稱名，或稱字，或稱氏，或以謚爵，或以食邑，前後互見，難以記憶，舊有《名號歸一圖》，讀者誠便，今復加參訂，以附於後。

　　一、《左傳》一書，膾炙千古，無容贅矣。但從來評騭，率多艷稱，而其中頭緒貫串之妙，及立意攄辭、命句拈字，情態萬出，未有能纖悉曲折窮其神者。至其瑕瑜不相掩處，尤椉置不較。大司馬孫月峰先生，研幾索隱，句字不漏，其所指摘處，更無不透入淵微。豈唯後學之指南，即起盲史而面證之，當亦有心契者。家翁次兄為水部，留都時遂得手受於先生，不敢自秘，用以公之同好。

　　一、舊刻凡有批評圈點者，俱就原板墨印，藝林厭之。今另刻一板，經傳用墨，批評以朱，校讎不啻三五，而錢刀之靡非所計矣。置之帳中，當不無心賞。其初學課業，無取批評，則有墨本在。

　　吳興閔其伋識。

　　◎閔氏分次春秋左傳目：隱公第一。桓公第二。莊公第三。閔公第四。僖公第五。文公第六。宣公第七。成公第八。襄公上第九。襄公下第十。昭公上第十一。昭公中第十二。昭公下第十三。定公第十四。哀公第十五。

　　◎孫鑛（1542～1613），字文融，號月峰、湖上散人。浙江餘姚人。孫陞子。隆慶舉人，萬曆二年（1574）進士。歷仕文選郎中、兵部侍郎、加右都御史。代顧養謙經略朝鮮，還遷南兵部尚書，加封太子少保，參贊機務。請從重典治不法礦監，被劾乞歸。著有《評詩經》四卷、《評書經》六卷、《評禮記》六卷、《春秋左傳詳節句解》三十五卷、《春秋繁露》十七卷、《批點春秋左傳》十五卷、《評點春秋左傳杜林合注》五十卷、《評公羊傳》十二卷、《孫月峰評經》十六卷、《書畫題跋》六卷、《今文選》十二卷、《評史記》一百三十卷、《評漢書》一百二十卷、《評韓非子》二十卷、《評荀子》二十卷、《評列子》八卷、《評老子》二卷、《評莊子南華真經》四卷、《朱訂西廂記》二卷、《朱批唐詩苑》七卷、《坡公食飲錄》二卷、《韓非子節抄》二卷、《古今翰苑瓊琚》十二卷、《唐詩排律辨體》十卷、《名世述》三卷、《人傑編》三卷、《後越絕》十卷、《居業編》十二卷、《會心案晶盤雪里居樂事》三卷、《銓曹東省經略南

樞奏議》二十卷、《補訂班馬異同》十二卷、《文選論注》三十卷、《孫月峰三子評》七卷、《文選章句》二十八卷、《皇明通紀輯要》二十四卷、《紹興府志》五十卷（與張元忭合著）、《姚江孫月峰先生全集》十二卷、《太史直筆》、《周人輿》、《古文四體》、《廣古文短篇》、《唐詩品》、《孫月峰全集》。

孫鑛 評公羊傳 十二卷 存

明刻本

孫鑛批點 重訂批點春秋左傳詳節句解 三十五卷 存

哈佛藏尊古堂石印本（題尊古堂較定梓行合孫鍾兩先生批點重訂春秋左傳句解）

◎一名《重訂春秋左傳句解》《重訂批點春秋左傳句解》。

◎卷一卷首題：宋朱申注釋，明孫鑛批點，顧梧芳較正，余元長重訂。

◎重訂春秋左傳節解原序：《春秋左傳詳節》三十五卷，宋魯齋朱申周翰注釋，今董南畿學政、黃侍御希武命飜刻以示後學者也。侍御以近世學者莫不為文而未知為文之法，故授同知蘇州府事張幼仁，俾刻之郡中。余敍之曰：文非道之所貴也，而聖賢有不廢。故冉牛、閔子、顏淵善言德行，子夏、子游以文學名，孔子亦曰「言之無文，行而不遠」，而善鄭國之為詞命也，則文豈可少哉？學者不為文則已，如為文而無法，法而不取諸古，殆未可也。左氏疏《春秋》，於孔子之旨未盡得也，而載二百四十二年列國諸侯征伐會盟朝聘宴饗，名卿大夫往來詞命則具焉，其文蓋爛然矣。於時若臧僖伯、哀伯、晏子、子產、叔向、叔孫豹之流，尤所謂能言而可法者。下是則疆場之臣亦善言焉，有若展喜、呂飴甥、賓媚人、解揚奮、揚蹶由；方伎之賤亦善言焉，有若史蘇、梓慎、裨竈、蔡墨、醫和緩、祝鮀、師曠；夷裔之遠亦善言焉，有若郯子、支駒、聲子、沈無戌、蔿啟疆；閨門之懿亦善言焉，有若鄧曼、穆姜、定姜、僖負羈之妻、叔向之母。於戲其猶有先王之風乎！其詞婉而暢，直而不肆，深而不晦，精而不假，鑱削或若剩焉，而非贅也；若遺焉，而非欠也。後之以文名家者，孰能遺之？是故遷得其奇、固得其雅、韓得其富、歐得其婉，而皆赫然名於後世，則左氏之於文亦可知也已。而世每病其誣，蓋神怪妖祥、夢卜讖兆之類誠有顯於誣者，其亦沿舊史之失虖？雖然，古今不相及，又安知其果盡無也？然余以哀公而後，文頗不類，若非左氏之筆焉，豈後人續之耶？未可知也。若是

者今多從削，蓋幾於醇且粹矣。學者由是而求之，則為文之法盡在是矣。若夫究聖人筆削之旨以寓一王之法，自當求其全以進於經。正德癸酉二月既望，震澤王鏊敘。

◎魏邦達《重訂批點春秋左傳句解序》：孫月峯先生與甥呂玉繩書云：「愚嘗思得《十三經句解》實案上，甚快。奈今世無其全部，然得一二老生集而畢業，或非難耳。五經四書及《周禮》舊俱有《句解》，愚曾及見。而近自廣購之，絕不能得。甥家舊有存否？吾姚舊家亦可從敝笥中覓得之歟？《左傳句解》佳本不可不購。」則《左傳句解》一書，月峯先生蚤已醉心，奚獨汪南溟先生留意關中之喻歟！予生也晚，卯角時讀《孝經》《論語》，家大人復手茲編曰：「兒曹欲為文乎？《左氏》不可不讀。章法、股法、句法、字法盡是，字比句櫛解盡是。」幼小茫如也，迨長讀《公》《穀》、讀胡、讀蘇，參之究之，繹之求之，求其章法、股法、句法、字法，茫如也。即有生吞熟剝者、橫衝直撞者、茹精吸秀者、奴隸驅使者，鎔而化、鑄而古，併忘歟其為《左》者。至於老大，求其章法、股法、句法、字法，仍茫如也。未開面孔、未遇點睛也乎！譬之寫照者，耳目口鼻鬚眉抉出宛然，則人人有目者之所共都也。當代推高手，無踰月峯先生。先生與呂玉繩品隲經史、揚扢風雅，往復書牘，洋洋纚纚，何啻幾千言。惟茲不可少，是嗜左癖前有杜征南而今有孫餘姚矣。舊本無評點，予友余公仁取月峯先生所評點者而增入之，頰上加三毛，換人之眼睛也哉！當不至茫如也。抑予猶有說焉：學者開口動輒稱先王，讀秦漢目前書，乃吾夫子號素王、左丘明號素臣，二百四十二年特筆《春秋》，游夏弗能贊一辭。左云傳焉，經傳昭昭，炳如日星，奈何實之而弗讀也耶！窮經攷傳，為人為文，都人士自有膾炙之者，予何贅。特敘幼小之讀《左》者如此。若夫全經之說目進，則有王守溪先生之序在。崇禎十一年春王正月，蒼山魏邦達題於東郊舊廬。

◎重訂批點春秋左傳句解凡例：

一、依朱文公《通鑑綱目》例，以六十甲子列於逐年之首，以便考覽。

一、周王及列國紀年並詳注於魯君之元年，其有易世則各注於本年。

一、周王紀年列於魯紀年之上者，尊天子也。列國紀年首以陳杞宋者，崇先代之後也。次以齊秦晉楚者，大五霸也。晉文以後，升於齊上者，晉主盟最久也。楚雖主盟而不升者，不與夷狄盟中國也。次衛蔡鄭者，存與國也。餘小國不錄者，不繫乎輕重也。

一、羅文恭公節本例以一事首末共載一處，雖便觀覽，然非本文之正。今不敢從其例，但於注中詳具本末以見事之終始。

一、左氏之文善於辭命，前後節末務省紙版，妄有刊削，識者痛之。今並載其全文，以見左氏刪潤之工。

一、左氏議論有未安者，各論述於本文之下。

一、俗本音釋多用借音，雜以方言，殊乖聲律。今本有不可以言讀者，乃用《釋文》音切，其或圈破讀，或以平上去入別之。

一、批點《左傳》之佳，文不加點，援我明孫月峯先生原有批本，此尤著其佳者也。但標其字法句法，套句可刪等語，誠左氏暗刻中一烺。今合而重訂之，其於蒙士，未必無少補，又於本書庶成大全云。

孫鑛等評點 春秋左傳杜林合注 五十卷 存

瑞安市文物館藏道光二十二年（1842）刻本

寧波市天一閣博物館藏咸豐元年（1851）寧郡汲綆齋刻本（缺卷二十九至四十一）

金華市博物館藏咸豐六年（1856）埽葉山房刻本（存卷一至二十九、三十四至五十）

浦江縣藏光緒十一年（1885）刻本

光緒三十一年（1905）校經山房石印本

瑞安市文物館藏光緒二十四年（1898）蘭邑慎言堂刻本

義烏藏光緒三十四年（1908）上海商務印書館石印本

武義縣藏清書業堂刻本（存卷八至十一、十七至十九、三十二至三十四）

民國上海掃葉山房石印本

◎晉杜預元凱、宋林堯叟唐翁注釋，唐陸元朗德明音義，明鍾惺伯敬、孫鑛月峯、韓范友一評閱。

孫瑯 春秋緒言 佚

◎道光《徽州府志》卷十一之三《人物志・儒林續編》：精究理解，集《四書》諸家論說，著為《緒言》。後著《易經／春秋緒言》，未就而卒。

◎孫殿起《販書偶記》卷三：《四書緒言》四十四卷（新安孫琅撰。康熙丙寅樹德堂刊。《大學》四卷、《中庸》六卷、《論語》二十卷、《孟子》十四卷。琅著有《周易緒言》《春秋緒言》）。

◎孫塽，字詥仲。安徽休寧城北人。郡庠生。著有《周易緒言》、《春秋緒言》、《四書緒言》四十四卷

孫廼琨 春秋集義 十二卷 存

民國刻本

◎孫廼琨（1861～1940），字仲玉，號靈泉，世稱靈泉先生。淄川（今山東淄博市淄川區）人。為賀瑞麟高足，人稱賀門曾子。曾講學於陝中三原正誼書院、山東周村存古書舍，又創明復精舍。著有《周易輯說講義》八卷、《讀易緒論》二卷補遺一卷、《易經答問》四卷、《易經繫辭》三卷、《春秋集義》十二卷、《大學講義》、《中庸集說講義》、《中庸全篇講義》、《論語集義》十卷、《孟子集解》七卷、《太極通書答問》、《通書集義並說略》、《通書說略集義》、《賀清麓先生年譜》、《淄川孫氏族譜》、《篤倫隨筆》、《靈泉詩稿》、《靈泉文集》八卷、《清麓文集約鈔》二十一卷、《靈泉著述摘要》一卷、《答門弟子崔芳華問》。政協淄博市委員會編有《一代名儒孫廼琨》。

孫喬年 孫氏春秋讀法 無卷數 未見

◎孫殿起《販書偶記》卷三：《孫氏七經讀法》無卷數（高郵孫喬年撰。道光五年天心閣刊。《易》《書》《詩》《春秋》《禮記》）。

◎書名據擬。

◎孫喬年（1729～1784），字幼彭，又字寶田、白存，號心山（省山）。江蘇泰州溱潼鎮（現姜堰市興泰鎮）人。乾隆四十六年（1781）進士。官至蘇州學政。為官清正。著有《尚書古文證疑》四卷、《禹貢釋詁》一卷、《孫氏七經讀法》、《五經合解》、《補大學傳說》、《讀南北史》、《心山公文選二十篇》、《文集摘刻》一卷諸書，增輯《華國編文選》八卷。

孫如桂 自評左傳 一卷 佚

◎民國《牟平縣志》卷九《文獻志》三《藝文》甲《著述》：《自評左傳》一卷、《三頌窺豹》一卷、《旹庵詩草》一卷、《旹庵涉筆》一卷、《漢魏六朝唐詩合評》一卷、《四書義》十卷（以上孫如桂撰）。

◎孫如桂，字子韶，號丹芝。牟平（今山東煙台）崖子鎮人。崇禎十二年（1639）貢元。著有《三頌窺豹》一卷、《自評左傳》一卷、《四書義》十卷、《旹庵詩草》一卷、《旹庵涉筆》一卷、《漢魏六朝唐詩合評》一卷。

孫燽 春秋公羊說 十一卷 佚

◎光緒《平湖縣志》卷十七《人物・列傳》三：嘗病宋儒言詩者盡廢序說，置古義不講，因著《毛詩說》三十卷。又有《周易虞義補》《春秋公羊說》等書，發明漢學。姪堂嘉慶辛酉舉人，官翰林院典簿，亦精經學，嘗集漢魏二十一家易注，儀徵阮文達稱其精核云（府于《志・文苑》）。

◎光緒《平湖縣志》卷二十三《經籍》：《春秋公羊說》十一卷（孫燽。府于《志》）。

◎許瑤光修，吳仰賢等纂光緒四年《光緒嘉興府志》卷五十八《列傳九・平湖縣》：嘗病宋儒言詩者盡廢序說，置古義不講，因著《毛詩說》三十卷。又有《周易虞義補》《春秋公羊說》等書，發明漢學。姪堂，嘉慶辛酉舉人。亦精經學，嘗集漢魏二十一家《易》注，儀徵阮公元稱其精核云（于《志》）。

◎許瑤光修，吳仰賢等纂光緒四年《光緒嘉興府志》卷八十《經籍一》：孫燽《春秋公羊說》十一卷（于《志》）。

◎孫燽，字羃桑。平湖（今浙江平湖）人。篤志經籍。著有《周易虞義補》十一卷、《毛詩說》三十卷、《春秋公羊說》十一卷等書。

孫錫齡 春秋周禮匯典 佚

◎尋霖、龔篤清編《湘人著述表》著錄。

◎孫錫齡，湖南漵浦人。著有《春秋周禮匯典》、《鶴皋文集》。

孫湘 春秋列國世代便覽 一卷 存

中科院藏同治四年（1865）刻本

孫星華 春秋繁露校勘記 二卷 存

國家圖書館出版社 2023 年方勇總編纂子藏・儒家部・春秋繁露卷本

孫星華 春秋釋例校勘記 二卷 存

哈爾濱藏乾隆四十二年（1777）福建刻本（存卷一至四、七至八）

福建重刻、廣東重刻武英殿聚珍版書本

◎孫星華，字子宜，號蒠蓀。會稽（今浙江紹興）人。李慈銘弟子。著有《春秋繁露校勘記》二卷、《春秋釋例校勘記》二卷、《輿地廣記校勘記》二卷、

《建炎以來朝野雜記校勘記》五卷、《絜齋集拾遺》一卷、《公是集續拾遺》一卷，輯《能改齋漫錄》十八卷。

孫星衍 春秋集證 佚

　　◎劉毓崧《通義堂文集》卷四《春秋集證跋》：右《春秋集證》，自隱公至莊公共抄本四冊，自閔公以下聞尚有二十五冊，未知是否完全。此書無撰人姓名，今檢凡例二紙係用十三行墨板印格，中縫有「平津館」三字（第一冊前有副葉二紙，後有副葉一紙，均係平津館印格）。平津館係陽湖孫淵如先生齋名，當即出其手筆。又檢第四冊莊公三十二年案語內引「家侍御志祖」云云，旁用朱筆改「家」為「孫」。按志祖係仁和孫頤谷先生之名，頤谷先生與淵如先生雖宗派不同，而道義相契。淵如先生《冶城遺集》內《題家頤谷侍御深柳勘書圖詩》有「天與吾家難王蕭」之句，其傾倒也至矣。此稿改「家侍御」為「孫侍御」者，蓋用鄭康成注《周禮》稱鄭大夫、鄭司農之例，誠以著書與賦詩其稱謂之閒稍有區別也。然據此一字，亦足證其為淵如先生之書矣。此四冊之末皆書辛未五月某日邵子鋒初校，辛未係嘉慶十六年，以淵如先生年譜考之，是年官川東督糧道，三月督運，五月回至德州，平津館即在德州署內，時地均符。惟年譜及阮文達公所撰家傳不言曾輯此書，意者作譜撰傳之時偶未見其稿歟？此書標題所稱《春秋長編》（四冊，皆係十二行紅格。中縫有「春秋長編」四字），後改《長編》為《集證》，凡例謂《春秋》事迹見於諸子百家者甚多，皆三傳所闕，此編網羅放失，竊附史學之後，不為解經而作，故事迹詳而議論不錄（凡例又云：三傳中「君子曰」及《史記》「太史公曰」、《春秋繁露・五行傳》所論《春秋》之說，雖非人物事迹，以是春秋時人語及古義，亦悉詳載，餘書止載事迹）。然證佐集而事迹彰，則得失是非無難立辨，不待多採議論而褒貶之義自明。雖僅自附於史學，而其有功於經術也大矣。《四庫全書總目》別史類載薛氏《虞畿春秋別典》十五卷、陳氏厚耀《春秋戰國異辭》五十四卷，薛氏稽人名以編次，惟各條之末不疏明出何書；陳氏分國名以編次，所引諸書多著明某篇某卷。此書按年月以編次，其詳審精核當與陳書並駕齊驅，非薛氏所能企及。就中所徵引者如《元和姓纂》《意林》《金樓子》《渚宮舊事》之類、所節取者如《廣宏明集》《法苑珠林》之類，與淵如先生編輯他書之宗旨一一相同。其為手定之本無疑。至於二十五冊之內另有確證與否，及末冊有無舊跋，則當俟統閱全書矣。

◎阮元《揅經室集・二集》卷三《山東糧道淵如孫君傳》：君早年文辭華麗，繼乃沉潛經術，博極羣書。勤於著述，性喜獎借後進，所至之地士爭附之。又好聚書，聞人家藏有善本，借鈔無虛日。金石文字搨本、古鼎彝書畫靡不考其源委。其所為文在漢魏六朝之間，不欲似唐宋八家，海內翕然稱之。君嘗病古文《尚書》為東晉梅賾所亂，官刑曹時即撰集《古文尚書馬鄭王注》十卷及逸文三篇。歸田後又為《尚書今古文義疏》□卷，蓋積二十餘年而後成，其精專如此。其餘撰集有《周易集解》十卷、《夏小正傳校正》三卷、《魏三體石經殘字考》一卷、《倉頡篇》三卷、《孔子集語》若干卷、《史記天官書攷證》十卷、《寰宇訪碑錄》十二卷、《平津館金石萃編》二十卷、《孫氏家藏書目》內編四卷外編三卷、《續古文苑》二十卷、《問字堂文稿》五卷、《岱南閣文稿》五卷、《五松園文稿》一卷、《平津館文稿》二卷、《古今體詩》若干卷。其所校刊者有《周易口訣義》六卷、《尚書攷異》五卷、《春秋釋例》十五卷、《孫子十家注》十三卷、《元和郡縣志》四十卷、《景定建康志》五十卷、《唐律疏議》三十卷，其餘篇簡小者不可勝數。

◎孫星衍（1753～1818），字淵如，號伯淵、季逑，別署微隱、芳茂山人。陽湖（今江蘇常州武進區）人。少從錢大昕遊。乾隆五十二年（1787）進士，授翰林編修，改刑部主事，官至山東督糧道。著有《周易集解》十卷、《周易集解序注》一卷、《古文尚書馬鄭王注》十卷、《尚書今古文註疏》、《夏小正傳校正》三卷、《春秋集證》、《魏三體石經殘字考》一卷、《倉頡篇》三卷、《孔子集語》、《史記天官書攷證》十卷、《寰宇訪碑錄》十二卷、《平津館金石萃編》二十卷、《孫氏家藏書目》內編四卷外編三卷、《續古文苑》二十卷、《問字堂文稿》五卷、《岱南閣文稿》五卷、《五松園文稿》一卷、《平津館文稿》二卷、《古今體詩》，校刊《周易口訣義》六卷、《尚書攷異》五卷、《春秋釋例》十五卷、《孫子十家注》十三卷、《元和郡縣志》四十卷、《景定建康志》五十卷、《唐律疏議》三十卷。

孫星衍校 春秋釋例 十五卷 存

岱南閣叢書本
古經解彙函本
◎莊述祖、孫星衍校。

孫續 春秋左傳類編 佚

◎尋霖、龔篤清編《湘人著述表》著錄。

◎孫續，字嗣旃，別號雪堂。湖南新化人。乾隆十二年（1747）舉人。官長沙教諭、臨清知縣。著有《周易參疑管見》、《春秋左傳類編》、《四書晰義》、《鄉黨圖注》。

孫曜 春秋時代之世族 一冊 存

上海中華書局 1931 年史學叢書第五種鉛印本

上海中華書局 1936 年再版史學叢書第五種鉛印本

臺灣華世出版社據上海中華書局 1931 年史學叢書第五種鉛印本

上海書店 1989 年民國叢書據上海中華書局 1936 年鉛印本影印本

臺灣廣文書局 1979 年排印本（著者題孫翟）

◎目次：第一章緒論。第二章世族之起原：第一節封建制度、第二節宗法上、第三節宗法下、第四節姓與氏。第三章世族之形質與精神：第一節世族之實力、第二節宗族觀念。第四章世族之教育。第五章世族制度下史官之地位。第六章世族制度下經濟狀況之一斑。第七章平民狀況之推測。第八章世族之衰因。第九章各國世族之概略：第一節魯、第二節鄭、第三節晉、第四節齊、第五節楚、第六節宋。附錄春秋各國世族表。

◎孫曜，著有《春秋時代之世族》。

孫義塈 三統曆春秋朔閏表 二卷 存

國圖藏清稿本

◎條目：推明元統、推天正、推正月朔、推閏餘所在、推冬至、求八節、求二十四氣、推合辰所在星、推諸加嵗、推日食。

◎序：余於推步之學無所覩，然讀袁宏《紀》引陳忠言，始知《三統》尚有增年之失。因攷《魯世家》衍兩甲子共百二十年，與孟子「七百餘嵗」之說不符，又攷夏商年數與虞氏《書鈔》、徐氏《初學記》所引《竹書》及余表往往亦不合。至於《春秋》日食三十六，今以《三統》驗之，較訛也，曆書尤齟齬。故嘉定竹汀先生之說，謂但就《三統》推《三統》，而於其術之疏密可弗計也。孫君子和明於數學，所述《三統曆》二卷，祇用以推春秋朔閏一端，而於日食及春秋以前年數皆不用之，可謂能棄短取長者矣。循覽一過，輒書數語歸之。道光十三年嵗次癸巳仲夏月，安化陶澍。

◎序：《晉書・律厤志》稱漢末宋仲子集七厤目考《春秋》，杜元凱目七厤為疏，自衍《長厤》，得七百三十六日，佀較密矣，然但勘經傳上下日月，傅會成之，初無當於厤法。蓋春秋時列國用厤不同，甚或赴告失實，或傳寫沿譌（干支字形多相近易譌），其不能盡得者，非皆厤之過也。嘉定錢詹事《三統術衍》糾杜之失詳矣，吳中孫君子龢少從元和李明經尚之游，為詹事再傳弟子，故兼通數學，嘗為予言李明經有《司天通志》一書，未成者十之二三，其書肇始春秋，迄於明禩，皆所目闡明古厤春秋七厤，即仲子所考者也。旹方習《三統》，勗為補之，故有是編。予讀其書，深歎孅之，知其敳有㞢據，信能述古者矣。《晉志》云：「《春秋》大凡七百七十九日，《三統》得四百八十四日一蝕」，今表所得適同。又證目班史《厤律志》與劉氏《世經》所推，莫不符合。蓋所目補仲子之亾書，紹子駿之墜緒，而足為讀《春秋》《漢書》者之一助矣。歸安姚尚書亦有《春秋經傳閏朔表》之作，此蓋顓頊厤，故所得不同，亦宋氏七厤之一云。長樂梁章鉅序。

◎三統春秋朔閏表跋後：徃者義璽從元和李四香先師游，習數學，先師嘗命與同門張君煇祖、黎君應南治楊淑《九章》，且屬術草焉。既復授目三統四分之術，因是罨曉步推步比。師有《司天通志》之作，上始旾秋六術，下迄明回回厤，起廢補亾，思深道遠。殫十數載精力，先為其難者，若《奉元》《占天》《會天》諸厤是矣。《晉書・律厤志》偁宋仲子集七厤目攷《旾秋》，自杜征南《長厤》行，其書遂佚。今師所箸六術即為仲子補亾也。目璽方習《三統》，勗推是表備《通志》六術之一。攷《晉書》云：「《旾秋》大凡七百七十九日，《三統》得四百八十四日一蝕日」，今表所得適同。又劉氏《世經》所推涉《旾秋》者十二事，亦莫不符合。用條坿列季之下，互為發明。蓋劉目《旾秋》證厤，茲即目厤證表，本無精敳，知免舛盭而已。凡所偁厤日者，為《漢書・律厤志》、劉氏《世經》文也；所引李先師注為《司天通志》三統術注也；述錢詹事說，為《三統術衍》也；外此惟韋宏嗣《國語解》用《三統》步祘，間亦摭取左證得失。顧目仉僄單慧，搜索幽眇，譬諸升堂，局於淺近，非敢謂羽翼子駿、糾箴武庫而為宋仲氏功臣也，姑目備先師《通志》之缺，而為《旾秋》《漢書》之學者，於茲得考覈之資，佀不無一隅之助云。道光十二季歲在元黓執徐相月既望，識於東郭里之好深湛思室中，中吳和伯氏孫義璽重校後書。

◎張井跋：宋氏集秝之書久佚，世所傳者惟杜征南《春秋長秝》，後之專經者雖知其遷就傅會，以不諳秝，鮮能糾謬訂訛。若顧氏《春秋大事表／朔閏表》，就經傳日名排湊而成，未足為據。嗣泰州陳泗源先生亦有《長秝》，專舉殷秝先一月後一月考覈杜氏得失。陳氏秝祘之學為仁廟所授，其書洵有根柢，惜向無刻本，近始刊入《守山閣叢書》中，尚未通行。而治漢秝者則錢詹事之《三統術衍》暨其高足李茂才之《三統術注》二書，可謂劉氏功臣矣。特是書因闡明本術，格於例，未便兼經。孫君子和紹錢、李薪傳，以《晉志》「《春秋》大凡七百七十九日，《三統》得四百八十四日」，又《世經》涉《春秋》者十二事，取《三統術》依《春秋》二百四十年一一推演，表而列之，成書二卷，以經證秝，以秝佐經，實師承有自，實於習經習秝者之兩有裨益矣。《春秋》之秝，至於一再失閏，誠不能不有賴於後人之糾正。然穿鑿傅會以求之，庸何益乎？和伯此表，謹守師說，無鑿空武斷之習，而眇通兼思，旁推交闡，質之《三統》而協，徵之《晉書》及劉氏《世經》而無一不協。至日食之舛則不復強為之解，可謂多聞闕疑、述而不作者矣。漢人傳經，類有家法，茲編猶其遺意也夫！癸巳季秋，延州張井讀竟跋。

◎摘錄下卷卷末：

道光閼逢涒灘之歲相月上弦祘畢。

越四載太歲在著雍困敦孟陬既望錄竟兩箣。

重校一過目作定本。中吳孫義鈞識於好深湛思之室。跋錄後。

◎孫義鈞，又名義鈞、義鋆，字子�、和伯，號月底修簫館主人。吳縣（今江蘇蘇州）人。孫延子。嘗師顧蒪、李銳。諸生。捐納為典史。道光二十一年（1841）任仁和縣丞，遷鹽提舉銜候補通判。升雲南宜良知縣，未到任。與黃丕烈、顧千里、梁章鉅、朱綬、紐匪石、朱珔、姜皋等善。博覽羣籍，不為世俗之學。精天文律象，篆隸書畫。著有《三統曆春秋朔閏表》二卷、《好深湛思室詩存》二十二卷。

孫毓湆 讀左隨筆 一冊 佚

◎孫葆田《山東通志》卷百二十七《藝文志》第十：是書有家藏寫本。專論《左氏》所載兵事，每條節錄原文，而以己意評其得失，為用兵者法戒，意不在於說經也。

◎孫毓湆（1803～1867），字犀源，一字梧江。山東濟寧人。孫玉庭孫、

孫寶善。道光二十四年（1844）進士。授翰林院修撰。道光二十六年（1846）簡放雲南學政，三十年（1850）任山西按察使，旋調浙江按察使，署浙江布政使。咸豐二年（1852）病辭歸里。著有《讀左隨筆》。

孫毓林 左氏春秋兵論 不分卷 存

北師大藏光緒稿本〔註17〕

◎孫毓林，字筱雲（小雲），號蓮舫。江蘇揚州人，流寓山陽。光緒諸生。歷官至陝西候補道。著有《左氏春秋兵論》不分卷。

孫曰秉 春秋三傳補注 十卷 佚

◎臧庸《拜經堂文集》卷五《題孫葆年中丞遺像》：著《春秋三傳補注》十卷、《三唐金石文》三十二卷，輯《古文味醇》八卷、《守拙堂詩文集》四卷藏於家，未梓行。公子鳳卿觀察能世其家學，親師取友，交遊皆海內鉅儒，深研經史、小學、先秦兩漢儒者傳述之微言。刊《問經堂叢書》數十種，學者爭先快讀為幸。雖學不敏如庸堂者，尤過采其所輯《爾雅》舊注為校定付梓。間出公《桐鶴清賞圖》屬題，庸堂生則識公，歿則展公遺像、誦公遺言，與公子為學問交。又篤誼，不可辭，為著其略而敬識之。時嘉慶甲子夏五月既望，後學武進臧庸堂拜撰并書於涿州問經堂。

◎孫曰秉（1732～1802），字德元，一字葆年。直隸奉天承德（今瀋陽）人。先世居臨榆。少聰慧，讀書目數行下。乾隆二十四年（1759）舉人、二十六年（1761）進士。三十六年（1771）授河南郟縣知縣。嘉慶元年（1796）任江寧布政使。五年（1800）擢貴州巡撫，旋調雲南巡撫。性伉直有廉聲，宮保畢沅倚為左右手。子、燕翼、馮翼。著有《春秋三傳補注》十卷、《俚言》。

孫在洵 春秋解義 佚

◎宣統《三續淄川縣志・凡例》：著有《易經解義》《春秋解義》《孟子年譜》，遭捻匪之亂，悉燬於火，無存稿。

◎孫在洵，字少泉。山東淄川人。廩生。潛心經術，尤沈潛於宋儒性理之學。著有《易經解義》《春秋解義》《孟子年譜》。

〔註17〕吳大澂、左宗棠、盛宣懷、文廷式、陸鼎翰、惲毓鼎題識。

孫之緒 麟旨 佚

◎孫葆田《山東通志》卷百二十七《藝文志》第十：《縣志》云：自撰《麟旨》，與傳意相發明。

◎孫之緒，字介臨。山東滕縣人。康熙三十九年（1700）歲貢。著有《麟旨》。

孫之庾 春秋題旨 佚

◎孫葆田《山東通志》卷百二十七《藝文志》第十：是書見《縣志》。

◎孫之庾，字介福。山東滕縣人。孫念祖子。康熙二年（1663）舉人。著有《春秋題旨》。

孫鍾英 春秋彙釋 佚

◎光緒九年（1883）博潤《松江府續志》卷三十七《藝文志・經部補遺》：《春秋彙釋》（國朝孫鍾英著）。

◎應寶時修，俞樾、方宗誠等纂同治《上海縣志》卷二十一《人物》四：嘗著《周官餘論》、《春秋彙釋》。

◎應寶時修，俞樾、方宗誠等纂同治《上海縣志》卷二十七《藝文》：《春秋彙釋》（孫鍾英撰，據前志傳補）。

◎孫鍾英，字蘊華，松江府人。孫炳烈子。府學廩生。有雋才，篤志向學。蚤卒。著有《周官餘論》《春秋彙釋》。

T

談泰 春秋歲次考 佚

◎阮元《儒林傳稿》卷二《談泰傳》：泰博覽勤學，精於天算，得梅氏算學之傳，所著考證經史之書曰《觀書雜識》二十卷。其算術之書有《測量周徑正誤》《周髀經算四極南北遊法》《增補武城朔閏譜》《召誥月日譜》《歲次月建異同辨》《春秋歲次考》《三統曆推》《一歲食限數交食一月終數推》《漢高九年六月晦》《孝文十一月晦》《孝文元年至七年大小餘》《孝文二年五年天正冬至》《靈帝光和元年大小餘》《四分曆譜》《劉宋武帝五年天正冬至》。又著《三統曆譜冬至權度紀略》《天官書節次斗分辨分野辨》《操縵卮言正誤》《圓壺周徑積實》《祖沖之朒法辨》《朒內方非十尺辨》《喪服傳溢說》《五服経帶數》等書。又著《古算書細草》十餘事（江藩《談階平遺書敍錄》）。

◎光緒九年（1883）博潤《松江府續志》卷四十《拾遺志·名宦傳拾遺》：所著《觀書雜識》二十卷，皆考證經史，足以啟發後學。蓋校官中不數見者（光緒《南匯志》）。

◎談泰，字階平。上元（今南京）人。舉人。嘉慶十四年（1809）署南匯縣訓導。博覽勤學，精於曆算，擅數學，喜考證。著有《喪服傳溢說》、《五服経帶數》、《春秋歲次考》、《觀書雜識》二十卷、《測量周徑正誤》、《周髀經算四極南北遊法》、《增補武城朔閏譜》、《召誥月日譜》、《歲次月建異同辨》、《三統曆推》、《一歲食限數交食一月終數推》、《漢高九年六月晦》、《孝文十一月晦》、《孝文元年至七年大小餘》、《孝文二年五年天正冬至》、《靈帝光和元年大小餘》、《四分曆譜》、《劉宋武帝五年天正冬至》、《三統曆譜冬至權度紀略》、

《天官書節次斗分辨分野辨》、《操縵卮言正誤》、《圓壺周徑積實》、《祖沖之朒法辨》、《朒內方非十尺辨》、《古算書細草》諸書。

譚獻 春秋釋例殘稿 不分卷 存

上海藏稿本

◎錢基博《復堂日記序》：以吾觀於復堂，就學術論，經義治事，蘄向在西京，揚常州莊氏之學；類族辨物，究心於流別，承會稽章氏之緒。惟《通義》微信多取《周官》古文，而譚氏宗尚獨在《公羊》今學，蹊術攸同，意趣各異。近人錢塘張爾田孟蓬著為《史微》一書，以《公羊》家言而宏宣章義，實與譚氏氣脈相通。譚氏論文章以有用為體、有餘為詣、有我為歸，不尚桐城方、姚之論，而主張胡承諾、章學誠之書，輔以容甫、定庵，於綺麗豐縟之中，存簡質清剛之制，取華落實，弗落唐以後窠白，而先以不分駢散為粗跡、為回瀾。五十年來遂成風氣，而餘杭章炳麟太炎應運起以有大名。故其論文以淡雅為宗，皈依晉宋，章炳麟文之所自出也。論詩以比興為體，不喜黃、陳，王闓運論之所略同也。至於誦說《公羊》，大言經世，則同闓運而不同炳麟。惟闓運以《公羊》言禮制，近接凌曉樓之波；而譚氏以《春秋》衍陰陽，遠承董仲舒之學。

◎趙爾巽等《清史稿》卷四百八十六《文苑》三：少負志節，通知時事。國家政制典禮，能講求其義。治經必求西漢諸儒微言大義，不屑屑章句。讀書日有程課，凡所論箸，隱栝於所為日記。文導源漢魏，詩優柔善入，惻然動人。又工詞，與慈銘友善，相唱和。

◎譚獻（1832～1901），原名廷獻（一作獻綸），字滌生；後更名獻，字仲修，號復堂、半厂、仲儀（又署譚儀）、山桑宦、非見齋、化書堂。仁和（今浙江杭州）人。同治六年（1867）舉人。屢赴進士試不第。曾入福建學使徐樹銘藩幕，後署秀水縣教諭，又歷任安徽歙縣、全椒、合肥、宿松等縣知縣。後去官歸隱，銳意著述，遊弋齊魯燕趙間。曾為浙江書局總校、詁經精舍監院，晚受張之洞邀主講經心書院，年餘辭歸。工詩詞文賦，長於詞。好聚書刻書，藏書數萬卷，藏書處曰「復堂」「譚麟堂」，有「復堂藏書」「譚麟堂」「珍藏五典三墳」「莫為功名始讀書」諸藏印。著有《復堂易貫》不分卷、《春秋釋例殘稿》不分卷、《復堂類集》（凡文四卷、詩九卷、詞二卷）、《復堂詩續》、《復堂文續》、《復堂日記》八卷、《復堂日記補錄》二卷、《復堂日記續錄》一卷、《復堂詞》、《復堂詞話》，選《篋中詞》六卷續集四卷等，又評點《駢體文鈔》及

周止庵《詞辨》，又嘗刊《半厂叢書》，訂《春秋繁露》不分卷、《董子定本》一卷附錄一卷。浙江古籍出版社《浙江文叢》2012 年有羅仲鼎、俞浣萍點校《譚獻集》。

譚獻訂 春秋繁露 不分卷 存

南京藏稿本

譚獻訂 董子定本 一卷 附錄一卷 存

民國鉛印念劬廬叢刊初編本

譚澐 春秋日月考 四卷 存

山西藏同治九年（1870）譚氏家塾刻本

大連藏光緒三年（1877）郴州學署刻本

國圖藏光緒三年（1877）起湘潭譚氏味義根齋刻味義根齋全書五種本

◎王闓運《運湘綺樓文集‧箋啟》卷七《致礦局協辦》：又譚心蘭學正係攸縣通儒，有《春秋日月表》《禹貢正義》，皆闓運所契合。

◎趙爾巽《清史稿》卷一百四十五志一百二十《藝文》一：《春秋日月考》四卷，譚澐撰。

◎譚澐（1829～），字心蘭。湖南湘潭人。昭德弟。舉人。同治十三年（1874）任郴州學正。著有《禹貢章句》四卷末一卷、《春秋日月考》四卷、《孟子辨證》二卷、《古今冬至表》四卷、《國語釋地》三卷、《湘潭舊城考》，與纂同治《陽城縣志》十八卷。

譚澐 春秋釋 佚

◎郭嵩燾《郭嵩燾日記》光緒九年十二月十三日：亦接李瀣仙、胡子威二信。瀣仙舉湘潭譚心蘭《春秋釋》、善化陳子方《水經補注》、新化歐陽硐東《易鑒》、辰州李覺化《易鑒溯源》，皆未見其書，惟寄到譚心蘭《味義根齋全書》一部。

譚之琥 春秋義解 佚

◎甘鵬雲等《湖北文徵》卷七：著有《春秋義解》《聖祀賢儒錄》《萬竹堂詩文集》。

◎譚之琥，字禮西，一字東巖。湖北京山人。雍正貢生。官廣濟教諭。著有《春秋義解》、《鈐雅》十六卷、《聖祀賢儒錄》、《萬竹堂詩文集》。

檀璣 左傳雜詠 一卷 存

1913 年鉛印本

◎檀璣（1851～1922），字汝衡，一字霍樵，號斗生，自號補園、蜷道人。安徽望江縣新壩鄉人。同治十三年（1874）進士。選庶吉士，光緒二年（1876）散館授翰林院編修，累陞侍講。光緒八年（1882）典試山東、十一年（1885）典試粵西，十五年（1889）典試隴西。十八年（1891）後歷任國史館、功臣館、會典館纂修、總纂、總校官。二十五年（1899）六月陞國子監司業，十一月陞司經局洗馬。是年會典全書告成，賞賜二品銜。二十六年（1900）義和團入京，隨駕至陝，旋簡任福建學政，二十七年（1901）革職，陞翰林院侍講學士。著有《左傳雜詠》一卷、《菉竹齋詩集》、《鄂遊草》、《擊缽吟》、《史記雜詠》諸書。

湯斌 春秋增注 八卷 存

上海、吉林社科院藏 1923 年賢良祠刻本

◎孫殿起《販書偶記》卷二：《春秋增注》八卷，睢州湯斌撰。邑後學陳繼修編。民國十二年賢良祠刊。

◎湯斌（1627～1687），字孔伯，號荊峴，晚號潛庵。河南睢州（今睢縣）人，一說睢陽（今河南商丘南）人。順治九年（1652）進士，授檢討。丁憂家居，師孫奇逢於百泉。康熙十八年（1679）舉博學鴻詞，授侍講，與修《明史》。累官禮部尚書，改工部尚書。乾隆二年賜諡文正。著有《春秋增注》八卷、《擬明史稿》二十卷、《潛庵先生疏稿》一卷、《徵君孫先生年譜》二卷、《孫夏峰先生年譜》二卷、《乾清門奏對記》一卷、《志學會約》一卷、《常語筆存》一卷、《湯文正公家書》一卷、《湯文正公遺書》、《湯子遺書》四卷首一卷（一名《湯文正公全集》）。

湯誠航 公羊箋補 四卷 未見

◎尋霖、龔篤清編《湘人著述表》：著有《十三經詳解》四十卷、《公羊箋補》四卷、《穀梁砭》四卷、《柏園集》三卷。後裔彙集遺著成《柏園遺稿》，刊於家譜中。

◎湯誠航（1844～1902），字慎樓。湖南衡陽人。貢生。主講辰沅書院。任巴陵、綏寧訓導。著有《十三經詳解》四十卷、《公羊箋補》四卷、《穀梁砭》四卷、《柏園集》三卷、《柏園遺稿》。

湯誠航　穀梁砭　四卷　未見

◎尋霖、龔篤清編《湘人著述表》：著有《十三經詳解》四十卷、《公羊箋補》四卷、《穀梁砭》四卷、《柏園集》三卷。後裔彙集遺著成《柏園遺稿》，刊於家譜中。

湯傳榘　春秋三傳大全纂旨　三十卷　存

煙臺藏康熙四十二年（1703）刻本

◎湯傳榘，字子方。長洲（今江蘇蘇州）人。康熙二十七年（1688）進士。知清流縣事，署歸化縣事。著有《春秋三傳大全纂旨》三十卷、《四書明儒大全精義》三十八卷，嘗續修康熙《歸化縣志》。

湯濩　春秋曆補　二卷　佚

◎同治《蘇州府志》卷第一百三十六《藝文》一：湯濩《讀易考略》六卷、《春秋曆補》、《說文部序》、《六書集義》、《六書譜》、《音聲定位圖》、《楚辭古韻》四卷、《測天新說》六卷、《石鼓文詮》三卷、《歷朝大節錄》二十卷、《湖上集》、《秋懷集》、《金陵名勝集》、《雁字倡和集》。

◎湯濩，字聖弘，一字昭夔。吳縣（江蘇蘇州）洞庭東山人。明諸生。入清不仕。徙隱江寧。富藏書。著有《讀易考略》六卷、《春秋曆補》二卷、《楚辭古韻》四卷、《測天新說》六卷、《石鼓文詮》三卷、《歷朝大節錄》二十卷、《說文部序》、《六書集義》、《六書譜》、《音聲定位圖》數十卷、《楚辭古韻》四卷、《測天新說》六卷、《石鼓文詮》三卷、《歷朝大節錄》二十卷、《湖上集》、《秋懷集》、《金陵名勝集》、《雁字倡和集》、《香草堂稿》。

湯啟祚　春秋不傳　十二卷　存

中科院藏乾隆三十六年（1771）刻本

北大、浙江藏嘉慶二十四年（1819）湯士瀛刻本

國圖、上海、南京、遼寧大學藏嘉慶二十四年（1819）循陔堂刻本

國圖、上海、南京、浙江、湖北藏嘉慶二十四年（1819）淮揚文奎堂刻本

北大藏清抄本

南京藏清抄本

廣陵書社 2015 年揚州文庫影印嘉慶二十四年（1819）循陔堂刻本

◎目次：卷一隱公，十有一年，己未之己巳。卷二桓公，十有八年，庚午之丁亥。卷三莊公，三十有二年，戊子之己未。卷四閔公，二年，庚申之辛酉。卷五僖公，三十有三年，壬戌之甲午。卷六文公，十有八年，乙未之壬子。卷七宣公，十有八年，癸丑之庚午。卷八成公，十有八年，辛未之戊子。卷九襄公，三十有一年。卷十昭公，三十有二年，庚申之辛卯。卷十一定公，十有五年，壬辰之丙午。卷十二哀公，十有四年，丁未之庚申。

◎序：寶應湯先生啟祚字迪宗，逾冠棄諸生業，隱居城南之槐樓村，博學通經史。康熙四十九年庚寅七月卒，年七十六。所著《春秋不傳》十二卷，同里王巖已序之矣，曾孫秋林復屬予題其後。予惟《春秋》一經，自漢以下《左邱》《公羊》《穀梁》三傳迭為盛衰，然未有廢傳而說經者也。至唐之中葉，而啖助、趙匡、陸淳始自以己意窺測聖經而置三傳於不講。雖宋子京《新唐書傳贊》深斥其非，然在昌黎韓子之贈盧仝也，亦曰：「《春秋三傳》束高閣，獨抱遺經究終始」，然則廢傳言經，固中唐人風會爾爾。蓋儒術之興廢，其乘除倚伏有如此。至宋而廢傳者愈多，盧陵歐陽子、伊川程子，其尤著也。胡安國傳最後出，而科舉格式獨遵用之，三傳幾於不行。前明三百年間場屋舉子但有《胡傳》而已矣。本朝《彙纂》始復兼取三傳，並《左氏外傳》及諸家之說。今先生之為是編也，不任傳亦不廢傳，其意蓋以經文之微言大義學者自可尋繹而得之，所患三傳之說，先入而為之主，則學者之心思為其所束縛，聖人之本旨為其所蔽錮，害莫甚焉。故藩屏撤斯堂奧覯矣，泥沙滌斯清源來矣。若三傳之美者，固未嘗不取而融浹於其中，特如蜂之釀蜜成而不見有花，故名其書為《不傳》云爾。然則自有先生此編，彼世之拘守三傳者固當一旋其面目，即師心自用妄謂得聖人心法者亦將無所藉口矣。先生此書，豈胡安國之可比哉？！遂僭附其膚言如此。乾隆辛卯六月既望，進士及第通議大夫光祿卿前史官西莊王鳴盛撰。

◎序：天之行地也，高遠不可測也；星辰之次舍有度，可以測天也。星辰何者非天？然天非星辰所能究也。河之出崑崙也，廣大不可測也，湖陂溝澮之流有自，可以測河也，湖陂溝澮何者非河？然河非湖陂溝澮所能窮也。善觀天者，蒼蒼之上一仰首而天體自如也；善察河者，至龍門積石而河勢自可睹也。

然則舍星辰而後可以知天，舍湖陂溝澮而後可以知河，而況星辰者復有時而為彗莩、湖陂溝澮者復有時而為填闕淳汙，執是以定天與河，豈不難哉！聖人之《春秋》，其高遠天也，其廣大河也，然學者終日戴天而不見天，終日臨河而不見河，非盲者何以至是？《左氏》博矣，不務求聖人之指而求詳於瑣細，繁稱雜說，豈有當乎？《公》《穀》簡直矣，不務求聖人之指而憑胸臆意見，其失也愈遠矣。其尤戾於經者，豈不亦星辰之彗莩、湖陂溝澮之填闕淳汙乎哉？善乎歐陽永叔一言斷之也曰：「經不待傳而通者十七八，因傳而惑者十五六」，以此言之，則傳為案、經為斷，雖程子之言猶有所未盡，而況其他乎？吾嘗欲取三傳之合於經者節裁為一書，而盡芟其煩雜臆見大戾於經者，惜乎有志而未之逮也。湯子迪宗著《春秋不傳》，其言曰：「使《左氏傳》不出，則《春秋》將遂不行乎哉？」何識之卓也！湯子手其書示余且問序。余讀之，不斤斤乎株守三傳而善采其長，不硜硜乎立異三傳而不襲其短，而其自得之處直欲求聖人之心於千載之下。湯子之用心於經蓋可謂勞而有功矣乎！夫魚未得而舍筌、醪未得而合糟粕，不能也。執筌求魚，而謂糟粕之即醪焉，可乎？三傳者，經之筌與糟粕也。吾見世之學者，類以筌為魚，而餔糟粕以為醪也。湯子其殆有得於魚與醪者乎？而何筌與糟粕之足恃乎哉！曰：《春秋》之作也，使子夏十四人求周史記，得百二十國寶書。而既作，即口授子夏。子夏傳之公羊高、穀梁赤者也。則皆有得於傳聞矣。三傳而自信，豈遂有當乎？余曰：三子者固非親承指授者也：左氏之非邱明，昔人言之矣，其言語浮誇，近於邱明所恥之巧言；而公、穀未嘗見聖。夫游於聖門者尚不盡識《春秋》也，經書不告朔猶朝於廟，而子貢欲去告朔之羊；經書納衛世子蒯瞶於戚，而子路以正名為迂臣輒而死之，況傳聞者乎？吾與湯子亦相與仰觀於天俯察於河而已矣。康熙丁未律中黃鐘之月陽生日，白田布衣王巖撰。

◎春秋不傳序：丙午夏，湯子迪宗持所著《春秋不傳》命余為之序。先是一歲，余讀其書，深歎其用意之精，欲以直洽乎宣尼之志而無所附麗也。既歸之矣，湯子復有請，亦可以知其積慮之虛與世之挾所學以為矜凌、必將贅疣皇甫者，何啻千里也。夫傳必無乎？經存而傳亦存，經未嘗不以傳為羽翼，何可置也。傳必有乎？則是傳亡而經亦亡，傳且將以經為影響也，殊不爾矣。聖經譬若日月，日月行乎十二舍，不聞日月必假十二舍而後明。經之於傳，亦猶是。且孔子之作《春秋》，不能逆揣其書之成必有繼其後以立之傳者，故留此闕略晦昧之文以待之。則先斷後案，亦後人成事之詞，聖人不若是拙，亦不若是巧

也。漢世以來，箋疏雜出，往往有所依傍而浸失作者之意。學《春秋》者因《左氏》繁多之文使述傳者勝於述經，事實增而義類減，豈所謂脫略傳註獨抱遺經者哉！今讀湯子之書，不假《左傳》一詞，而經之或抑或縱、或予或奪、或進或退，瞭然若指諸掌。其文則夭矯出沒，峭削刻露，採諸子之長而融其迹。天高地下，穆然太虛，萬物返真，白賁無色，謂之直洽乎宣尼之志，余無佞焉。雖然，必有其學而後可以無傳，必有其學而後可以存傳，即謂湯子並為左氏功臣，亦可也。湯子其首肯余言乎！康熙丙午夏五月，拙存張璣書于疏豁堂。

◎跋：余垂髫時，秉訓于雲樵伯父，嘗慨然示士瀛曰：「先王父滋人公著有《春秋不傳》十二卷、《杜詩箋》十二卷、刪剩詩文賦稿並詩文續若干卷，惟《春秋不傳》已由江蘇巡撫採進，載入《四庫全書》，其稿本藏於劉君所好軒。汝成立後，當索而寶之，所以重先人手澤也。」不幸所好軒火，遺書竟付餘燼，為悵然者久之。茲敬齋姪出其家藏《不傳》一書，雒誦之餘，如獲異寶。夫失之於珍藏，得之於創見，豈書之興廢亦有數存於其間與？爰悉心讎校，勉力付梓，以為誦清芬之助云爾。嘉慶己卯年仲春之月，四世孫士瀛謹跋。

◎卷一首云：《春秋》之翼以《左氏傳》而行，舊矣。雖伊川子亦曰「傳為案經為斷」，然愚心竊疑之。疑俾《左氏傳》不出，則《春秋》將遂不行乎哉？！陽明子曰：「傳為案經為斷，恐伊川亦屬相沿世儒之言」，然則《春秋》殆不翼《左氏傳》而行者也，述《春秋不傳》（啟祚自識）。

◎提要：其書自稱「不傳」者，謂於四傳無所專從也。今觀所說特不從《左傳》耳，於《公羊》、《穀梁》、《胡氏》皆掇其餘論，而日月之例信《公》、《穀》尤篤。蓋三家之傳皆以譏貶為主而亦各有所平反。啟祚乃專取三家嚴刻鍛煉之說合為一書，如其所論，是聖人之立法更酷於商鞅、韓非也。

◎嘉慶《重修揚州府志》卷五十一《人物》六：所著有《春秋不傳》十二卷、《杜詩箋》十二卷、《刪剩文稿》二十卷、《刪剩詩稿》二十四卷、《保閒堂賦稿》八卷、《刪剩詩文續稿》十六卷（《家傳》）。

◎嘉慶《重修揚州府志》卷六十二《藝文志》一：《春秋不傳》十二卷（國朝湯啟祚撰）。

◎湯啟祚（1635～1710），字迪宗，號滋人。江蘇寶應人。縣諸生。著有《春秋不傳》十二卷、《杜詩箋》十二卷、《刪剩文稿》二十卷、《刪剩詩稿》二十四卷、《刪剩詩文續稿》十六卷、《保閒堂賦稿》八卷。

湯洽名 穀梁春秋例 一卷 佚

◎王其淦、吳康壽光緒《武進陽湖縣志》卷二十八《藝文》：湯洽名《穀梁春秋例》一卷（存）。

◎湯洽名，字誼卿。武進（今江蘇常州）人。嘉慶時入貲為州同知。就學於編修張惠言。以能文名，兼通曆算。著有《穀梁春秋例》一卷、《勾股算指》一卷、《太初術長編》二卷。

湯士俊 補左始末 八十卷 佚

◎光緒九年（1883）博潤《松江府續志》卷三十七《藝文志・經部補遺》：《補左始末》八十卷（國朝湯士俊著）。

◎光緒《青浦縣志》卷二十七《藝文》上《書目・經部》：《補左始末》八十卷（湯士俊著）。

◎湯士俊，松江府青浦縣（今屬上海）人。著有《補左始末》八十卷、《藝苑擷英》〔註1〕三十卷。

湯秀琦 春秋志 十五卷 佚

◎提要：是書為表者八：曰《春秋事蹟年表》、曰《春秋大綱年表》、曰《天王年表》、曰《十二伯主年表》、曰《魯十二公年表》、曰《列國年表》、曰《經傳小國年表》、曰《列國卿大夫世表》。為書法者四：曰《書法精義》、曰《書法條例》、曰《書法比事》、曰《書法遺旨》，表以考事，書法以考義也。考《南史》稱司馬遷作表，旁行斜上，體仿周譜。蓋以端緒參差，恐其眢亂，故或國經而年緯或國緯而年經，使一縱一橫絲牽繩貫，雖篇章隔越而脈絡可尋。秀琦所作八表惟《列國年表》不失古法，其餘年表但以字之多少，每半頁分為數格，橫讀之成文，縱讀之即不相貫，半頁以外則格數寬狹多寡互異，並橫讀亦不可通。其《經傳小國年表》、《列國卿大夫世表》，或半頁之中一行之內參差界畫各自為文，更縱讀橫讀皆不相屬，烏在其為年表也？《書法精義》皆依違胡安國之文，《書法條例》亦剽竊崔子方之式。惟《書法比事》謂有順文上下為比者，有分別事類以為比者。如方有天王之事，而遽會蟲牢，著其無王。楚滅江而晉伐秦，譏其不救。既伐邾而公如齊，則侵小附強可知。介再朝而後侵蕭，則求援舉兵可知。如斯之類皆順文上下以見褒貶。其說為沈棐諸家所未及，又

〔註1〕或題《類苑擷英》。

《書法遺旨》自抒己論，雖不免間有騎牆，而駁正處時有特見，其長亦不可沒耳。蓋秀琦之說本可分繫經文之下共為一書。而必欲變例見奇多分門目，轉致重複糾結治絲而棼，亦可謂不善用長矣。

　　◎《皇朝文獻通考》卷二百十五《經籍考》五：《春秋志》十五卷，湯秀琦撰。秀琦見易類。宋犖序曰：臨川湯子弓菴作《春秋志》，分事與理為二體。事則統以年表，而為表者八；理則統以書法，而為法者四。八表各主一事為綱，二百四十二年之首尾，數簡足以瞭之；其書法四種以精義為經、比事為緯，而條例遺旨且足為交糸考互之資。其為道也備矣！以此陳事，寧復亂而無緒乎？以此制理，寧復參而不一乎？

　　◎湯秀琦（1625～1699），字小岑，又字弓庵，號碧潤。江西臨川溫泉榆坊人。幼而穎異，喜讀經史，不事章句。崇禎十三年（1643）副貢。順治三年（1646）遷汝西莊避亂。康熙五年（1666）壯遊江淮吳越，諸時賢爭與其交，名已滿天下。康熙十三年（1674）遠遷至東陽村，著書立說。康熙十七年（1678）舉歲貢，與湯斌往交甚密。為鄱陽教諭，諸校煥然一新。建玉茗書院。臨終遺詩云：「七十四載浪殷勤，專研五經要留真。詩意刻就餘麟壁，留作來生未了因。」著有《讀易近解》四卷、《春秋志》十五卷、《讀詩略例》、《尚書便蒙》、《論孟聚辨》、《歷代綱要學矩》、《碧潤草》、《庚辛紀遊》、《問海》、《叶音》、《經餘吟種松》、《賢卮言時藝》、《柯竹亭》。

湯豫誠　春秋訂誤　十五卷　卷首二卷　存

河南藏稿本

　　◎湯豫誠（1673～1747），字素一，號川南。河南儀封（今蘭考）人。湯斌族孫。康熙四十八年（1709）進士。五十九年（1720）授海豐知縣，三年報最，陞東昌府知府，又擢山東督糧道，因中傷改任戶部員外郎。宣統元年（1909）特旨入祀鄉賢祠。著有《周易象說》四卷、《四書困學編》、《詩經說略》、《春秋訂誤》十五卷卷首二卷、《清泉堂政略》等。

唐才常　春秋三傳宗派異同考　未見

　　◎唐才常《覺顛冥齋內言》卷四《春秋三傳宗派異同考敘例》：三傳異同，自漢許君《五經異義》、唐陸氏《春秋啖趙集解纂例》、《春秋微旨辨疑》及近人顧棟高《春秋大事異同表》，多匯通三傳而證說之，鑽研聖制，綿延二千餘

年。廢疾之起、膏肓之針，或庶幾焉。然率溝猶霪儒，斷根取節，支窒錯迕之談，水晶靈種於斯，蓋絕其中。惟許君頗明今古學之界，一一衡之，禮制、師法致為詳密。惜其書散佚不傳，承學之士僅從諸義疏中粗窺大略。而許君又浸淫於古學，而多祖古之言。嗚呼，素王之微言大義不絕如線，悲哉悕矣。若自啖、趙以來，或左《公》《穀》而右《左氏》，或右《公》《穀》而左《左氏》。互相掊擊，斷以私意，要皆一丘之貉、一管之天，無有於今古二派啟其局鑰、定其指歸者。遂令新王聖法雨蝕煙霾，同歸浩劫，使人有不如無書之歎。閔予小子，運丁陽九，奚能為役？然竊思仲尼學術始終異趣，始冀周道可行，事事以從周為志；終乃受命改制，斟酌三代之宜，托之空言，以詔萬世，故當定為古今二派。古學者已故已枯之論，無可采擇者也，今學者曰新盛業，大地教宗之所匯也，何也？《左氏》重事，僅沿襲衰周苟且之制敷衍成帙，而又多劉歆之偽，故可斷為古學派。《公》《穀》重義，承孔子晚年論定之緒，參用四代，斟酌損益，以治無盡世無盡時之人世界（《論語》子張問十世可知、顏淵問為邦章，俱是晚年論定之事。又禮大小戴說王制《千乘》等篇皆今學所匯），其心愈苦，其義愈新，故可斷為今學派。故三傳所述互有同異，實為今古二派之祖。西漢學者甚嚴此界，其師說絕不相淆。至鄭君欲集大成，注經多紊今古，而西漢之業衰矣。《漢志・儒林傳》曰《公羊》齊學、《穀梁》魯學，蓋魯學純今文家言，齊學猶今多於古，左氏則純乎古學淆以鷹鼎，非孔子損益三代之制。《六藝論》云《左氏》善於禮、《公羊》善於讖、《穀梁》善於經，其論誠韙。余謂不然，《公》《穀》於禮彬彬雍雍，端門所受，揭日月而行，《左氏》則何禮之有？不揣媰陋，欲於禮制判今古之界，即於今古抉異同之由，而謹發其凡於此。如《公羊》說妾子立為君，母得稱夫人，乃進賤為良之意。《穀梁》說以妾為妻非禮也。鄭駁《異義》云喪服父為長子三年，以將傳重故也。眾子則為之期，明無二適也。女君卒，貴妾繼室攝其事耳，不得復立為夫人（喪服緦麻，庶子為後，為其母，自天子至庶人同，不得三年，此妾不為妻明證），蓋一夫多妻是土司世界之陋俗，故《穀梁》正以小康之義，而妾母得為夫人乃良賤平等故。《公羊》首發大同之旨，若文公五年，葬我小君成風，王使召伯來會葬。《左氏傳》曰：禮也。此不過緣事而曲附之，而非所語於良賤平等之微言也。又《公羊》說立適以長不以賢，《穀梁》亦云諸侯與正而不與賢，義本相通。但《公羊》若無適子，則庶子分貴賤（如隱、桓是），《穀梁》則庶子不分貴賤，崇守禮無二適之文，其義較嚴。然二傳俱恐後世之啟爭端，而立一一定之法以閑之，皆為治

據亂之天下。而設若果世進升平則可不必矣。又隱公讓國,《公羊》賢之,《穀梁》非之,而《左氏》懵於其義焉。蓋讓國是大同之義,故曰大一統也。不貴讓國,是小康之義,故曰大居正也。《公羊》多大同,《穀梁》多小康,大率類此。《公羊》於宋宣公又不然之者,蓋亦以小康之義治之,以見《春秋》之於讓國有二義耳。隱二年《公羊》譏始不親迎;《穀梁》亦曰逆親者也,使大夫非正也;《左氏》無譏文異義,引禮戴說、《春秋公羊》說,自天子至庶人皆親迎。《左氏》說天子至尊無敵,無親迎之理。諸侯有故,若疾病,則使上大夫迎,以上卿臨之。案,戴說天子親迎,是今學家言,為孔子所改之制,異義必有所徵。左氏說天子不親迎,於禮無出。且戴記明云冕而親迎,繼先聖之後,以為宗廟社稷,主非天子而何?是今學有天子親迎禮也。夫禮以親為男下女,則是男女平等之徵言矣。《公羊》於尹氏譏世卿,崔氏亦然。《穀梁》注疑其譏世,師說當與《公羊》同。《左氏》絕無譏世卿意,而妄改其文,曰君氏尤為紕繆。惟王制疏引《異義》,《左氏》說卿大夫得世祿不得世位,父為大夫死,子得食其故采。而有賢才則復升故位。案,《世本》三代舊制,子無賢不賢,悉得襲父位,最為敝政,故孔子惡之,而為天下萬世立選舉之法(王制為今學派,但縷言選舉、制度,無一語及世卿者,惟云內諸侯祿也,外諸侯嗣也。彼是封建之制,不得不爾。且內諸侯即是世祿不世位之意,若選用卿大大士,則有司徒、司馬、大司樂正之法存),《左氏》說佾數天子八、諸侯六、大夫四、士二,《公》《穀》天子八、諸公六、諸侯四。案《白虎通》數同《公》《穀》,《詩傳》亦云,然且明大夫士惟琴瑟禦,《獨斷》兼釋八、六、四之義(八者象八風,六者象六律,四者象四時),皆今學家言。惟馬融《論語注》、蔡《月令章句》與《左氏》同,則皆古學家言。此尤今古二派異同之塙據。又案周制公、侯,伯、子、男分五等。殷制公一等、侯一等、伯子男一等(《公羊》說伯子男一也,辭無所貶)。今公六侯四,則伯子男殆二貶(三等《公羊》禮,《穀梁》卻無此說,然以此佾數證之,則亦分三等矣。此可悟《公》《穀》多從殷制),若今禮王制說亦五等。然彼是孔子兼采周制,其下云卿受地視侯、大夫視伯、元士視子男,注明引殷制三等證之。故當定《春秋》《王制》並為今學派。《公羊》說諸侯皆有湯沐之邑於泰山之下;《穀梁》注諸侯有大功盛德於王室者,京師有朝宿之邑、泰山有湯沐之邑,《異義》引《左氏》說與《穀梁》同。《王制》云,方伯為朝天子皆有湯沐於天子之縣內。夫方伯知連帥以下不得有矣。鄭於王制為連帥,或以武公有功賜之,此今古學異,而今學中又稍有差別,乃師說然也。孔子曰:「吾欲托

之空言，不如行事之博深切明。」是其偶同古學者，乃曲存時事之苦心耳，不得以是而謂古學可信也。《穀梁》說盟詛不及三王（荀子亦有此語。荀子傳小康之學者，今學派），《公羊》說古者不盟，結言而退。而《周官》有司盟職，《左氏》多從周禮，故有十二年一盟之說。明云再會而盟，以顯昭明，而忘盟之非古。故竊疑《左氏》《周官》出於一人之篡亂，或曰周公立司盟法在文武後，於文武無涉也。意者，人心之變，周盛時已露其端乎？然盟詛墳是衰周之事，而《穀梁》特托古以正之，亦其改衰制之一端（《淮南・氾論訓》：殷人誓，周人盟。《禮》戴說：周人作會，而民始疑。注：會猶盟也。至《水經》阿水注云：周武王與八百諸侯咸同此盟。此因盟津而附會之）。《穀梁》又云：「交質子不及二伯」，而《左氏》周鄭交質已在二伯之前（王制分天下以為左右曰二伯，二伯非文、桓），是《左氏》多沿周制而忘其本，其無當聖人改制之義明矣。《公羊》說諸侯比年一小聘，三年一大聘，五年一朝天子。王制說同。《左氏》說十二年之間八聘四朝，再會一盟，乃故嚴其禮數，多其儀文，以尊君權。許君謹按：《公羊》說虞夏制、《左氏》說周禮，三代不同物，明古今異說（此尤古今二派之墻證。鄭君雖駁云：「三年聘、五年朝，文、襄之制。」安知文、襄非援虞夏以立法乎？至於歲聘問朝之說，乃是衰周之制，故與大行人所說又不同，不得盡云周禮）。若《穀梁》說「天子無事，諸侯相朝，正也」，《左傳》亦云「世之治也。諸侯閒於天子之事則相朝也」，意適相符。然此語皆非孔子改定之制。惟王制言天子無事與諸侯相見曰朝，是天子諸侯有互相為朝之義，而君臣平等之微言以明。故知《左氏》周禮為古學派，而比年、三年、五年及相見之制則孔子改定以垂後世者。又《穀梁》說「聘諸侯非正也」，注引《周禮》「天子時聘以結諸侯之好」，糾之而《異義・公羊》說亦云「天子無下聘義」，則恐許君專守古學尊君之私意，而特為是語以誣《公羊》。然即《公羊》有是說，亦不過為治據亂世而設，而君臣平等初無所謂不可下聘之律也。《穀梁》說春曰田、夏曰苗、秋曰蒐、冬曰狩，《公羊》無夏田，王制天子、諸侯無事則歲三田，周禮春曰搜夏曰苗秋曰獮冬曰狩，《左氏》隱公五年傳同。何氏《穀梁廢疾》云：「《運斗樞》曰夏不田。」《穀梁》有夏田，於義為短。鄭君釋之曰：「四時皆田，夏殷之禮。」（當作殷周之禮）。案《公羊》《王制》言三田是孔子改定時王之田制。蓋唐虞之世，草木暢茂，禽獸繁殖，其去大草、大木、大鳥、大獸之世界不遠。故古人必勤于田獵，以與鳥獸草木爭此洪荒之世界。若夏殷以來，人世界漸能擴充，則田獵之制亦可漸損。故孔子立三田之制以易之。《公》《穀》說穀伯綏、鄧侯

吾離，皆以失地名，左氏獨以賤名。案今禮戴說失地名，知國君棄其國即是不君，而為劃清君國之今學一派。然則國君死社稷之義是孔子創立，而大夫死眾乃不專為一夫死也。《公》《穀》說王使榮叔錫桓公命，追錫死者，非禮也。《左氏》但譏其錫篡殺之君，無譏錫死者文。案《白虎通》《春秋緐露》言不追錫，並同《公》《穀》義，則《白虎通》《春秋緐露》皆知為今學家言（杜注引昭七年王追命衛襄為比，孔廣森亦謂在古則有高圉亞圉，然二圉錫命雖見《竹書紀年》，亦無以決其為生前為死後）。《左氏》說單伯為周卿，《公》《穀》並為命大夫，匯篡以為互異，即今戴說天子使其大夫監於方伯者也。如此則合三傳言之，其義乃足（魯有三卿，單伯似不在列，非所謂二卿命于天子者。惟天子使其大大監，魯非卿位有卿權，故亦可曰命大夫）。然則周單子、魯單伯、周祭公、鄭祭仲，由其以邑氏推之，而監義明矣。故《公羊》許祭仲行權，然周衰或未必能遣人監於列國。則單伯、祭仲者，或原為始監之子孫，而孔子因托古制以明其義焉。《公羊》說文公納幣為喪取，《穀梁》亦云非禮，獨《左氏》許之。是衰周苟且之制，左氏習焉弗察，急宜以《公》《穀》正之。《左氏》說用致夫人為哀姜，《公羊》謂脅於齊之媵女，《穀梁》說夫人成風。劉向說案《春秋》他妾母尚易王，惟倍公之賢，人弗欲妾其母而夫人之。《穀梁》之所必正也，成風正，則他無弗正矣。此亦《穀梁》小康之義也。《穀梁》廟制與王制祭法同（天子七、諸侯五、大夫三、士二），皆周制（夏五廟，殷六廟）。《左氏》本周制不待言，惟《公羊》無文以言，然《王制》既為孔子改定而曲從時制，則《春秋》之制亦不殊之。蓋廟制今古學同，惟禘祫異耳（《公》《穀》有祫，《左氏》無祫）。《左氏》說卒哭而祔，祔而作主；《公羊》說虞主用桑，練主用栗；《穀梁》說喪主於虞，吉主於練。案《左氏》同《儀禮》，卒哭以其班祔之說（周制）。《公》《穀》同《檀弓》殷練而附之說。一古學，一今學也（戴說，周卒哭而祔、殷練而祔，孔子善殷，故《公》《穀》飫聞孔子之善而定為今學派）。《左氏》說雨不克，禮也；《公羊》說雨不克葬，謂天子、諸侯也；《穀梁》說葬既有日，不為雨止。案《王制》庶人縣封，作不為雨止，專指庶人言。是《公》《穀》皆據孔子已定之制言，非若《左氏》僅以雨不克葬，含混說也。然喪事有進無退，惟日食止柩就道右（《曾子問》說）。又士喪禮有輇車載蓑笠，則人君之張設固已兼備矣（《穀梁注》）。則雖雨猶終事，不敢停柩久次，明是當時之制。而孔子特立天子諸侯得為雨止之制，以別於庶人，亦其改制之一端也（又《穀梁》喪不貳事及臧孫辰請糴，傳皆《王制》語，是知《穀梁》亦墻為今學派）。《公羊》於邾婁通濫為

國，《穀梁》謂別乎邾也，其不言濫，子何也？非天子所封也。《左氏》則只以地論，或疑邾婁小國不應復為濫（邾婁分為五，《公羊》說），不知《春秋》附庸例：字者方三十里、名者方二十里、人氏者方五十里。此在名例，故稱濫。《公羊》說，氏不若人，人不若名，名不若字。《穀梁》亦云，州不如國，國不如名，名不如字，此皆孔子改定附庸之制之明證。然此特摘其顯關禮制者言之，以判古今之界，以抉異同之由而已。而其微言大義，如以元統天、以天統君、重民惡戰、平等平權。與分《春秋》為據亂、升平、太平之三世，非悉數之不能終其詞也。至此外尚顯有三傳互異者，如夫人子氏之類（《公羊》謂隱母，《左氏》謂桓母，《穀梁》謂隱妻，均無文以定之）；三傳並同者，如未及期曰遇（今禮戴說不用《周官》冬遇之文，此今古學同）、胥命不盟、稅畝均言藉之類。《公》《穀》同而《左氏》異者，如鄭伯克段、甲戌己丑之類（《公》《穀》並為今學，大概相同，指不勝僂）。《左》《穀》同而《公羊》異者，如甲午祠兵，齊襄復九世仇、宋襄為文王之戰之類（此為《公羊》孤誼）。《公》《左》同《穀梁》異者，如諸侯一軍、莒人滅鄫之類（此為《穀梁》孤誼）。《公》《左》同而《穀梁》無徵者，如《公羊》君會葬，《左氏》大夫會葬；《公羊》譏二名為二字作名，《左氏》說二名如楚棄疾改名熊居；《公羊》說聖人感天而生，《左氏》說聖人皆有父；《公羊》說祭天無尸，《左氏》說晉祀夏郊，董伯為尸之類。《公》《穀》互異同而《左氏》無者，如小國無大夫（《公》《穀》均於莒慶見例）、時日月為褒貶（《公》《穀》各有義例，《左氏》為公子益師卒一見，其餘無徵）之類，義例紛如，異同錯出，惟當擇其關今古學派而犖犖大者為論列焉。其餘或一字一義之殊、變例正例之瑣，國名人名地名之別，則有近人《春秋異文箋》、《春秋例表》等書在，且於聖師救世垂制之心毫無窺見，故從慗置。總之，《春秋》為撥亂反正之書，《公羊》所述全是孔子改定之口說，故其誼例獨詳。《穀梁》亦多三代損益之禮，於聖制略有所聞，亦為魯學正宗。《左氏》則只臚陳衰制，未及聖人受命改制之意。雖偶有同於《公羊》者，不過據亂世之一二條耳，故事詳而義略。《春秋》貴義不貴事，只以《左氏》作古史觀可也。是以今之學者，必析三傳為今古學派，始無治絲而棼之慮（《詩》之四家、《禮》之《周官》、士禮大小、戴書之今古文，皆以此例求之，自不至棼窒）。又必廣證以禮制及《白虎通》、《春秋緐露》諸說。定其宗派，抉其微言，乃庶幾孔子改制之精心，如化日光天，一物之微、一塵之眇，無所遁飾哉。茲事體大，鑽仰未能，研精單思，粗有撰述，條列於後。日月云邁，於茲五年。千喙同訕，知所不免。然自謂章鑣

之啟，性道粗聞，其視規《規》盲《左》，趨鄭眾、賈逵之後塵，而曲學阿世者，自謂不爾矣。光緒紀元之二十年二月，唐才常自敘。

◎唐才常（1867～1900），字伯平，又字黻丞，號佛塵。湖南瀏陽人。貢生。光緒二十二年（1896）肄業於武昌兩湖書院，倡設算學社。光緒二十三年（1897）任《湘學新報》《湘報》總撰述。光緒二十四年（1898）任時務學堂中文分教習，與皮錫瑞、譚嗣同創南學會。光緒二十五年（1899）創「自立會」，旋於漢口謀起義，事泄被捕就義。著有《春秋三傳宗派異同考》、《覺顛冥齋內言》四卷、《瀏陽二傑遺文》，中華書局、嶽麓書社《湖湘文庫》均出版有《唐才常集》，文操撰有《唐才常遺著目錄草編》。

唐琯輯　公羊穀梁　不分卷　存

國圖藏雍正朱筆批校抄本

◎唐琯，字采虞。松江府青浦縣（今屬上海）人。雍正元年（1723）舉人。官青浦教授。著有《韓子墌雋》、《冬榮居詩稿》十卷。輯有《公羊穀梁》不分卷、《左傳》不分卷、《老子注》二卷。

唐琯輯　左傳　不分卷　存

國圖藏清抄本

唐光都　春秋傳說約編　六卷　佚

◎光緒《湖南通志》卷二百四十六《藝文志》二：《春秋傳說約編》六卷，興寧唐光都撰（《縣志》）。

◎唐光都，湖南興寧（今資興）人。歲貢。乾隆二十四年（1759）任沅江訓導。著有《尚書摘說》四卷、《尚書衍說》四卷、《春秋傳說約編》六卷、《四書摘說》十二卷、《四書衍義》十二卷、《八股字辨》、《時語尋源》、《草庭雜訓》。

唐日馭　春秋鏡　佚

◎乾隆《南匯縣新志》卷之十一《藝文志》：春秋鏡（唐日馭著）。

◎光緒《南匯縣新志稿・藝文志・經部》：春秋鏡（唐日馭著）。

◎光緒五年（1879）金福曾光緒《南匯縣志》卷十二《藝文志》：《春秋鏡》（唐日馭著。胡《志》）。

◎光緒九年（1883）博潤《松江府續志》卷三十七《藝文志・經部補遺》：《春秋鏡》（國朝唐日馭著）。

◎唐日馭，字義伯。南匯（今上海浦東新區）人。唐班子。縣增廩生。著有《春秋鏡》。

唐世大 春秋摘字 佚

◎光緒《益都縣圖志》志二十一《益都縣藝文志》：國朝唐世大（有傳）《五經便覽》、《四書領韻》（俱無卷數。二書皆刊行本。《五經便覽》者，《周易叶韻》《毛詩叶韻》《書／禮集言》《春秋摘字》也。《四書領韻》者，因反切非幼學所知，用漢儒讀若之例，意在正讀，旁及點畫，誠課幼之善本、小學之指南也）、《四書字彙》（無卷數）、《講約》一本（凡二十條）。

◎唐世大，字于京。山東益都南仇人。雍正初舉於鄉，官東阿教諭。生平著述甚富，著有《易詩叶韻》二卷、《四書領韻》無卷數、《四書字彙》無卷數、《五經便覽》無卷數、《講約》，稿多不存。

唐世典 春秋講意 二卷 佚

◎道光《徽州府志》卷十五《藝文志》：唐世典《春秋講意》二卷。

◎唐世典，安徽歙縣人。嘉靖三十七年（1558）歲貢。著有《春秋講意》二卷。

唐順之 春秋論 一卷 佚

◎羅振玉《經義考目錄》卷六《春秋》三十五：唐氏（順之）《春秋論》一卷（存）、《左氏始末》十二卷（存）。

◎王其淦、吳康壽光緒《武進陽湖縣志》卷二十八《藝文》：唐順之《春秋論》一卷、《獲麟考》（並佚）。

◎《明史》卷九十六《志》第七十二《藝文》一《春秋》：唐順之《春秋論》一卷、《左氏始末》十二卷。

◎唐順之（1507～1560），字應德，一字義修，號荊川。武進（今江蘇常州）人。嘉靖八年（1529）會試第一，入翰林。以抗倭功累升右僉御史、代鳳陽巡撫。精古文。著有《春秋論》一卷、《獲麟考》、《左氏始末》、《荊川集》、《類編草堂詩詩餘》、《勾股弧矢論略》《勾股六論》等。

唐順之 獲麟考 佚

◎王其淦、吳康壽光緒《武進陽湖縣志》卷二十八《藝文》：唐順之《春秋論》一卷、《獲麟考》（並佚）。

唐順之 左氏始末 十二卷 存

上海師範大學藏嘉靖四十一年（1562）唐氏家塾刻本

◎一名《唐荊川先生編纂左氏始末》。

◎《浙江採集遺書總錄・乙集・經部・春秋類》：《左氏始末》十二卷（刊本），右明僉都御史武進唐順之撰。以《內傳》為主，而錯出於《外傳》《史記》者亦連屬而比合之。曰后，曰宗，曰官，曰倖，曰奸，曰殺，曰逐，曰亂，曰盜，曰鎮，曰戰，曰名臣，曰禮樂，曰方技，凡十有四目。事歸其類，人繫其事，皆以己筆融貫成文者。

◎阮元《文選樓藏書記》卷五：《左氏始末》十二卷（明僉都御史唐順之著。武進人。刊本。是書以《左氏內傳》為主，其《外傳》、《史記》亦皆附入）。

◎徐𤏻《徐氏紅雨樓書目》卷一《經部・春秋類》：《左氏始末》（唐荊川）。

◎羅振玉《經義考目錄》卷六《春秋》三十五：唐氏（順之）《春秋論》一卷（存）、《左氏始末》十二卷（存）。

◎《明史》卷九十六《志》第七十二《藝文》一《春秋》：唐順之《春秋論》一卷、《左氏始末》十二卷。

唐廷熊 左傳解 佚

◎道光《桐城續修縣志》卷十六《人物志・文苑》：著有《四書講義》《左傳解》《南華／西銘詳釋》《等韻譜》《兼善書畫》行世。

◎唐廷熊，字豸一，號漱厓。安徽桐城人。康熙六十一年（1722）貢生。雍正十二年（1734）起任霍山縣儒學訓導十一年。著有《左傳解》《四書講義》《南華詳釋》《西銘詳釋》《等韻譜》《兼善書畫》。

唐文 春秋解 佚

◎道光《續修桐城縣志》卷之十六《人物志・文苑》：所著有《易／詩／書／春秋解》。

◎道光《續修桐城縣志》卷二十一《藝文志》：《易解》《詩解》《書解》《春秋解》（唐文撰）。

◎唐文，字觀朝，號夢元。安徽桐城人。縣學生。博學好古，教授於鄉，因材誘掖，後學多所成就。生平言行不苟，尤篤於宗族。著有《易解》《詩解》《書解》《春秋解》。

唐文靖 訂春秋分國記事註 佚

◎光緒《續修廬州府志》卷四十五《文苑傳》：平生著作經兵燹散軼，今存者惟《訂春秋分國記事註》《讀史論略》《作聰聽篇選文集》，皆未梓，稿藏於家（《采訪冊》）。

◎唐文靖，安徽合肥人。嘉慶二十一年（1816）舉人，大挑二等署和州學官，後任建德。淹通經史，砥礪廉隅。著有《訂春秋分國記事註》《讀史論略》《作聰聽篇選文集》。

唐文治 春秋左傳讀本 三十卷 存

吳江施肇曾醒園 1924 年刻十三經讀本本

◎凡例：

一、《春秋》經旨閎深，《左氏傳》原始要終，使讀者自得其意也。昭二年傳云：「韓起見《魯春秋》，曰：吾乃今知周公之德。」是魯《春秋》本周之舊典，著于策書。孔子承述之傳，惟疏證其事，聖人微旨具在其中。哀十四年句繹以下，賈達云：「此下弟子所記」，明弟子未得策書，《左傳》亦不為續經解說。今正經以《左氏》為傳，故不復為經作注，惟解釋傳義以為讀本。

一、古人經傳各自為書，惟《左氏春秋》經傳自古相附。十八卷襄公二十六年經前之傳，杜預注云：「當繼前年之末，而特跳此者，傳寫失之」，是杜預以前之本襄公二十六年別為卷首，又傳在經前也。其序言分經傳相附，隨而解之。蓋自以注附之，其分經傳正文相附，必不始于預也。據襄二十六年所注，知卷目已古今依用之，為讀本三十卷。

一、經文《公羊》《穀梁》二本異者多屬方言，《左氏》則策書正文，故不旁引。至杜預以傳推得經中闕文，則為采取附入傳注中，以備經義。

一、傳文轉寫增損改易者，僖十五年傳自「曰上天」至「裁之」四十二字，唐定本無之，而唐俗本沿而不革。今岳本亦有之，非也。襄二十七年傳「與宋致死」四字，注疏本有而岳本無之，岳本是也，今用岳本為之旁引入音釋中。此皆是非易明，故不為繁論，但存異文。俾小學知古文有異同，當致慎。且以知古來學術盛衰即文字多少之數，可以見其時儒風所嚮。襄二十八年岳本「有

亂十人」、昭二十四年「十人」上乃增「臣」字，則是岳本慎于前而疏于後也。宣十二年傳「楚人甚之」，《說文》引黃顥本正作「畀之」，成十八年傳「正月辛巳」服虔本作辛末，此則晉本已誤，亦引入音釋中，庶為愛素好古者導夫先路焉。

一、史書干支文易錯誤，杜預推二百四十餘年朔望閏月用意最密，經傳誤字均可指正。後人譏杜氏改經就傳，不得為左氏功臣，其言非也。凡杜氏所推誤字有關事迹者，均為錄出。襄九年傳閏月戊寅，定以閏月為門五，日屬上句；戊寅為濟師，日屬下句。詳音釋中。古人均以實事求是，非改經傳也。

一、字音今古不同，自有四聲後而音讀紛然矣。此本音讀皆以《經典釋文》為本，間有反切不合今讀者，則以《音韻闡微》正之。

一、《左傳》之說，以劉歆、賈逵、許慎為古。漢時鄭眾／許淑／服虔／董遇／穎容、晉時杜預皆能名家。自杜注單行，舊說猶可搜輯，《國語》《史記》異同亦足以引證。杜說獨精者則標預名；顥與儒先異同，或從或否，亦標其名。其尋常解詁則平敘之，芟其繁說，增附舊聞。傳引《易》《書》《詩》《禮》，自是周人師說，與漢以後傳義不能強合。今惟就其文申引之，大歸平易近人為宗。不敢迂苛，亦不詭隨俗議。要于經傳可通，人事有益。注解異于經論，故不辨《公》《穀》異義。其何休《膏肓》則指攻《左傳》，今用鄭氏箴義通于注中，不盡標何、鄭名目，以弭爭訟。《史通》亦《膏肓》之流，今傳文既通，則不必更為旁辨。王肅有心立異，不復廣加采錄。劉炫、孔穎達、陸德明則錄其所長。至于趙匡、啖助，勃豀纖佻，多不足辨。其後帖括經義，比次成書，均不復引駁，以省簡牘。

一、史學以地里為重，可以見賢愚成敗得失之迹。杜預初據晉泰始官司空圖，及江表平荊揚徐三州，改用新貢圖籍，以求審也。其一地二名、二地一名辨之最詳。近人高士奇、顧棟高、江永各有成書。而越國鄙遠之說見于《左傳》正文，後儒多忽之。魯地在今許州，鄭地在今泰安，晉地在今范縣，皆鄙遠之證。惟晉大國，秦不能越之，故鄭以為難明，他國則不然也。凡此之類，皆實以今地隨條疏之。其有古今異名，若豫章則《左傳》《漢書》南北各別，此亦杜說精審，非後人所及，特發例于此，以杜羣惑。至于師行曲折，容有別道出奇，而傳記大略，其軌躅所循，難以尺寸指實。昭五年楚伐吳之役，羅汭萊山東西迂折，則地志之說難以取證。杜預不言所在，蓋大略可知，不宜隨取一地實之，反致窒塞也。

一、天文五行，占家不同，而《左氏》自有占法。今就其義敷暢之，不復更引他家。至日食可以檢朔，其說始於東漢，春秋時尚不知日食可由算得也。二百四十餘年所載三十六，則其時必有疏失，《左氏》又多無傳。至襄二十一年九月十月、二十四年七月八月皆比月日食，相距僅二十九日有奇，于日行食限不合。而漢時高祖三年、文帝前三年皆有之，定由其時史官證記，後人不可以臆更正。此當因而存之，以見舊式。其他有占驗者隨條說之，使大旨可通，亦以見其時人事得失，因以垂戒。

唐鑫門 春秋大勢 佚

◎袁翼《邃懷堂文集》卷四《春秋大勢序》：解《春秋經》者三傳，左氏之富艷、公羊氏之斷決、穀梁氏之精嚴，或得自親炙，或得自私淑，皆為素王功臣。然自漢魏六朝以來，文章大家如馬、荀、班、范，其比事屬辭莫不胎息邱明。降至明代，帖括肇興，凡事涉《春秋》者，數典亦不出《左傳》。豈古人之治經，必先左而後公穀哉？深潛明睿之資，世不多覯，不若先通一傳，可循序以通三傳，而兼以通經耳。萬載唐鑫門孝廉，予己亥科分校所得士。己未季夏，予養疾章門，君以所譔《春秋大勢》一圖見示。雞骨支撐，伏几披讀，神為之爽，乃歎君之寢饋於《左傳》，有杜鎮南之癖也。夫《春秋》者天子之事，昭、定以後，天下大勢不在周魯而在晉楚齊秦，不在姬姜嬴諸侯之子孫而在異姓卿大夫之子孫，故十五國將併為七，七必混一，其勢已成。勢之強弱，天地之氣數隨為轉移連世者，非道德極盛之帝王不能挽積漸已成之大勢，此則夫子與左氏知之矣。君之書仿周史編年，而附魯史紀年於下，凜然嚴冠履之防焉。三傳並錄，卷帙繁冗，蒙士望而卻步，因多取《左傳》為經，摘取《公》《穀》為緯。《國語》《家語》《史記》、金氏長編及諸儒論斷，其義與《左傳》相發明者，別用雙行小字條疏而件繫之，染指而知一鼎之味，闚管而識全豹之斑，其為初學梯杭，功豈淺鮮哉！予束髮出遊，歷燕趙兩晉東粵殆十餘年，後作吏江右又二十餘年，所見青衿髦士皆習原伯魯之風。偶入鄉塾，見四書五經皆不讀注，朱子《論／孟集註》闡發聖賢奧旨毫無遺憾，乃有狂子妄人擅行刪改登諸棗板，貽誤童蒙。吳越書肆亦閒有售賣者。經學荒而風教衰，風教衰而賊民起，謂非今日之明驗乎？昔西漢孝武喜《公羊》，孝宣喜《穀梁》，兩家並立博士，於是董仲舒、章賢、蕭望之輩皆以專門宿學侍講石渠。《左傳》最晚出，杜元愷師其兵法，遂以平吳功，名顯於晉武之世。如君之稽古半生，穿穴

經傳，何難出其學業，離黻休明，而乃甹甀春闈，壯心銷鑠，欲抱遺經以終老。殆所謂窮愁而後能著書者與？！編成，將授剞劂，予因敘其大凡，以慰君抑塞之懷，而并寄予之感慨也。

唐斅謙 春秋古史 佚

◎尋霖、龔篤清編《湘人著述表》著錄。

◎唐斅謙，字叔兌。湖南懷化人。布衣。工詩文。室名棣商樓。於諸經各有撰述。而於易尤嗜。著有《易古興鈔》十二卷、《書古訓》、《詩古式》、《春秋古史》、《禮古典》、《樂古章》、《半予草堂文鈔》二卷。

唐曜 左錦 四卷 存

湖北藏光緒十二年（1886）星沙寄傲書舍刻巾箱本

唐甄 春秋述傳 佚

◎唐甄《潛書》後附其甥王聞遠《西蜀唐圃亭先生行畧》：先生貫綜經史，揚榷風雅，非秦漢之書弗讀也，謂唐宋以來，文章冗弱靡曼，不克舉秦火於天下，當舉秦火於私家。其著書不肯一字襲古，曰：「言，我之言也；名，我世所稱之名也。今人作述必襲古人之文，官爵郡縣必反今世之名，何其猥而悖也！」乃研精覃思，著《衡書》九十七篇，天道人事、前古後今具備其中。曰「衡」者，志在權衡天下也。後以連蹇不遇，更名《潛書》。外著《毛詩傳箋合義》、《春秋述傳》、《潛文》、《潛詩》、《日記》各若干卷。寧都魏叔子見先生《潛書》，曰：「是周秦之書也，今猶有此人乎！」每接賓客及致書於人，必稱「唐子之文掩漢而上之」。華亭高譿苑，讀《潛書》，極賞其奇。嘗遇先生於黃鶴樓，握手談心者屢日。先生詩有「見譽何太高，鞠躬不敢當」之句，酬譿苑也。吳江徐虹亭盛稱先生之文，推為當代作家第一。宣城梅定九見先生所著諸書，倩人盡錄之，曰：「此必傳之作也，當藏之名山以待其人耳。」先生所著書藁，遠遊必攜。每乘舟，輒語僕曰：「設有風波不測，汝先挾我書藁登岸，然後來救我。」一日，鄰人失火，先生懷書遠避，餘無所戀也。其自為珍愛如此。四方雅慕先生文名，乞言者雖卑辭厚幣，不稔知其人之品槩，不許也，其不肯輕有獎借又如此。

◎唐甄（1630～1704），初名大陶，字鑄萬，號圃亭。四川達縣（今達州市通川區）人。與遂寧呂潛、新都費密合稱「蜀中三傑」。順治十四年（1657）

舉人。任山西長子縣知縣，未十月，牽連革職。困於遠遊，厄於人事，講學為文維生。著有《潛書》、《毛詩傳箋合義》、《春秋述傳》、《潛文》、《潛詩》、《日記》等。

陶必銓　春秋匯覽　佚

◎光緒《湖南通志》卷二百四十六《藝文志》二：《春秋匯覽》，安化陶必銓撰（《縣志》）。

◎同治《安化縣志》卷十一《輿地》引秦瀛撰《墓志銘》：著有《易經抉微》《書經抉微》《春秋彙覽》《分韻新編》《荑江古文存》《荑江詩存》《荑江制義》《安化縣志》《安化縣志稿》。

◎陶澍《陶澍全集・印心石屋文鈔》卷二十四《例贈儒林郎翰林院編修顯考荑江府君行述》：務貫通，不為章句學。每開卷，縱橫盈几案，批卻多前人所未發。熟於掌故，窮源竟委，指數如掌上紋、年月甲子無一舛漏。尤喜搜節義事，為文傳之，自言他日有可存者，吾古文也。為制義，幽杳沉刻，力追先輩。然文愈高，遇益澀，處矮屋六十餘晝夜，檐風晷景，辛苦備嘗。雖屢薦未售，終不少貶以求合。詩宗杜、韓各家，原本性情而不鑿於法。所著有《易經抉微》《書經抉微》《春秋彙覽批點》《杜少陵集批點》《韓昌黎集》《分韻新編》《荑江古文存》《荑江詩存》《荑江制義》《安化縣志》，待刊。平生不營財產，視阿堵物猶土苴也。偶有贏餘，專置古籍，插架甚富，皆印「愛吾廬藏本」於卷首。愛吾廬者，府君書室。嘗書杜兼「清俸買來手自校，子孫讀之知聖教，鬻及借人為不孝」語示不孝等曰：「吾書雖非俸買，然舌耕所餘，得之尤艱，宜珍惜以貽子孫。」嗚呼，手澤具存，不孝等其敢忘傳經之苦心耶？

◎陶必銓（1755～1805），字士升，號荑江。湖南安化人。陶澍父。優廩生。善詩文。著有《易經抉微》、《春秋匯覽》、《分韻新編》、《批點杜少陵集》、《批點韓昌黎集》、《安化學志》、《增訂安化縣志》二十七卷、《荑江制義詩文存》（含《荑江詩存》三卷、《荑江古文存》四卷、《黃江制藝》不分卷）、《陶士升先生荑江文錄》一卷。

陶方琦　公羊春秋集釋　佚

◎陶方琦《漢孳室文鈔》卷末徐友蘭光緒二十六年跋：道光季年，君宗姓曰在一（思曾）先生，以鄭學聲于時，箸《論語鄭注證義》《孝經鄭注證義》《春秋左傳賈服注參攷》《詩攷攷》《書疑疑》《說文引經異同攷》《玉篇太平御覽引

經攷》《城門制度》《五千卷書室詩文稿》諸書，其《論語證義》《春秋參攷》阮文達公儞謂精審詳博，非老宿不能（見陶君心雲（濬宣）所撰《族兄在一先生事畧》）。君賡其學，師事李炁伯（慈銘）先生，畢命鉛槧，俌所未及，為《周易鄭注疏證》。後就鄭氏遺箸搜拾故言，仿《爾雅》次之為《鄭雅》。生平好許叔重書，以類治《說文》，為《通釋》十二篇、《漢孳室讀說文記》，與嚴鋢橋相出入。又因《說文》而推知許君《淮南閒詁》多燼亂於涿郡，援蘇魏公言左以《說文》及羣籍所采剖泮而疏通之，定《閒詁》二十一卷。為《許注異同詁》四卷補遺一卷續補一卷、《說文補詁》八卷《存疑》四卷。其箸錄宋藏二本博冊舊說，理而董之，別為《參正》二十四卷、《莊本校勘記》六卷《舊音》一卷，于南閣一家之學蔑以加矣。夫當代學術非許、鄭不宗，而君與在一先生兩闡之，撰述哀然。舉江南北諸儒，詎獨一鄉一姓華哉！君于許鄭之餘，覃心小學，則有《爾雅漢學證義》《商周金文斠》《秦漢石文斠》《一切經音義／華嚴經音義／輔行記校勘記》《玉篇校本》《漢簡校正》《呂覽古讀攷》《公羊異文攷》之作。演贊六藝則有《魯詩故訓纂》《公羊春秋集釋》《大戴禮補詁》《今文尚書集說》《韓詩遺說補》之作。其哀輯佚書如《倉頡篇》、《埤倉》、《廣倉》、《字林》、《字學》、《聲類》、《桂苑珠叢》、賈逵《國語注》、《諡法》劉熙注、古易義、西漢易義、後漢晉魏易義、侯果何妥崔憬三家易、徐邈《周易音》、蕭廣濟《孝子傳》，則繙帛所至，摭取古馨以振先師之遺者也。《讀子札記》《讀史札記》《湘輶筆錄》《澩盧駢文》《湘櫐閣集》《蘭當詞》，則君之隨筆與駢文詩詞也。是編攷定經說惟載古文，于君之學猶海一蠡水一瓢，未盡也，然本末亦畧具矣。

　　◎陶方琦《漢孳室文鈔》卷末仁和譚獻撰《陶君小傳》：君澹雅綜羣籍，篤好淮南書。治經究心鄭康成氏。文章絕麗，下筆滔滔如泉。性尤服善，人諷其失輒改定。既上第，退然劬學如初。愛友朋山水，悠然有千古之志。視學日勤，求賢儒惟日不足。銳於箸書，橐艸十餘種，往往鰓理未竟。已刻《淮南許注異同詁》《許君年表》而已。年甫四十，齎志以終。亦其覃思廣遠，精力易窮，如自知其不永年，故汲汲有若不及與？！

　　◎陶方琦（1845～1884），字子縝（珍），號湘湄，一號蘭當，譜名孝邈。浙江會稽（今紹興）陶家堰人。曾祖陶兆麟官直隸大城縣典史、祖陶際堯官湖南永州知府、父陶良翰官福建興化知府。同治六年（1867）與兄方瑄同補甲子科舉人。光緒二年（1876）進士。官授翰林院編修，五年（1879）督學湖南。

曾師李越縵，稱高足。工書善畫。著有《周易鄭注疏證》(《周易鄭氏義疏》)、《鄭易馬氏學》一卷、《鄭易小學》一卷、《鄭易爻辰攷》二卷、《今文尚書集說》、《魯詩故訓纂》、《韓詩遺說補》(《韓詩遺詩補》)、《公羊異文攷》、《公羊春秋集釋》、《大戴禮補詁》、《鄭雅》、《說文通釋》十二篇、《漢孳室讀說文記》、《說文閒詁》二十一卷、《淮南許注異同詁》四卷補遺一卷續補一卷、《說文補詁》八卷《存疑》四卷、《說文參正》二十四卷、《莊本校勘記》六卷《舊音》一卷、《爾雅漢學證義》、《商周金文斠》、《秦漢石文斠》、《倉頡篇補輯》、《字林考逸補本》、《玉篇校本》、《漢簡校正》、《一切經音義校勘記》、《華嚴經音義校勘記》、《輔行記校勘記》、《老子傳輯本》、《呂覽古讀攷》、《許君年表》、《讀子札記》、《讀史札記》、《湘輶筆錄》、《漢孳室文鈔》、《潠廬詩稿》、《潠廬駢文》、《湘檠閣集》、《蘭當詞》，輯有《徐邈周易音》、《埤倉》、《廣倉》、《字學》、《聲類》、《桂苑珠叢》、《一切經音義》、《華嚴經音義》、《輔行記》、《國語注》、《孝子傳》等。

陶方琦 春秋名字解詁補誼 一卷 存

漢孳室文鈔本

◎序〔註2〕：高郵王先生㭊為《春秋名字解詁》二卷，詮義精塙，雜而不越，潛心獨至，曉泠神悟，宜其會通訓詁，杜絕臆疑。方琦披讀之餘，小有所志。不過以片塵之傅嵩衡、細流之益滄海也。惟其未晰者凡二十餘則，強辭以繹之，雖係愛古之心，甚違蓋闕之誼。一曲之見，芴然而矗，擇而存之，以質大疋。

陶鴻慶 左傳別疏 二卷 存

1917 年王家駒抄本

中華書局 1963 年童第德據 1917 年王家駒抄本校點排印本（與讀禮志疑五卷合印）

◎目錄：胡序。卷一隱公、桓公、莊公、閔公、僖公、文公、宣公。卷二成公、襄公、昭公、定公、哀公。

◎左傳別疏序：鹽城漢鹽瀆地，光緒中以經學著者推陳君惕菴。庚辛間，余官興化教諭，月課諸生經史輿地掌故等學，惕菴聞風稱善，曾以書相往復，

〔註 2〕錄自陶方琦《漢孳室文鈔》卷一。

而訖未謀面。比見陶君癭石《讀禮志疑》，知同時治經者不獨惕菴。其去非求是，不苟為異同，大較相近，則又惜當時之并書亦未通也。《左傳別疏》二卷，亦由中凡問序於余者。中如羽數、加籩、小寢、頓首、殽蒸、戎馬、金石之藥、司寇諸條，據禮為說，是其顓家。驚巴師、右孟左孟、使立於高國之間、富倍季氏、比君之駕也、驚警、孟虞、立位、富福、也邪為同字，遂處之為處分，阪道尹道為僻道正道。通音訓以明經義，深得漢儒家法。以戰而北者為巴師，背巴師者鬪廉。五戰為小別至大別，三戰後更有五戰，其妙悟亦令人解頤。「復室其子」從劉說，「鄭勝亂從」引服義，以及介馬為副馬非甲，會歲終為正歲會非朝正，抽桷為槌非椽，其駁正杜注處甚精當。公子士洩衍洩字，「亦唯君」當在「而賜之死」下，次於五氏注「以次告之」告當作書。其訂正譌文，亦足備一義。惟謂「督不忘」督篤固相通，而《廣雅疏證》改正譌本別為一事，當分別觀之，牽合則轉失王氏之旨。「敗者壹大」，既以大指君言，則壹大猶一大，是即顧氏所云「恐君不免」。乃謂當壹志免其大者，未免增字釋經。然小小疏略，奚足為是書病哉！自來攣經訓者，恆失之簡質，惟德清俞蔭甫先生無此弊。是書及《志疑》攷證中疏剔極為曉暢。是尤難能可貴，而為君之特長者矣。吳縣胡玉縉。

　　◎以十二公為次，專考其中名物典故。

　　◎陶鴻慶（1859〜1918），字癭石，號艮齋。江蘇鹽城人。著有《讀禮志疑》五卷、《左傳別疏》二卷、《讀通鑒札記》十二卷、《讀諸子札記》二十五卷。

陶讓舟　春秋體例　佚

　　◎陶元藻《泊鷗山房集》卷一《讓舟春秋體例序》：經史為儒林根柢，而惟謂芬先人克世其業者，立論不復與恆流等。曩者吾友郭幼山，以曾大父有《晉書摘謬》一編，遂取房楮輩纂修舊史，改弦而更張之，作《晉紀》六十八卷。後為四庫所採，光昭秘府，余嘗覿之。家小阮讓舟，敏於為學，父器之。父篤好《春秋》，授以《四傳合編》若干卷。逮病不能起，猶以十二公時事支枕而談，娓娓不倦，讓舟謹誌不敢忘。今年春，以己所著《春秋體例》由金陵寄余，乞一言弁其簡端。余喟然曰：嗟乎，讓舟可謂孝矣！過庭之訓習於平時，遺命之遵見於鉛槧，視幼山之遠宗其祖者，繼述尤密而勤，不朽盛業，其在斯乎，其在斯乎！余觀讓舟之書，不僅言報應也，顧自序若意專在報，而人亦交稱其

論報者，何歟？孟子曰：「孔子成《春秋》而亂臣賊子懼」，讓舟亦猶行懼之法也。第聖人懼人以惡人之名，讓舟懼人在惡人之報。夫報之遠者數世，近則數年，甚且及身而報焉，一言報而惜身之心有更迫於惜名者。不觀曹孟德乎？嘗言「寧我負人，無人負我」，則名之壞也固甘心矣。及其造塚為七十有二以惑人之心目，蓋自知積惡已盈仇人接踵，恐不報於生前者尚圖報於死後也。讓舟發前人未發之蘊，歷舉二百四十年殃咎循環毫釐不爽，使千載下之悖逆貪淫踰閑蕩檢者，莫不氣沮而神驚。惟報之迹著，斯惡之技窮，法而懼之亦於是乎備。讓舟宦江南有年矣，於案牘勞形之暇，含咀經腴，裒然成集。苟非家學淵源，何由致此？昔吾以幼山克紹前徽用申嘉歎，今不圖能讀父書者之猶有吾家讓舟也，詎不快汲古中人之固多能事歟！至於天道自然之說，譽議舟書者言之詳矣，余勿復道。

◎陶讓舟，與袁簡齋、浦柳愚、金麓村、王柏崖、馬雨耕等有交。著有《春秋體例》。

陶善圻 春秋左傳合解 四十卷 首一卷 存

南京藏稿本

◎陶善圻，字樹聲。元和（今江蘇蘇州）人。乾隆三年（1738）副榜。著有《春秋左傳合解》四十卷首一卷。

陶思曾 春秋左傳鄭賈服注參考 一卷 存

全國文獻縮微復制中心 2003 年發行片

◎陶方琦《漢孳室文鈔》卷末徐友蘭跋：道光季年，君宗姓曰在一（思曾）先生，以鄭學聲于時，箸《論語鄭注證義》《孝經鄭注證義》《春秋左傳賈服注參攷》《詩攷攷》《書疑疑》《說文引經異同攷》《玉篇太平御覽引經攷》《城門制度》《五千卷書室詩文稿》諸書，其《論語證義》《春秋參攷》阮文達公俱謂精審詳博，非老宿不能（見陶君心雲（濬宣）所撰《族兄在一先生事畧》）。

◎陶思曾（1878～1943），字叔惠，號嘯嶽。湖南安化縣一都小淹人。陶澍曾孫，陶煌子。光緒十八年（1892）補博士弟子員。二十三年（1897）入湖南時務學堂肄業。嘗從梁啟超遊。二十八年（1902）東渡日本，留學東京法政大學。三十一年（1905）歸國任湖南法政學堂教務長。三十三年（1907）獎敘道員，分發四川任商務、礦務兩局會辦。三十四年（1908）委調查西藏開埠事宜委員。宣統二年（1910）任四川高等檢察廳檢察長。湖南光復後返長沙，任

湖南都督府參事兼公立法政專門學校校長。1915 年任袁世凱政府政事堂法制局參議，旋辭歸。1916 年任劉人熙秘書長，後改任譚延闓都督府高等審判廳廳長，又調任浙江高等檢察廳檢察長。1926 年謝政回湘。1932 年任湖南船山學社副社長。著有《春秋左傳鄭賈服注參考》一卷、《區田代田研錄》、《景恒堂文集》、《景恒堂筆記》、《藏輶日記》、《滇蜀紀程》、《藏輶隨記》一卷，主修《安化資江陶氏七修族譜》，光緒間編輯《法政粹編》第六種之二《刑法各論》，附譯《日本刑法》。

陶正靖 春秋說 一卷 存

國圖藏道光四年（1824）上海陳氏刻澤古齋重鈔第一集本

國圖藏道光十六年（1836）起錢氏守山閣據澤古齋重鈔改編補刻錢熙祚編指海一百四十種四百十六卷本

國圖藏光緒九年（1883）掃葉山房刻本

叢書集成初編據借月山房匯抄本排印本

臺灣藝文印書館百部叢書集成影印借月山房匯抄本

◎摘錄：隱元年不書即位，《左氏》曰：「攝也」，得其實矣。《公羊》曰：「諸大夫扳隱而立之」，非也。《穀梁》曰：「惠公勝其邪心以與隱」，尤非也。惠果與隱，隱奚而不立？隱之不立也，以惠公固未嘗定嗣，而以魯夫人故宜屬桓也。桓少，故隱攝；隱以攝，故不朝王錫命，諸大夫而大夫遂多專行不忌者，所謂權輕不足以鎮撫也。然則隱之才雖或不足主社稷而不欺死父之志，直與夷齊同。《穀梁》以為惡桓而成公志又謂公成父之惡，斯鄙儒曲說，進退失據者矣。

◎趙爾巽《清史稿》卷一百四十五志一百二十《藝文》一：《春秋說》一卷，陶正靖撰。

◎陶正靖（1682～1745），字篯中，號晚聞、槲衷。江蘇常熟人。陶貞弟。雍正八年（1730）進士，授編修，充《一統志》纂修官。乾隆時官至太常寺正卿，以召對忤旨，罷歸。於經最喜說《詩》，古文淡簡有法，尤熟於明史。著有《春秋說》一卷、《晚聞文集》。

田國芳 左傳評選 佚

◎甘鵬雲等《湖北文徵》卷十王柏心《田經畬傳》：公姓田氏，諱國芳，字世傳，自號曰經畬。公安人也。先世在前明有仕至太僕卿者，今科第踵不絕。

祖遇磻，庠生。父希康，以謹厚聞，生子三，公其仲也。幼而雋穎邁恒童，年十餘即溺苦於學，在諸生籍中噪甚。六赴鄉舉不第，遂輟舉子業，研求大道，顏其齋曰尊道。其學專宗考亭居敬窮理，而體之以躬行。貫本末，該體用，於德性問學無偏廢。自宋元以來諸儒論說，博覽而求其至是。晚尤喜稼書，謂其言與考亭合，純而無駁者也，益服膺無少倦。其持身則語默周旋必中節，跬步坐立必以正。義利之辨皭然不淄，於取舍間為尤慎。其事親也孝，由垂髫至白首，蒸蒸若孺子。其處兄弟也睦，忻戚必均，財產無私。每聚則和樂溢於容色，見者嘆且羨焉。其治家尚整肅，勤力儉約，人予以常業。其教子弟皆本諸身，勗以力學砥節，徐待登選，毋逐逐榮利，其訓學者亦猶是，嘗舉為學內外條析次節門類，仿《近思錄》編次成書。其終始致力於道若此。嗟乎！士當轗軻不遇，往往激為怨尤，至放廢不自檢束，彼固未嘗知道也。有志於道矣，或雜施旁騖，矜耳目聞見之富以博辨自雄。一二資性高明之流，則又師心超悟，推原性始，遺棄行習，倡為簡易，末流至與二氏同歸，於道奚當焉？公獨稽古篤行，不溺之於章句之末，不遺之於身心之內。亹亹乎儒者之學，庶幾能尊道者與？公於星象形家醫卜諸書莫不精，然不以自奇也，曰：「是非道，要惟力行。」推所治於族，族以和；化於鄉，鄉以淑；施於交游，交游以孚。生平事皆可告人無愧色。卒時年七十有二，門人私諡曰文恪先生。著有《經畬制藝》《尊道書屋語錄》《左傳評選》《文章軌範集評》《舉業正言》。配王孺人，有賢行，事祖姑及舅姑尤孝敬，先公九年卒。子五：長家齊，次家崧，歲貢生，文最有聲，亦宗宋儒之學者；次家善，次家美，次家伊，增生，齊及美早沒。孫九人：鳳昺早游於庠，有志聖賢之學，未壯即夭，識者惜之。曾孫幾人。論曰：聞公為學時，日夜計過，欲求無憾。輒夢質之先賢遽伯玉氏，始近卞急。復感呂成公之事，遂變為寬和。世之號為儒者不少，能返身內省如公者幾人哉！積於中不襮於外，規於正不惑於歧，為學如公，所由與矜奇立異飾為名高者異矣（《百柱堂全集》）。

　　◎田國芳，字世傳，自號經畬，門人私諡文恪先生。湖北公安人。六赴鄉舉不第，遂輟舉子業。著有《左傳評選》《經畬制藝》《尊道書屋語錄》《文章軌範集評》《舉業正言》。

田嘉穀　春秋說　十二卷

　　◎提要：是書以《胡傳》為主，三傳有為《胡傳》所採者亦附錄之。《胡

傳》所引事實則依《春秋大全・小注》錄之。卷首兼論作文之法。蓋其書專為舉業而設，至於遣調煉詞皆入凡例，與說經之體遠矣。

◎光緒《山西通志》卷八十七《經籍記》上：《春秋說》十二卷，國朝陽城田嘉穀撰。

◎田嘉穀，字樹滋，號芹村。山西陽城人。康熙五十一年（1712）進士，選庶吉士，散館任翰林院編修，官江南衛守備，改雲南道監察御史。觀書數行並下，而嗜學尤切。手所鈔撰者動盈尺，或勸少休，答曰：「吾自樂此不知倦也。」著有《易說》十卷、《春秋說》十二卷，纂《澤州府志》。

田浚　春秋測微　佚

◎民國《宿松縣志》卷三十二上《藝文志》一：著書極多，俱待刊行。

◎民國《宿松縣志》卷三十二上《藝文志》一：《春秋測微》，田浚著（同治《志稿》本傳。石編《書目》闕載）。自唐陸淳撰《春秋微旨》，裒列三傳異同，裒以其師啖助、其友趙匡之說，遂開掊擊三傳之風，而臆斷說經，不明事故始末，終不足以識麟經之指歸。浚書蓋略無此病，例取徵《左傳》之事以求《公》《穀》之義而測《春秋》之微，一掃《膏肓》《廢疾》《墨守》之偏見窠臼。又嘗別著《石鷁論》揭石隕鷁飛之旨，甚微，不另著錄。

◎民國《宿松縣志》卷三十六下《列傳》一下《儒林》：著有《周易本義正》《春秋測微》《春秋世系攷》《石鷁論》《周禮序官攷》《喪禮攷要》《授兒編說文》《敦睦堂詩韻》《帝系攷略》《晉書雜詠》《務本錄》《純正蒙求》《敦睦堂文集》。

◎田浚，字匯泉，學者稱養正先生。安徽宿松人。增貢生。讀書過目成誦，數遍輒終身弗忘。以經學受汪廷珍知，有「解經不窮」之喻。廷珍視學江西、浙江、江蘇，俱聘司襄校。主六合書院，占經學、理學分科教授，有蘇湖風範，鑄漢宋於一爐而冶之，一時成就甚繁。卒年五十九。著有《周易本義正》《周禮序官攷》《喪禮攷要》《春秋測微》《春秋世系攷》《石鷁論》《授兒編說文》《敦睦堂詩韻》《帝系攷略》《晉書雜詠》《務本錄》《純正蒙求》《敦睦堂文集》。

田浚　春秋世系攷　佚

◎民國《宿松縣志》卷三十二上《藝文志》一：《春秋世系攷》，田浚著。杜預《春秋釋例》內有《世族譜》，清儒陳厚耀因撰《春秋世族譜》一書以廣之。顧棟高復作《春秋大事表》附《世系》一門。而近人太平崔騏亦撰《春秋

世系》四卷。諸書皆互有詳略，出入殊同。浚為攷訂杜、顧諸儒之書而作。是編與騏書蓋可相輔而行，《通志》乃但著錄騏書，是亦陳書者之偶漏也。

◎民國《宿松縣志》卷三十六下《列傳》一下《儒林》：著有《周易本義正》《春秋測微》《春秋世系攷》《石鷁論》《周禮序官攷》《喪禮攷要》《授兒編說文》《敦睦堂詩韻》《帝系攷略》《晉書雜詠》《務本錄》《純正蒙求》《敦睦堂文集》。

田浚 石鷁論 佚

◎民國《宿松縣志》卷三十六下《列傳》一下《儒林》：著有《周易本義正》《春秋測微》《春秋世系攷》《石鷁論》《周禮序官攷》《喪禮攷要》《授兒編說文》《敦睦堂詩韻》《帝系攷略》《晉書雜詠》《務本錄》《純正蒙求》《敦睦堂文集》。

田明昶 公羊義證 佚

◎甘鵬雲等《湖北文徵》卷十三：著有《公羊義證》《說文十表》《待堂文錄/詩錄》。

◎姚晉圻《待堂文錄序》〔註3〕：光緒十有二年冬，友人田采言自武昌寓書晉圻，為言吾友田矔初死矣。同學都其遺文，將雕布於世，子尚允述其事且矔初意也。晉圻時宅先太孺人本生之憂，未敢即報，並闕吊唁。今逾期又既數月，於乎，其終能已於言耶！矔初文有十數首，晉圻嘗覽其大都，體勢心靈適肖所學，然周旋前後幾十年，曾不以是相鏚砥也。矔初少警敏。博涉故籍，尤敦嗜三史。二十以後師事寶應劉文懷先生，學以大植。始乾隆初葉，鉅儒婺源江先生以經術昌道海內，東原戴君益振其緒，金壇段懋堂游戴君之門，而授業於長洲陳氏奐。長洲固善《詩》與《春秋》。《詩》有《毛氏傳疏》，書成後手遺寶應，《春秋》成者獨《公羊禮說》而已。寶應晚習《公羊》，然以《論語》世其家學，廬述《正義》，於何氏舊說搜剔成帙，未暇及《解詁》也。矔初侍論既久，曉徹儀的，遂精任城之書，衍達其意，以衡今文所說各師法，根委洞達，常峻辨不可難。又自其早歲廣歷世事，勤慎訪問，凡生民作計攻苦利病得失、九州險阨、人材風氣之高下、邊徼道里出入遠近、水道之古今有無異同，奮口嘖說，動識機要。既治《公羊春秋》，乃益喜自負，謂吾學足用於天下。

〔註3〕錄自甘鵬雲等《湖北文徵》卷十二。

嘗語晉圻：「說經猶末也，溫繹聖旨，而比類貫理，以審酌世變之所宜，如汝南論次鹽鐵故事，不足尚耶？！」是故其信古壹則其志勤，其取資大則其計摯，朝憂夕皇，不使其身獲一日之逸以閒厥意，而卒以畢慮於一暝。蓋有人事焉，非謂命也。然曠初固子身，無親昆弟，夙苦貧匱，家不習飽。一旦奄忽，駝背撫槥，孤犛在帷，扶苴之兒，借於彊近。迹人世所以自貴其生者，曠初都不自力，乃適符乎天道之本然，是至可悲痛。而儒效之卒不張，與世變之必無所藉以復，又晉圻所為憐然不能自克者矣。光緒十有三年冬十有一月望四日，羅田姚晉圻序（《待堂文錄》）。

◎周以存光緒丁亥夏五月《待堂詩文錄跋》〔註4〕：靜軒篤志古學，不屑以詞章鳴。是錄乃客蜀時及近年酬答朋輩之作。去夏靜軒持示予曰：「吾聊以破岑寂耳，後當棄之。」未幾靜軒病，予往視，則又語予曰：「吾於《春秋經》所採輯書未備，少成卷。今病劇，奈何！李元賓、王深父皆早死無名，吾何恨！」

◎周以存《待堂記》〔註5〕：待堂者，漢陽萬子宗林、江夏田子明昶／艾子青／楊子承禧及余五人研學之堂也。無定處，各以所居宅名之。於時萬子家漢陽城中，能勤世業，扃戶讀書無外交。艾子館其外舅家，居漢陽西門外，去萬子室里許，時相過從。田子、楊子各以父兄貲，不外營生計，得一意於學。獨余家貧親老，授徒以供甘旨，學業時作時輟，不能有所專一。與田楊結鄰省垣黃鵠山南麓下，二子日夕來，輒勉以勤、戒以惰，故余亦孜孜日力於學。余少與田、楊同師，長同肄業經心書院。時主講席者為寶應劉叔俯先生，先生名恭冕，世傳漢學，有家法，為海內所宗。余三人既親受教，退而遁求乾嘉諸儒書讀之，各以性所近為習。於是田子習《公羊》《左氏》、楊子習《詩》《禮》、余習《儀禮》《說文》，又各以其餘力旁及他經傳子史。日有課程，五日一期會，各出心中疑難相質問。其有不合，則互相攻詰，糾紛至帀月不可解而後罷，久之，學益進。艾子、萬子渡江來，願共游處。艾子博覽秦漢人書，工古文辭。萬子究心馬、班學，至則辨論空涌，若決河防，不可遏抑。而吾三人亦時渡江往就之，日暮不歸，則止宿其家。或月一會臨，或旬日而後見，不能數數。然如五日期者，以江為之限也。田子乃起而言曰：「吾五人所以勵學者，將有待用於世，冀樹勛名以垂不朽，非僅欲通經為博士也。請名會學之地曰待堂。取孔子待價之意，為後日在進之徵，不亦可乎？」余四人皆曰善，待堂之名自此

〔註4〕摘自甘鵬雲等《湖北文徵》卷十二。
〔註5〕錄自甘鵬雲等《湖北文徵》卷十二。

始。當是時，五人者年皆二十五六及二十二三，氣銳而力勁，志堅而業專，直欲造兩漢儒者之室與賈、董、馬、鄭諸賢分庭以定賓主之位，不甘降心在弟子之列，其意氣亦壯矣哉。所不可知者，或此數年中，有二三人早達，游翔仕途；或牽於世務，遠客他鄉；或有室家之累飢驅窮困，卒不能一有成就，以之信今而傳後。此固古之志士所扼腕悲悼，限於天、迫于人、阻于時、塞于遇，無可如何者，而能無懼哉！雖然，學業之成，在心不在境：境遷而心不遷者，學未有不成；境不遷而心遷者，欲學之成，難矣。是以古之人自少而壯而老，用境凡幾變，境之窮通利鈍得失顯晦亦凡幾變，其志學之力則不以境易而少弛。此其經術事功，皆非後世所能及。茲因待堂初立，記其顛末于此。並以學之不成，由心志之不堅定為戒，願與同學諸子共勉之。時光緒三年二月初吉也（《汲莊文集》）。

◎周以存《祭田靜軒先生文》[註6]：維年月日同學某等，致祭靜軒之靈。嗚呼靜軒，江漢之英。聰穎特達，淵岳孕精。齠年發德，冠日習勤。升嶽浮海，靡夕靡昕。惟漢絕學，庶昌於今。哀我邦士，識淺溺深。牽於習俗，自隕淑姿。先儒師承，瞢然罔知。千鈞一髮，君肩其鉅。脣敝舌焦，力挽墜緒。凡我同類，咸嘉君志。漆書有室，考同參異。朝夕過從，影形罔間。霏玉清言，悅口芻豢。研精公羊，何休是證。長編已作，厥緒未竟。叔重《說文》，洞抉奧窔。重文十表，義例幽窅。史傳子集，十猶通六。強識博聞，近世所獨。出其融鎔，為詩文詞。詩唐之盛，文漢之遺。有才如此，不愧虛生。何世瞶瞶，謗鑠交并。君昔客蜀，偃蹇中途。鸞鳳鍛翮，凡鳥何殊。洎乎歸來，剪燭話舊。還讀我書，德馨室陋。聽鸝攜酒，遊山著屐。竹林風流，今不異昔。應舉程式，祗為俳諧。少不習此，遂與俗乖。去歲之秋，騎鵬欲飛。主司曰嘻，額滿是遺。區區一科，非君夙望。無以娛親，將謀祿養。以貲入例，不惜冷官。吁嗟人生，衣食實難。詎意吾子，少達多窮。志修命促，歘焉告終。君父暮齡，旨甘誰供。君母衰老，褐裘誰縫。君凡再娶，未徵吉熊。茕茕俯仰，遺恨填胸。君弟大賢，不有其子。以為君嗣，綿君宗祀。敬告君知，君其瞑目。他年有成，當大君族。吾儕結契，豈渝死生。苟力可任，艱阻弗更。表揚幽光，時或未能。羽翼著述，敢不敬承。嗚呼靜軒，一去不歸。茫茫宇宙，魂氣何之。勞生無朕，物化有期。孰謂彭祖，踰于顏回。玉堂有書，可以披玩。芙蓉有城，可以遊觀。敬陳薄奠，諒鑒誠款。腹痛他年，心憂達旦。嗚呼哀哉，尚饗（《待堂文錄》）。

[註6] 錄自甘鵬雲等《湖北文徵》卷十二。

◎田明昶，字靜軒，號曦初。湖北江夏（今武漢江夏區）人。貢生。候選訓導。著有《公羊義證》《說文十表》《觀書後例》《待堂文錄》《待堂詩錄》。

田懋　春秋考實　佚

◎光緒《山西通志》卷八十七《經籍記》上：《春秋考實》，陽城田懋撰。

◎田懋（1711～1770），字德符，號退齋。山西陽城人。大學士從典子。雍正十一年（1733）因蔭任刑部員外郎，遷郎中，轉御史。乾隆元年（1736）任禮部給事中，旋升副都御史，歷官刑部、戶部左侍郎，以直言著。著有《卦變》《易備辨》《春秋考實》。

童榮南　周易尚書春秋三經義貫　佚

◎民國《連城縣志》卷第二十《藝文志》：著有《周易尚書春秋三經義貫》《未能信齋詩文集》。

◎童榮南（1792～1850），字翰周，號質夫。福建連城人。孝廉童廷寅仲子。道光五年（1825）拔貢、二十三年（1843）副貢。學有淵源，前後掌教歹山，中主講廣東南雄州道南書院。晚年又與鄒典臣倡建作韶吟社。著有《周易尚書春秋三經義貫》《未能信齋文集》《連邑風俗志》《四戒編》等。

童書業　春秋史　存

上海書店 1989 年民國叢書本

童愔　春秋氏姓譜　佚

◎光緒《湖南通志》卷二百四十六《藝文志》二：《春秋氏姓譜》，寧鄉童愔撰（《縣志》）。

◎童愔，湖南寧鄉人。著有《春秋氏姓譜》。

涂錫禧　春秋世次本末　一卷　存

上海、中科院、西南大學、內蒙古自治區藏乾隆十二年（1747）品峰齋刻本

◎涂錫禧，奉新（今江西奉新）人。著有《春秋世次本末》一卷、《春秋四傳刈實》（一名《品峰齋春秋四傳刈實》）、《春秋提要》一卷、《春秋纂言》一卷。

涂錫禧〔註7〕 春秋四傳刈實 十二卷 存

上海、中科院、西南大學、內蒙古自治區藏乾隆十二年（1747）品峰齋
刻本

◎一名《品峰齋春秋四傳刈實》。

◎是書折衷三傳及胡安國《春秋傳》，芟剔繁文，意取簡明。

涂錫禧 春秋提要 一卷 存

上海、中科院、西南大學、內蒙古自治區藏乾隆十二年（1747）品峰齋
刻本

涂錫禧 春秋纂言 一卷 存

上海、中科院、西南大學、內蒙古自治區藏乾隆十二年（1747）品峰齋
刻本

屠用豐 春秋三傳會纂旁訓 佚

◎屠用豐，湖北孝感人。官江夏訓導。著有《周易會纂讀本》四卷、《春
秋三傳會纂旁訓》。

團維墉 春秋講義衷 十二卷 存

南京、浙江、湖北、南開、吉林大學藏嘉慶十七年（1812）刻本

◎孫殿起《販書偶記》卷二：《春秋講義衷一》二卷，儀徵團維墉輯。嘉
慶壬申刊。

◎雷夢水《販書偶記續編》卷二：《春秋衷一》二卷附《列國表》《書法》，
儀徵團維墉輯。嘉慶壬申刊。

◎同治《續纂揚州府志》卷十三《人物志》五：著有《春秋衷一》、《小畫
山房詩鈔》（《縣志》）。

◎團維墉，字雉高，號椒燈，又號蕉墩。江蘇儀徵人。乾隆三十六年（1771）
副貢。十歲善屬文，長工詩古文詞，邃於經學。年七十任含山縣學訓導。著有
《春秋講義衷》十二卷、《小畫山房詩鈔》十二卷。

〔註7〕或著錄作徐錫禧。